Josh McDowell / Sean McDowell

Mit Sicherheit Teil 2

Grundlagen unseres Glaubens

Ein Kurs für Einzelne und Gruppen

Dank

Wir möchten den vielen Menschen danken, die durch ihre Kreativität und ihr Wissen zur Entstehung dieses Kurses beigetragen haben.

Terri Snead und David Ferguson von *Great Commandment Network* herzlichen Dank für das Einbringen ihrer Kenntnisse bei den Punkten „Wir reden über die Wahrheit“ und „Wir begegnen der Wahrheit“ in diesem Bibelstudienheft. Terry Glaspey möchte ich für seinen Beitrag und seinen Rat bei der Entwicklung eines Konzeptes für „Unerschütterliche Wahrheit entdecken“ danken.

Paul Gossard danke ich für seine fachkundige Bearbeitung dieses Manuskriptes.

Und schließlich dem ganzen Team von *Harvest House*, das uns den gesamten Weg begleitet hat.

Josh McDowell
Sean McDowell
Dave Bellis

lehre

MIT SICHERHEIT TEIL 2

GRUNDLAGEN UNSERES GLAUBENS

Josh McDowell · Sean McDowell

rigatio

6 LEKTIONEN für Einzelne und Gruppen

ZUSATZMATERIAL www.rigatio.com

Impressum

Josh McDowell ist seit mehr als 45 Jahren als Vortragsredner weltweit unterwegs. Er hat als Autor und Mitherausgeber mehr als 120 Bücher veröffentlicht, darunter die Klassiker *Wer ist dieser Mensch* und *Die Bibel im Test*.

Sean McDowell ist Pädagoge und wird im ganzen Land als Redner in Schulen, Gemeinden und zu Konferenzen eingeladen. Er ist der Autor verschiedener Bücher und Herausgeber der Apologetics Study Bible for Students.

David Bellis ist Autor, Produzent und Produktentwickler. Er und seine Frau Becky haben zwei erwachsene Kinder und leben im Nordwesten von Ohio.

Titel des amerikanischen Originals *The Unshakable Truth.* © 2010 by Josh McDowell Ministries and Jean McDowell. Published by Harvest House Publishers, Eugene, Oregon 97402.

Josh McDowell / Sean McDowell
Mit Sicherheit Teil 2
Grundlagen unseres Glaubens

Titel des amerikanischen Originals *The Unshakable Truth.* © 2010 by Josh McDowell Ministries and Jean McDowell. Published by Harvest House Publishers, Eugene, Oregon 97402.

ISBN: 978-3-95790-015-9

Übersetzung: Anke Hillebrenner, Lemgo.
Umschlaggestaltung: rigatio
Satz: www.jensweigel.de
Druck: Kösel, Altusried

Inhalt

Einführung

Worum geht es in diesem Kurs?

Menschen reden davon, dass sie eine persönliche Beziehung zu Jesus Christus haben und dass man ihn kennenlernen kann. Doch was verbirgt sich dahinter? Natürlich ist damit gemeint, dass sie Christen sind und dass Gott ihnen persönlich alle Sünden vergeben hat. Aber macht das einen Christen aus – ein Mensch zu sein, dem vergeben wurde? Ist das alles?

Wir wollen deutlich machen, dass es weit mehr bedeutet, ein Nachfolger Jesu Christi zu sein. Es betrifft uns als ganzen Menschen und schließt unsere gesamte Entwicklung ein. Als Jesus sagte: *„Ich bin der Weg und die Wahrheit und das Leben“* (Joh 14,6), bot er uns zugleich seine Kraft an, um seinem Weg, seiner Wahrheit und seinem Leben zu folgen. Und während wir mit ihm unterwegs sind, fangen wir an zu begreifen, was sein Wille ist und wie wir leben sollen. Mit Beginn unseres Weges als Nachfolger Jesu findet zugleich ein Richtungswechsel statt. Von diesem Zeitpunkt an sehen wir die Welt immer mehr aus seiner Perspektive. Das heißt, wir denken zunehmend wie er und werden angetrieben, wie Jesus zu leben. Das wiederum schenkt uns unbeschreibliche Freude und ein erfülltes Leben.

Wenn wir das Leben und unsere Beziehung zu anderen Menschen aus der Perspektive Jesu sehen, bekommen wir ein klares Bild davon, wer wir sind, und wir entdecken unsere eigene Identität. Zunehmend erkennen wir den Zweck unseres Lebens und verstehen, welchen Sinn und welche Bedeutung es hat. Christ zu werden – ein bewusster Nachfolger Jesu sein – bestimmt unsere Identität, den Zweck und die Bestimmung unseres Lebens. Es ist auch der Beginn eines natürlichen Prozesses, den man *geistliches Wachstum* nennt und der dann auch unserer Familie und unseren Mitmenschen nicht verborgen bleibt, sondern zeugnishaft sichtbar wird. Doch was bedeutet es, solch ein Nachfolger Jesu zu sein – ein Mensch, der Freude und Erfüllung in seinem Leben gefunden hat und in der Lage ist, den Glauben der nächsten Generation zu bezeugen?

Dieser Kurs möchte entfalten, was es heißt, ein wahrer Jünger zu sein, und was es bedeutet, Jesus Christus persönlich zu kennen. Sie (Sie können den Kurs allein, zu zweit oder in einer Gruppe durcharbeiten) machen sich auf einen Weg, der ein Leben lang andauern will. Es ist eine Entdeckungsreise, um den biblischen Glauben eines Jüngers Jesu zu erkunden. Das Ziel dabei ist, dass diese Glaubensüberzeugungen zentrale Werte in unserem Leben werden, die man im Alltag in allen Beziehungen auslebt. Dabei werden wir die Kernwahrheiten des christlichen Glaubens in vier Schritten erarbeiten:

1. Welche Grundwahrheiten machen unseren biblischen Glauben aus?

Im ersten Schritt geht es darum herauszufinden, welche Wahrheiten wir über Gott, sein Wort etc. glauben.

2. Warum glauben wir diese Wahrheiten?

Natürlich kann man bestimmte Wahrheiten einfach deswegen glauben, weil sie biblisch sind. Wenn man jedoch weiß, *warum* man sie glaubt, wird der Glaube gefestigt. Zusätzlich wird unsere Fähigkeit gestärkt, diese Überzeugungen anderen weiterzusagen – besonders innerhalb unserer Familie.

3. Inwiefern sind diese Wahrheiten für unser Leben relevant?

Wahrheit ist oft erst dann von Bedeutung, wenn man erkennt, dass sie uns im persönlichen Leben hilft und uns nutzt.

4. Welche praktische Konsequenz haben diese Wahrheiten im Alltag?

Es ist sicherlich notwendig, um die Bedeutung der Wahrheit für unser Leben zu wissen. Aber genauso wichtig ist es, dass diese Wahrheit in unserem Leben erfahrbar wird und Praxisbezug hat. Im Alltag wird sozusagen die Nagelprobe bestanden.

Eine Warnung! Dieser Kurs ist nicht als Anleitung gedacht, theoretisch über das Christsein zu diskutieren. Dabei stößt man schnell an Grenzen und hat sehr wenig Nutzen davon. Wir möchten vielmehr darlegen, wie man konkret erleben kann, dass Gottes Wahrheiten hier und jetzt und für alle Zeiten Gültigkeit haben. Es geht darum, Gott real und persönlich zu erleben. Der Apostel Johannes schreibt: *„Kinder, lasst uns nicht lieben mit Worten noch mit der Zunge, sondern in Tat und Wahrheit"* (1Jo 3,18).

Im Verlauf des Kurses und in den Gesprächsgruppen wird sehr viel Wert darauf gelegt, dass bestimmte Wahrheiten regelmäßig wiederholt und in der persönlichen Beziehung mit Gott und den Mitmenschen gelebt werden. Wenn wir sie so verinnerlichen, fällt es uns auf der lebenslangen Glaubensreise leichter, sie Familienangehörigen und Freunden sichtbar zu vermitteln.

Das hier Erarbeitete soll ein Leben lang Bestand haben. Weder in diesem Leben noch im zukünftigen wird dieser Lernprozess jedoch abgeschlossen sein. Gottes Wahrheiten sind dazu angelegt, dass wir uns bis in alle Ewigkeit daran erfreuen können. Seine Wahrheit zu begreifen und ihn zu erkennen, ist ein Prozess, der sich bis in die Ewigkeit erstreckt. Gleicherweise wird sich auch unsere Liebe zu ihm vertiefen. Dieser Prozess beginnt hier und jetzt. Dabei ist es völlig gleichgültig, ob unsere Beziehung zu Jesus Christus vor fünf Monaten, fünf oder 50 Jahren begonnen hat. Die Glaubenswahrheiten, die wir in diesem Kurs erarbeiten möchten, können für jeden gewinnbringend vertieft werden. Das Ermutigende dabei ist, dass Gottes Wahrheit von einem kleinen Kind erfasst und erlebt werden kann, obwohl sie ewig und unerschöpflich ist. Das ist gleichzeitig das Geheimnis ihrer Schönheit.

Dieser Kurs behandelt in zwei Bänden insgesamt 12 verschiedene Themen zum geistlichen Wachstum. Der vorliegende Band Nummer 2 beschäftigt sich mit den Wahrheiten 7-12.

Und jetzt geht es auf Erkundungsreise!

7. Wahrheit

Verändert leben

Kapitel 7.1

Den Sinn Ihres Lebens verstehen

Carl hat ständig Hunger. Er ist vom Essen besessen. Ständig kreisen seine Gedanken darum, wie er sich den Bauch vollschlagen kann. Carl ist eine Raupe. Und weil er eine Raupe ist, entledigt er sich vier- oder fünfmal seiner Haut, um Platz zu machen für den ständigen Nachschub an Blättern, nach dem sein riesiger Appetit verlangt. In weniger als 20 Tagen nimmt sein Gewicht um das 10.000-fache zu. Sein unersättlicher Hunger verursacht großen Schaden an der Ernte und somit an der Wirtschaft. An Carl, der Raupe, ist nichts von bleibendem Wert.

Doch nun geschieht etwas Wunderbares mit Carl. Tief in seinem Inneren veranlasst ihn etwas, mit dem Fressen aufzuhören. Ein Prozess beginnt, bei dem er vollständig von einer mysteriösen Substanz eingekapselt wird, die um ihn herum hart wird.

Viele Tage gehen dahin und dann passiert es: Carl bricht aus seinem Kokon. Eine radikale Veränderung hat sich an ihm vollzogen – die Metamorphose. Nun ist er eine neue Kreatur, mit neuen Gewohnheiten und einem ganz neuen Aussehen ... denn Carl, die Raupe, die nur davon besessen war, ihren unersättlichen Appetit zu stillen, hat sich in einen wunderbaren Schmetterling verwandelt. Nun kriecht er nicht mehr nur mit einem gewaltigen, erntezerstörenden Hunger dahin. Nun fliegt er durch die Luft, von einer Pflanze zur anderen und bestäubt sie, damit die Welt noch schöner wird.[1]

Die Metamorphose, die uns Christus ähnlich werden lässt

Paulus erklärt: „Denn die er vorher erkannt hat, die hat er auch vorherbestimmt, dem Bilde seines Sohnes gleichförmig zu sein“ **Römer 8,29.**

Der Apostel Paulus sagt: *„Denn wer auf sein Fleisch sät, wird vom Fleisch Verderben ernten“* (Gal 6,8). Wie bei der Raupe Carl *„deren Ende Verderben, deren Gott der Bauch und deren Ehre in ihrer Schande ist, die auf das Irdische sinnen“* (Phil 3,19).

Doch tief drinnen in unserer Seele ruft eine Stimme. Es ist die Stimme Gottes, die uns aus Sünde und Tod herausruft, sodass eine wunderbare Metamorphose geschehen kann.

Lesen Sie 2. Korinther 5,17-18. Inwiefern hat im Leben eines jeden Christen eine Metamorphose stattgefunden?

Diese Verwandlung macht aus uns selbstsüchtigen Kreaturen Wesen, die Gott ähnlich sind.

Die Sünde hatte unsere Beziehung zu Gott zerstört, und wir sind wie Raupen umhergekrochen, um unseren sündigen Appetit zu stillen. Doch durch Christus wird das Ebenbild Gottes wieder hergestellt, denn *„wir alle aber schauen mit aufgedecktem Angesicht die Herrlichkeit des Herrn an und werden so verwandelt in dasselbe Bild von Herrlichkeit zu Herrlichkeit, wie es vom Herrn, dem Geist, geschieht“* (2Kor 3,18).

Unsere Verwandlung macht aus uns selbstsüchtigen Kreaturen Wesen, die Gott ähnlich sind.

Lesen Sie 2. Petrus 1,3-4. Was hat Gott uns als Erlösten geschenkt?

Wenn Gott uns zu neuem Leben erweckt, gibt er uns seine DNA, und wir werden so zu lebenden Reproduktionen Christi. Dies ist auch die ursprüngliche Bedeutung des Wortes Christ – „kleiner Christus“.

Lesen Sie Epheser 1,4-5. Wozu hat Gott uns erwählt?

Wir Menschen freuen uns, wenn unsere Kinder uns ähnlich sehen und so handeln wie wir. Genauso jubelt unser himmlischer Vater, wenn er sieht, wie wir als veränderte Personen seinem Sohn immer ähnlicher werden.

Ich (Sean) werde die Geburt unseres ersten Kindes nie vergessen. Der Tag war lang gewesen, und als Stephanie mir mitteilte, dass es Zeit wäre, ins Krankenhaus zu fahren, freute ich mich, war aber gleichzeitig ein wenig ängstlich. Ich sollte Vater werden. Das war eine neue und zugleich beängstigende Erfahrung.

Dann kam der kleine Scottie auf die Welt, und ich war stolzer Vater geworden. Ich muss gestehen, dass ich ihn genau ansah und nach Ähnlichkeiten mit mir oder Stephanie suchte. Hat er meine Nase und Stephanies Augen? Gleicht seine Haarfarbe meiner oder hat er dieselbe Gesichtsform wie Stephanie? Mein Nachwuchs sollte aus irgendeinem Grund Ähnlichkeiten mit mir oder seiner Mutter haben.

Im Alter von einem Jahr wurde klar: Scottie war das äußerliche Abbild seines Vaters im selben Alter. Als ich meine Babybilder und die meines Vaters, Josh, hervorkramte, stellten wir sogar fest, dass Scottie zwei Generationen von McDowells glich. Wenn unsere Nachfahren in Zukunft die Fotos von uns dreien im gleichen Alter anschauen werden, wird es schwierig für sie sein, uns drei voneinander zu unterscheiden, weil wir uns so ähnlich sehen. Irgendwie erfüllte es mich mit Stolz und Freude, ein Kind zu haben, das mir ähnlich sieht.

Bei Gott ist es nicht anders. Er fühlt sich geehrt, wenn wir ein Leben in Gemeinschaft mit ihm führen, ihm ähnlich werden und so handeln wie er. Das ist der Sinn unseres Lebens: in Gemeinschaft zu leben mit ihm und sein Wesen widerzuspiegeln. Als Gott sprach: *„Lasst uns Menschen machen in unserm Bild, uns ähnlich!“* (1Mo 1,26), beabsichtigte er, dass wir so leben und uns am Leben freuen sollten wie er.

Lesen Sie Galater 5,22-23. Durch welche Eigenschaften werden wir Gott ähnlich?

____

____

Wer bringt diese Eigenschaften in uns hervor?

____

____

____

Was Gott eigentlich meinte, war: „Lebt in enger Gemeinschaft mit mir und dadurch werdet ihr wahre Lebensfreude erfahren, denn ihr werdet die Frucht meines Wesens tragen, nämlich Liebe, Freude, Friede, Geduld, Freundlichkeit, Güte, Treue, Sanftmut und Selbstkontrolle. Das wird mich mit Stolz erfüllen und mich ehren". Gott freut sich, wenn wir ihm ähnlich sind. Darin liegt der Sinn unseres Lebens.

Warum sind wir hier?

Der Sinn unseres Lebens liegt darin, Gott unseren Schöpfer zu ehren und in enger Gemeinschaft mit ihm zu leben. Dadurch werden wir ihm immer ähnlicher. Gott hat uns geschaffen, damit wir ihm Ehre bringen. Und wir verherrlichen Gott – spiegeln seine Herrlichkeit wider –, wenn wir ihn mit ganzer Hingabe lieben und danach streben, ihm zu gefallen.

Lesen Sie 1. Korinther 10,31. Was können wir alles zur Ehre Gottes tun? Ist etwas davon ausgenommen?

Wir glauben, dass alle Nachfolger Christi dazu bestimmt sind, in Gemeinschaft mit Gott zu leben und verwandelt zu werden in das Bild Christi. Das ist der Sinn unseres Lebens: Gott zu ehren und ihn zu verherrlichen.

Sie und ich leben gemäß unserer Bestimmung, wenn wir anfangen so zu leben, wie er es für uns vorgesehen hat. Wir wurden für die Gemeinschaft mit Gott geschaffen und sollen den Segen genießen, der aus einem göttlichen Leben kommt. Wie bereits vorher erwähnt, bringt ein Leben nach dem Willen Gottes Segen, denn *„jede gute Gabe und jedes vollkommene Geschenk kommt von oben herab, von dem Vater der Lichter"* (Jak 1,17).

Wir wurden für ein Leben in Freude und Zufriedenheit geschaffen. Wir wurden gemacht, um uns daran zu freuen, dass wir angenommen und geschätzt sind. Wir haben die Fähigkeit, aus freien Stücken zu lieben, und wir werden geliebt. Wir sind dazu bestimmt, Erfüllung und grenzenlose Zufriedenheit, Frieden, der über unseren Verstand hinausgeht, und vollkommene Freude zu erfahren. Wir erhalten dieses sinnerfüllte Leben aber nur, wenn wir in Gemeinschaft mit Gott leben und in sein Bild verwandelt werden. Wenn wir mit Gott in Beziehung kommen, beginnt ein Prozess der Veränderung. Sein göttliches Wesen beginnt, unser Leben zu durchdringen, und soll in ihm sichtbar werden. Das ist der Grund, warum wir hier sind.

Kapitel 7.2

Kennzeichen eines veränderten Lebens

„Heuchler – die Kirche ist voller Heuchler“ – diesen Satz haben Sie bestimmt schon mehr als einmal gehört. Das Leben der Menschen, die sich selbst Christen nennen, unterscheidet sich gar nicht so sehr von dem der Nicht-Christen. Die Kritik ist gerechtfertigt – heute mehr denn je. Menschen tragen den Namen Christi und möchten davon profitieren, doch sie unterstellen sich nicht dem Willen Gottes und lassen den Prozess der Veränderung nicht zu.

Wie können wir den Unterschied erkennen? Woher können wir wissen, wer wirklich Christ ist und wer nicht? Jesus gibt uns einen einfachen Maßstab, an dem wir falsche Propheten oder falsche Christen erkennen können.

Lesen Sie Matthäus 7,16. Welchen Maßstab nennt Jesus hier?

Das gleiche Kriterium gilt auch für die Identifizierung authentischer Christen. Kennzeichen eines veränderten Lebens werden bei dem Menschen sichtbar, der Gottes erlösende Liebe erfahren hat. Mein (Joshs) Leben ist ein Zeugnis dafür, dass Gott Leben verändern kann. Mein Vater ist ein lebendiger Beweis dafür, dass ein Trunkenbold in einen gottesfürchtigen Mann verwandelt werden kann.

Millionen von Menschen haben im Lauf der Geschichte Zeugnis davon gegeben, dass es einen Gott der Erlösung gibt, der Leben verändert.

Im Laufe der Geschichte haben Millionen von Menschen Zeugnis darüber abgelegt, dass der Gott der Erlösung Leben verändern kann. Alle Bücher der Welt könnten diese vielen Geschichten nicht fassen. Wenn Sie Ihr Leben Christus anvertraut haben, sind Sie ein lebender Beweis dafür, dass eine „Metamorphose" stattgefunden hat. Sie – ein Kind Gottes – wurden erlöst und werden allmählich in das Bild Christi verwandelt. Betrachten Sie Ihr Zeugnis als einen Weg, Gott zu ehren und ihm Freude zu machen. Wann immer Sie Gelegenheit haben, anderen zu erzählen, wie Gott Sie verändert hat, nutzen Sie sie. Je mehr Sie seine göttliche Natur widerspiegeln und anderen von Gottes Liebe und Barmherzigkeit erzählen, desto mehr bereitet es ihm Ehre und Freude.

Im Folgenden finden Sie nur ein paar solcher Geschichten von Menschen, die ein lebender Beweis dafür sind, dass Gott Leben verändert.

Ein New Yorker Bandenchef

Als David Wilkerson das Evangelium vor einer großen Menschenmenge in New York City verkündigt hatte, sagte er: „Gott ist hier! Gott ist in diesem Raum. Und er ist wegen dir hier. Wenn du möchtest, dass dein Leben verändert wird, ist jetzt der Zeitpunkt gekommen." Dann rief er mit Autorität: „Steh auf! Wenn du Jesus Christus aufnehmen und verändert werden willst, steh auf! Komm nach vorne!"

Nicky Cruz, Mitglied der Gangsterbande *Mau Mau*, saß unter den Zuhörern. Sein Leben war voller Hass, Gewalt und Kriminalität jeder Art, und er fühlte sich elend. Sein Leben musste sich dringend ändern. Er bemerkte, dass eines seiner Bandenmitglieder neben ihm aufstand. „Jungs, ich gehe nach vorne. Wer kommt mit mir?", fragte er. Auch Nicky stand auf. Er drehte sich zu seiner Gang um und forderte sie mit einer Handbewegung auf, nach vorne zu gehen. „Lasst uns gehen!" Mit einer spontanen Bewegung erhoben sie sich von den Stühlen und gingen nach vorne. Mehr als 25 Mitglieder der *Mau Mau* Gang reagierten. Hinter Nicky folgten etwa 25 andere Jungs aus anderen Banden ihrem Beispiel. „In diesem Augenblick wollte ich ein Nachfolger Jesu Christi werden", erklärte Nicky später. „Ich war froh über die Entscheidung, die ich traf, dennoch musste ich weinen. In meinem Leben geschah etwas, über das ich absolut keine Kontrolle hatte ... und ich war glücklich darüber." In dieser Nacht nahm Nicky Cruz Christus als seinen Retter an, und sein Leben wurde radikal verändert. Er verließ die Gang und sein Leben der Gewalt und Kriminalität. Seinen ehemaligen Bandenmitgliedern und Freunden gab er sein Zeugnis weiter. Auch der Rest der Welt erfuhr von seiner Geschichte durch sein Buch: *Flieh Kleiner, flieh* (Aussaat-Verlag). Viele tausend Menschen haben dieses Buch gelesen. Wieder Tausende haben den Film gesehen, der auf diesem Buch basiert. Nicky Cruz ist ein wandelndes Zeugnis von Gottes lebensverändernder Kraft.

Lesen Sie Matthäus 5,14-16. Was sind Jünger Jesu in dieser Welt?

Was soll das Ergebnis davon sein?

Jesus sagte über seine Jünger, dass sie das Licht der Welt sind, und forderte sie auf, ihr Licht scheinen zu lassen. Zehntausende junger Menschen sind durch das Zeugnis von Nicky Cruz zum Glauben an Christus gekommen, durch ein Leben, das verändert wurde – von der Dunkelheit zum Licht.

Welche Veränderung erstaunt Sie bei diesem Zeugnis am meisten? Warum?

Ein Physiker auf der Suche

Ein Hochschulabsolvent berichtet von seiner Suche nach Antworten auf Lebensfragen:

> Nachdem ich zwei Jahre an der *Stanford University* studiert hatte, arbeitete ich als Physiker in der Forschung über die obere Erdatmosphäre ... Ich entdeckte die Wunder des Universums, aber auch dass die Menschen mit ihren Massenvernichtungswaffen vor großen Problemen standen. Das Leben entglitt mir allmählich ... ich war überhaupt nicht glücklich ... ich war dabei, Alkoholiker zu werden.
>
> Ich fing an, nach Antworten auf mein unglückliches Leben zu suchen – im Buddhismus, Konfuzianismus, Taoismus und Zen. Die Möglichkeit, dass es ein Nir-

wana gibt, faszinierte mich. Obwohl ich sterben wollte, hielt mich der Gedanke an das, was mich danach erwartete, vom Selbstmord ab.

Dann lernte ich ein paar Christen kennen. Die gleichen Fragen, die ich der Wissenschaft, der Philosophie und der Psychologie gestellt hatte, richtete ich nun an meine neuen Freunde. Als sie mir befriedigende Antworten gaben, war ich doch sehr erstaunt. Diese Freunde halfen mir, mein Vertrauen auf Jesus Christus als Lösung für mein unglückliches und unerfülltes Leben zu setzen.

Nachdem ich Christus angenommen hatte, erlebte ich in den folgenden Tagen und Wochen Wunder um Wunder und erfuhr Gottes Wirken in meinem Leben. Die Bibel ist für mich ein übernatürliches Buch. Alte Probleme und Begierden sind vergangen. Zum ersten Mal in meinem Leben fühle ich mich als Mensch erfüllt. Nach Jahren des Studierens und Lesens, die mich nirgendwohin führten, habe ich nun ein neues Verständnis für die Realität entwickelt. Mein Fundament ist der starke Felsen Jesus Christus.

Lambert Dolphin Jr.

Welche Veränderung erstaunt Sie bei diesem Zeugnis am meisten? Warum?

Ein Mediziner

Dr. Francis Collins ist einer der führenden Genetiker dieses Landes und ehemaliger Leiter des *Human Genome Projects*. Während seiner Ausbildung zum Facharzt war dieser angehende Mediziner von der Gelassenheit einiger todkranker Patienten geschockt. Als Agnostiker hörte er seinen Patienten konzentriert zu, die ihm trotz ihres unheilbaren Gehirntumors ruhig sagten: „Ich glaube, es dauert nicht mehr lange, bis ich meinen Ehemann und meinen lieben Heiland sehen werde." Er lernte auch andere Patienten mit fürchterlichen Schmerzen kennen, die Sätze sagten wie: „Diese Schmerzen sind kaum auszuhalten. Doch wenn ich daran denke, wie viel mehr Jesus für mich gelitten hat, kann ich mich wirklich nicht beklagen." Immer wieder begegnete er Patienten und deren Angehörigen, die mit einer gewissen Dankbarkeit, mit Mut und Optimismus der Tragödie ins Auge blickten. Gottes Gnade, die sich im Leben dieser Todkranken zeigte, ließ Dr. Collins nach der Quelle ihres Friedens suchen. Jemand gab ihm das Buch *Pardon, ich bin Christ* von C.S. Lewis. Und Collins las darin. Lewis' Argument, dass die Existenz eines moralischen Gesetzes zeigt, dass Gott existiert, beeindruckte Collins sehr. Dieser Beweis überzeugte seinen Verstand, dass es Gott gibt. Aber es war das Hoffen dieser leidenden Gläubigen auf ewiges Leben, das sein Herz fesselte. Dieser brillante Wissenschaftler vertraute Herz und Verstand Jesus Christus an.[2]

Ein „supergeistlicher" Gemeindegänger

Jeff Bogue berichtet, wie sich während des Theologiestudiums seine „Supergeistlichkeit" als Täuschung erwies.

Während der Sommerferien am Seminar fand ich einen Job in der Innenstadt von Philadelphia. Die Arbeit hatte mit Kindern zu tun, die körperlichen, sexuellen und emotionalen Missbrauch erfahren hatten und deshalb aus ihrem Zuhause genommen worden waren. Nun lebten sie in einer Wohngruppe. Ich fuhr nach Philadelphia und arbeitete mich an meiner neuen Arbeitsstelle ein. Dabei hatte ich Kontakt zu mehreren anderen Collegestudenten, die wie ich den Sommer über arbeiteten.

Ich lernte Steve, einen jungen Mann, kennen. Milde ausgedrückt war Steve ein richtiger Naturbursche. Als ich ihn zum ersten Mal sah, traute ich meinen Augen nicht. In beiden Ohren hatte er Piercings, von denen Ringe herabhingen. Seine Arme waren mit Tattoos übersät. Seine Haare hingen weit über die Schultern hinab. An diesen Dingen, so hatte ich es gelernt, sah man, dass jemand *liberal* war. Ich dagegen hielt mich für supergeistlich. Mein Haar war kurzgeschnitten, in meinem Körper gab es keine unnötigen Löcher und meine Haut war mit nichts anderem als einem gelegentlichen Sonnenbrand bedeckt.

Nun waren Jeff, der „Supergeistliche", und Steve, der „Liberale", Arbeitskollegen. Ich wusste, es würde schwer werden, doch irgendwie musste ich mit diesem Freak auskommen, denn wir sollten den ganzen Sommer lang Seite an Seite arbeiten. Höflich versuchte ich, Konversation zu machen. Dabei war ich überzeugt, dass Steve und ich nichts miteinander gemeinsam hatten. Der Sommer würde hart werden.

Eines Tages lud Steve mich zu einer Bibelgruppe ein. Ich muss gestehen, dass ich genauso viel Lust hatte, mit Steve die Bibel zu studieren, wie mit ihm auszugehen – nämlich gar keine! Doch im gleichen Zentrum arbeitete ein attraktives blondes Mädchen, das ich gerne beeindrucken wollte. Ich hatte gehört, dass Mädchen wie dieses beeindruckt waren, wenn man geistlich genug war, an Bibelgruppen und Gebetstreffen teilzunehmen. Deshalb sagte ich Steve zu mitzugehen. Die Bibelgruppe sollte bei jemandem in der Wohnung stattfinden. Als ich dort hinkam, stellte ich fest, dass alle Teilnehmer so waren wie Steve: langhaarige Freaks mit Piercings und Tattoos! Der Außenseiter war definitiv ich. Doch an diesem Abend hatte ich ein radikales Erlebnis. All diese langhaarigen, gepiercten und tattooübersäten Freaks hatten Jesus lieb. Im Treffen ging es nicht darum, zusammenzuhocken und U2 zu hören; sie lasen wirklich in der Bibel, um deren Autor kennenzulernen. Ihre Anbetungslieder schienen sie direkt an Gott zu richten; ich sang sie, weil sie gerade „in" waren. Als sie die Bibel lasen und darüber nachdachten, schien es, als wollten sie Gott wirklich näher kennenlernen. Ich dagegen lernte Bibelstellen für Prüfungen auswendig und um andere mit meinem Wissen zu beeindrucken. Wenn sie laut beteten, schienen sie zu ihrem besten Freund zu sprechen; wenn ich betete, wollte ich den Menschen um mich herum etwas mitteilen. Ich erinnere mich daran, dass ich dachte: *Bei diesen Jungs geht es nicht darum, bestimmte Gesetze einzuhalten, sondern um die Liebe zu einer bestimmten Person.* Immer öfter traf ich mich mit ihnen. Ich spürte, dass sie authentisch und echt waren, und fühlte mich immer mehr zu ihnen hingezogen. Sie gingen nicht nur zur Gemeinde, sie waren selbst die Gemeinde. Sie konzentrierten sich nicht darauf, „supergeistlich" zu sein, sondern legten Wert auf eine liebende Beziehung zu Jesus, die ihr ganzes Leben beeinflusste.

Langsam änderte ich meine Meinung über Steve und seine Freunde. Wir führten tiefe Gespräche, die bis in die frühen Morgenstunden gingen. Ihre Authentizität und Offenheit gegenüber Gott empfand ich als gewinnbringend und attraktiv. Der Gott, über den sie sprachen, schien anders zu sein als der, an den ich glaubte. Leidenschaftlich suchten sie nach einer tiefen Beziehung zu ihm – einer Nähe zu Gott –, die ich nie für möglich gehalten hatte.

Ich hatte gerade genug geistliche Intuition, zu wissen, dass ich das, was Steve und seine Freunde hatten, nicht vorspielen konnte. Doch es war auch nicht so einfach, sich Gott auszuliefern und zuzugeben, dass ich das nicht hatte, was eine geistliche Person ausmacht. Wenn ich das getan hätte, hätte ich mich als geistlichen Säugling entlarvt, der Gott und andere Menschen braucht, um zu reifen. Es gab mir das Gefühl, ganz unten anzufangen. Und der Gedanke, mich von einer Gruppe Freaks leiten zu lassen, die meine Gemeinde und mein Seminar als total inakzeptabel angesehen hätten, stand völlig außer Frage. Doch diese Leute stellten meine Welt völlig auf den Kopf. Ich geriet in eine Glaubenskrise. Ich wusste nicht recht, wie ich mit dieser neuen Realität und Bedeutung von Geistlichkeit umgehen sollte. Ich befand mich in einer Zwickmühle, denn diese Leute hatten eine Verbindung zu Gott, die sehr real war, meine eigene dagegen schien so unecht.

Dann kam der klärende Moment. Eines Abends, so gegen 21.00 Uhr, machte ich einen Spaziergang um ein Fußballfeld. Es war Sommer und immer noch hell draußen. Ich ging oft zu dem Fußballfeld, um dort zu laufen und zu trainieren. Ich hatte meine Bibel mitgenommen, und als die Sonne unterging, setzte ich mich auf das Fußballfeld und betete: „Gott, ich möchte gerne das haben, was die anderen Jungs haben. Ich weiß zwar nicht genau, was es ist. Außerdem habe ich Angst vor den Auswirkungen auf mein Leben. Doch bitte zeig dich mir, ich möchte dich so kennenlernen, wie du wirklich bist."

Ich öffnete die Bibel und begann die Geschichte zu lesen, in der Jesus auf dem Wasser geht. Dann passierte es. Irgendwie sprach Gott zu mir auf einer tieferen Ebene. Ich begriff, dass Jesus entweder auf dem Wasser gegangen war oder nicht. Entweder ist diese ganze religiöse Sache wahr oder alles ist Täuschung. Ich überlegte, dass nur Gott die Gesetze der Natur überwinden und außer Kraft setzen konnte, um so ein Wunder zu bewirken. Deshalb war Jesus entweder der, der er zu sein behauptete oder nicht. Entweder ist dieser Bericht über das Laufen auf dem Wasser wahr und er ist der Gott des Universums, dem ich mich hingeben und den ich als meinen Retter annehmen sollte – oder das Ganze ist von Anfang an eine gewaltige Lüge.

An diesem Abend spürte ich, dass Gott zu mir sprach und mich aufforderte: „Jeff, du musst dich entscheiden. Vertraue mir um meinetwillen. Ich möchte dein gewöhnliches Leben nehmen und es in ein außergewöhnliches Leben verwandeln. Oder gib den Glauben deines Vaters und deiner Mutter auf und wende dich für immer von mir ab." Ich erkannte den Ernst und die Tragweite meiner Entscheidung. Die Entscheidung war *entweder-oder*. Eine halbherzige Entscheidung reichte nicht aus.

In diesem Moment glaubte ich, Steve sagen zu hören: „Es mag auf den ersten Blick richtig erscheinen, es allein zu versuchen, Jeff. Der Weg ist aber einsam. So stößt du nicht nur Gott fort, sondern auch Menschen; Menschen, die dich wirklich gern haben. Ja, es ist demütigend zuzugeben, dass man Gott und andere Menschen braucht. Die Wahrheit ist, du hast bereits erkannt, dass ein selbstständiges Leben dir nicht die Sicherheit gibt, nach der du dich sehnst." Steve hatte Recht. Ein Vers, den ich einmal gelernt hatte, kam mir in den Sinn: *„Wenn wir unsere Sünden bekennen, ist er treu und gerecht, dass er uns die Sünden vergibt und uns reinigt von jeder Ungerechtigkeit"* (1Jo 1,9). An diesem Abend traf ich die Entscheidung, Christus zu vertrauen und ihn kennenzulernen, wie er ist. Das hat mein Leben für immer verändert.[3]

Pastor Jeff Bogue

Welche Veränderung erstaunt Sie bei diesem Zeugnis am meisten? Warum?

Ein Dieb im Gefängnis

Tief aufgewühlt lief Leo D`Arcangelo in seiner Zelle hin und her. Wer wäre das nicht angesichts dessen, was vor ihm lag?

Als 11-jähriger Junge hatte er die Handtasche einer Dame gestohlen. Das war der Anfang. Es folgten fünf Jahre lang Diebstähle, bis er mit 16 zum ersten Mal in einem Kaufhaus in Philadelphia festgenommen wurde. Nachdem er auf Bewährung freigekommen war, begann er, mit Heroin zu dealen. Dann folgte eine scheinbar endlose Reihe von Festnahmen und schließlich Gefängnis.

Während er die Gefängniszelle abschritt, bemerkte er vier Zeilen, die unbeholfen an die Wand gekritzelt worden waren:

Wenn du am Ende deines Weges bist, Probleme dich quälen und nur noch Trauer bleibt, dann wende dich an Jesus, denn ihn musst du finden.

Dieser Vers machte ihn nachdenklich. *Das ist das Ende meines Weges. Was habe ich noch vorzuweisen? Nichts als eine lausige Vergangenheit und eine noch schlechtere Zukunft.*

So begann er zu schreien: „Jesus, ich brauche dich. Ich habe mein Leben verbaut und bin am Ende meines Weges. Jesus, wenn du mein Leben ändern kannst, bitte tu es! Hilf mir, dass mein Morgen anders wird.“

Zum ersten Mal im Leben fühlte Leo etwas anderes als Verzweiflung. Obwohl er im Gefängnis saß, fühlte er sich frei.

Zwei Jahre später machte Leo seinen Highschool-Abschluss und studierte anschließend am *West Chester State College* und am *Reformed Episcopal Seminary* in Philadelphia. Leo hatte sich verändert. Er engagierte sich in der Gefängnisarbeit und führte andere zur geistlichen Freiheit in Christus, wie er sie selbst erfahren hatte.

Lesen Sie folgende Verse. Woher kommt unser Heil?

Philipper 3,3: __________

Römer 1,16: __________

Welche Veränderung erstaunt Sie bei diesem Zeugnis am meisten? Warum?

Können Sie sich vorstellen, dass es ein Leben gibt, das Gott nicht verändern kann?

Was bedeutet das im Blick auf Ihre ungläubigen Angehörigen und Freunde?

Kapitel 7.3

Sich selbst mit Gottes Augen sehen

„Sei nicht so hart zu dem jungen Mann“, sagte ich (Josh) und zog meinen Kollegen ein wenig zur Seite. „Du musst ein wenig gnädiger mit Don sein.“

Don, mein neuer Assistent, kam aus schwierigen Familienverhältnissen und hatte mit einigen Problemen zu kämpfen. Und ich musste zugeben, dass seine schwache Leistung mit diesen Problemen zu tun hatte. Mein Kollege war jedoch der Meinung, dass dies noch lange kein Grund für Don war, sich so zu beschweren und „um sich zu schießen“, anstatt meine nächste Reise vorzubereiten.

„Weißt du, an wen mich Don erinnert?“, fragte ich meinen Kollegen.

„Nein, an wen?“, erwiderte er.

„Don erinnert mich an *mich* in diesem Alter. Auch ich hatte eine schwierige Kindheit. Nachdem ich Christ geworden war, hatte ich trotzdem noch eine Zeitlang mit schlechten Verhaltensmustern zu kämpfen.“ Mein Kollege nickte zustimmend. „Ich brauchte reife Christen um mich herum“, fuhr ich fort, „die gnädig waren und mir halfen, dieses ungesunde Verhalten abzulegen. Genau das braucht auch Don.“

Auch wenn Gott seine neue Natur in uns legt, ist das Leben in der neuen Natur ein Prozess. Wir brauchen reife Christen um uns herum, die uns mit Barmherzigkeit begegnen und uns in diesem Prozess helfen, die schlechten Verhaltensweisen abzulegen. Man könnte auch sagen, die uns helfen, unsere „Grabtücher abzuwickeln“.

Welche „Grabtücher“ müssen Sie noch abwickeln?

Gibt es Menschen, die Ihnen dabei helfen oder helfen könnten? Wer?

Neues Leben in nur einem Augenblick – und doch ein lebenslanger Prozess

Der Mann trat an das Grab seines toten Freundes. Die Beerdigung vor vier Tagen hatte er verpasst. Der Leichnam lag in einem Höhlengrab. Vor den Eingang war ein schwerer Stein gerollt worden.

„Wälzt den Stein weg“, befahl der Mann seinen Begleitern. Dann hob er den Blick zum Himmel, sprach ein Gebet und rief laut: „Lazarus, komm heraus!“ In diesem Moment wurde sein toter Freund wieder lebendig, auferweckt durch den Ruf des Jesus von Nazareth. Lazarus war in ein leinenes, mit Kräutersalben getränktes Leichentuch gewickelt worden, damit sein Körper vor Verwesung geschützt war. Nun, da die Salben getrocknet waren, war das Grabtuch hart geworden. Auf Jesu Wort hin ging neues Leben durch das starre Leichentuch, hinein in den Körper; und Lazarus humpelte wie eine eingewickelte Mumie aus dem Grab heraus.

Außerhalb des Grabes brauchte Lazarus seine Leichentücher nicht mehr. Für einen lebendigen Körper waren sie definitiv ein Hindernis. Deshalb forderte Jesus Lazarus‘ Familie und Freunde auf: *„Macht ihn frei und lasst ihn gehen!“* (Joh 11,44). Mit Hilfe seiner Freunde und Familie wurde Lazarus aus den Tüchern gewickelt und zu einem neuen Leben befreit.

Beachten Sie, dass die Grabtücher nicht einfach von Lazarus abfielen, als Jesus ihn rief. Es war ein Prozess, bis Lazarus nach seiner Auferweckung von den Tüchern befreit worden war. Wenn wir Christen werden, gibt uns Christus ein neues Leben. Es ist, als ob er rufe: „Komm heraus! Komm heraus aus deinem alten, toten Dasein! Komm heraus und freue dich an dem neuen Leben, das ich dir gegeben habe.“

Lesen Sie Kolosser 3,9-10. Wodurch wird der Veränderungsprozess in Gang gesetzt?

Was ist das Ziel dieser Veränderung?

Christus ist der Initiator dieses neuen Lebens. Und es ist seine Kraft, die den Prozess der Veränderung – ihm immer ähnlicher zu werden – in Gang setzt.

Wie Lazarus kommen auch wir aus unserem Grab der Vergangenheit heraus, eingewickelt in Grabtücher. Vielleicht sind wir an negative Einflüsse gebunden, die aus unserer Herkunftsfamilie, aus unserem ehemaligen Freundeskreis oder unserem alten Leben stammen. Christi Einladung zu neuem Leben durchdringt die Grabtücher – d.h. die Dinge, die uns binden – mit aller Macht, und ein neues Leben beginnt. Doch vielleicht stolpern wir noch über die Grabbinden. Durch Christi Natur in uns werden wir sofort lebendig. Es braucht dennoch einige Zeit und einen Prozess des geistlichen Wachstums, bis diese neue Natur zur Reife gelangt.

Lesen Sie Epheser 4,13. Was erfordert in dem neuen Leben Zeit?

Jesus hätte als Beweis seiner Macht Lazarus aus seinen Grabtüchern herausbrechen lassen können. Doch er tat es nicht. Er entschied sich dafür, die Menschen um Lazarus herum zu beteiligen. Als ob Jesus zu Lazarus' Familie und Freunden sagen würde: „Befreit *ihr* ihn! *Ihr* seid Teil des Befreiungsprozesses aus den Grabtüchern! Helft *ihr* ihm im Veränderungsprozess!" Jesus tut das Gleiche bei uns. Er führt den Veränderungsprozess fort, indem er Menschen in unser Leben schickt, die uns genug lieben, um Barmherzigkeit zu zeigen und uns in diesem Prozess Lehrer und Mentor zu sein.

Lesen Sie Philipper 1,6. Was sagt der Vers darüber aus, ob wir in diesem Veränderungsprozess ans Ziel gelangen?

Wer ist in diesem Prozess am Werk?

Wenn wir ein Leben führen wollen, das Christus ähnlich ist, müssen wir entdecken, dass wir durch die Beziehung zu Christus ein neuer Mensch sind und entsprechend handeln.

Das Werk in uns wurde bereits begonnen, doch es muss Tag für Tag fortgeführt werden, bis Gottes Natur in unseren Taten und unserem Verhalten durchbricht. Wir sehen hier ein wichtiges Prinzip für den Prozess, Christus ähnlicher zu werden. Natürlich sieht unser neues Leben als Nachfolger Christi anders aus als früher. Doch nicht durch unser Tun werden wir allmählich verändert, sondern durch die lebendige Beziehung zu Christus und die neue Natur, die er in uns hineingelegt hat. Sie erhält ihre Kraft vom Heiligen Geist. *Deshalb geht es in dem Prozess nicht darum, zu lernen, immer das Richtige zu tun, sondern vielmehr darum, zu lernen, wer Christus ist und entsprechend unserer neuen Natur zu handeln.*

Entdecken Sie, wer Sie wirklich sind

Bei diesem Veränderungsprozess geht es nicht darum, das Richtige zu tun und dadurch ein neuer Mensch zu werden. Wir sollen vielmehr entdecken, dass wir in Christus bereits ein neuer Mensch geworden sind, und entsprechend handeln. Das ist ein großer Unterschied.

Viele Christen, die neu zum Glauben gekommen sind, fangen sofort an, Dinge zu *tun*, um den Prozess „Christus ähnlicher zu werden" zu aktivieren. Mentoren, die es gut meinen, fordern die Neubekehrten auf, die Bibel zu studieren, Verse auswendig zu lernen, so oft wie möglich die Gemeindeveranstaltungen zu besuchen, anderen Zeugnis zu geben und alte, sündige Gewohnheiten durch ein neues gottgefälliges Verhalten zu ersetzen. All diese Dinge sind gut, um im Glauben verwurzelt zu sein. Ohne Gebet und das Lesen des Wortes Gottes können wir auch gar nicht entdecken, wer Christus ist, und die Kraft seiner Wahrheit erfahren. Dennoch müssen wir erkennen, dass geistliche oder fleißige Aktivitäten uns nicht wirklich verändern.

Lesen Sie Galater 2,19-20. Was erfahren Sie hier über Ihr altes und Ihr neues Leben?

Lesen Sie Römer 6,8. Welche Konsequenz folgt aus dem neuen Leben?

Was erfahren Sie hier über Ihr altes und Ihr neues Leben?Leben wie Christus heißt, entdecken, *dass wir in Christus ein neuer Mensch sind, und entsprechend handeln.* Es geht darum, mit Christus in enger Verbindung zu stehen, mit ihm zu kommunizieren, sodass die Gnade und Kraft des Heiligen Geistes in uns wirken kann. Durch Bibellesen, Gottesdienstbesuche und Zeugnisgeben sind wir in Gottes Augen nicht *mehr* erlöst, gerechtfertigt, geheiligt oder angenommen. In Gottes Augen *sind* wir all das bereits. Diese Begriffe beschreiben, was wir schon sind. Wir müssen nichts dafür *tun*, um von Gott als sein Kind angenommen zu sein. Wir tragen *nichts* dazu bei, dass Gottes göttliche Natur in uns wohnt. Wir werden nicht von außen nach innen verändert, sondern von innen nach außen. Wenn wir in Gemeinschaft mit Christus leben, beginnen wir, uns entsprechend unserer neuen Natur zu verhalten. Wir tun das, was Kinder Gottes tun: leben wie Christus.

Wie haben Sie bisher versucht, sich zu verändern?

Ein guter Freund von mir (Josh) wurde mit Anfang zwanzig Christ. Wohlmeinende, christliche Leiter rieten ihm gleich zu Beginn zum persönlichen Bibelstudium, um im Glauben zu wachsen. Sie hielten ihn an, Bibelstellen zu prüfen, die ihm helfen sollten, Verheißungen zu entdecken, Sünden zu vermeiden und Gebote zu halten. Es handelte sich um ein sehr ausgeklügeltes „Studienprojekt". Er ging mit vollem Eifer daran, verbrachte jede Woche Stunden damit, die Bibel zu durchforsten, um zu erkennen, was er tun sollte.

Doch bereits nach ein paar Wochen war er erschöpft. Er war so beschäftigt damit, Verse herauszusuchen, um zu „wachsen", dass er den Sinn der Sache ganz verpasst hatte. Daraufhin änderte er den Fokus. Er richtete seine Aufmerksamkeit darauf, den Gott der Bibel persönlich kennenzulernen, den Gott, der ihn so wunderbar gerettet hatte. Dies führte ihn zurück zu Gottes Wort, doch seine Motivation war eine völlig andere. *Statt sich in die Seiten der Bibel zu vertiefen, um jemand zu werden, suchte er in Gottes Wort nach dem Herz dessen, der ihn bereits zu jemandem gemacht hatte, und strebte nach einer tiefen Gemeinschaft mit ihm.*

Heute ist mein Freund ein Mann, der im Wort Gottes sehr bewandert ist. Doch was noch wichtiger ist, er lebt in engerer Beziehung mit dem Gott des Wortes, als mancher christliche Leiter. Schon früh lernte er, dass leben wie Christus in erster Linie bedeutet, Jesus besser kennenzulernen.

Lesen Sie 2. Petrus 1,3. Was fehlt uns zu einem Leben in Gottseligkeit?

Wir sollten die Bibel vor allem lesen, auswendig lernen und über sie nachdenken, um Gottes Herz kennenzulernen. Je besser wir Gottes Herz kennen, desto eher wissen wir, wer wir in Christus sind. Das führt natürlicherweise dazu, so zu handeln wie er.

Wie die wichtigste Person in Ihrem Leben Sie sieht

Die verlässlichsten Aussagen über Ihre Beziehung zu Gott finden Sie in seinem Wort. In der Bibel öffnet Gott sein Herz und zeigt, wer Sie sind und wie er Sie sieht. Wenn das, was Sie über sich selbst denken, nicht mit der Beschreibung in der Bibel übereinstimmt, machen Sie sich selbst zum Opfer einer falsch verstandenen Identität.

Man sagt, dass unsere Selbstwahrnehmung im Wesentlichen davon abhängt, was die wichtigste Person in unserem Leben über uns denkt. Wenn meine Frau mir (Josh) sagt, dass ich ein liebevoller Ehemann bin, neige ich dazu, ihr zu glauben, denn sie ist die wichtigste Frau in meinem Leben. Und wenn sie das glaubt, dann glaube ich ihr. Wenn mein Vater mir (Sean) sagt, dass ich ein guter Sohn bin, dann glaube ich ihm das wahrscheinlich, weil er der wichtigste Mann in meinem Leben ist.

Lesen Sie Römer 8,15-17. Was erfahren Sie hier über Ihre Identität in Christus?

Wenn Gott Ihnen nun einige Wahrheiten über Sie selbst sagt, was sollten Sie dann tun? Wenn er die wichtigste Person in Ihrem Leben ist, dann sollte Ihr Selbstverständnis, d.h. das, was Sie über sich denken und glauben, mit seiner Sicht übereinstimmen. Die Veränderung, die in Ihrem Leben in Christus fortwährend vor sich geht, ist untrennbar mit dem verbunden, was Gott über Sie sagt.

Der heute vierunddreißigjährige Scott wurde während seiner Zeit am College Christ. Doch seitdem hing die Schuld seiner vergangenen Sünden wie eine dunkle Wolke über ihm. In seiner Teenagerzeit hatte Scott in sexueller Freizügigkeit gelebt. Nachdem er Christ geworden war, änderte sich sein Lebensstil. Er wusste nun, dass Ehebruch nach der Bibel falsch war. Doch Scott wurde das Gefühl nicht los, dass Gott ihn für die Sünden seiner Vergangenheit verdammte. Er fühlte sich wie ein Christ zweiter Klasse. Wegen seiner Promiskuität als Teenager würde Gott ihm nie einen wichtigen Dienst anvertrauen. Deshalb fühlte er sich meistens niedergeschlagen.

Lesen Sie Römer 8,1. Was gilt für uns ungeachtet unserer Vergangenheit?

Wer weiß, wie Scotts Identität wirklich aussieht? Scott, der sich selbst verurteilt und wertlos fühlt? Oder Gott, der Scott seine Sünden vergeben hat und ihn nicht länger verurteilt? Gott natürlich! Wir blicken in Gottes Herz in Römer 8,1 und sehen, was Gott über Scotts Sünde denkt. Scott wurde vergeben und gereinigt. Scotts falsche Gefühle über sich selbst änderten sich erst, als er die Wahrheit glaubte, die Gott über ihn in dieser Bibelstelle sagt.

Ohne Gottes Wort werden wir nur schwer begreifen können, wie Gott uns sieht. Es ist so wie bei dem Mann, dessen Freund Puzzle liebte. Als der Geburtstag seines Freundes näher kam, kaufte der Mann zwei große Puzzles als Geschenk. Als der Freund versuchte, das erste Puzzle zusammenzusetzen, gab er frustriert auf. Er schaute auf das Bild auf dem Deckel der Schachtel als Vorlage und brachte es nicht mit den Puzzleteilen in der Schachtel überein. Das zweite Puzzle kam ihm genauso schwierig vor, bis sein Freund ihm gestand, dass er ihm einen Streich gespielt und die Schachteln vertauscht hatte.

Wir erleben einen ähnlichen Frust, wenn wir auf die „falsche Schachtel" schauen, um unsere Stellung in Christus zu verstehen. Wenn Sie auf Ihre Gefühle schauen, Ihr eigenes Urteil und Ihre Erfahrungen als Kriterium dafür nehmen, wer Sie sind, dann werden Sie Ihre wahre Identität in Christus nicht zusammenbringen. Das Bild, nach dem wir uns richten sollten, ist Gottes Wort. Je mehr Sie mit dem Bild Gottes in Einklang sind, desto einfacher lassen sich die Teile Ihres Lebens zusammensetzen und sind dem Bild ähnlich.

Lesen Sie Titus 1,2. Warum ist die Bibel zuverlässig, wenn es um unsere Identität geht?

Von dem Moment an, in dem Sie Christus als Ihren Herrn und Retter annehmen, werden bestimmte Wahrheiten gültig. Die zwei ersten Kapitel des Epheserbriefes liefern Ihnen in konzentrierter Form die Eigenschaften der neuen Schöpfung in Christus. Im Folgenden haben wir die Eigenschaften aufgeführt, die Ihre neue Stellung in Christus beschreiben. Denken Sie daran, dass diese Aussagen aus Gottes Wort *bereits* auf Sie *zutreffen*, da Sie in Christus sind. Sie sind Teil Ihrer Identität, ganz gleich, wie es Ihnen von Zeit zu Zeit geht. Die Liste gibt wieder, wie die wichtigste Person in Ihrem Leben Sie sieht. Sie ist in der ersten Person Singular geschrieben, sodass Sie den Segen beim Lesen für sich selbst in Anspruch nehmen können. Wir schlagen vor, dass Sie die Aufzählung im Epheserbrief immer mal wieder lesen. Sie hilft Ihnen, klar zu sehen, was Gott über Sie denkt.

- Ich habe Anteil bekommen an der Fülle des geistlichen Segens (Eph 1,3).
- Ich bin vor Erschaffung der Welt erwählt worden (Eph 1,4).
- Ich bin von Anfang an dazu bestimmt worden, ein Kind Gottes zu werden (Eph 1,5).
- Ich bin erlöst worden durch sein Blut (Eph 1,7).
- Ich habe die Vergebung der Sünden (Eph 1,7).
- Ich habe ein ewiges Erbteil von Gott erhalten (Eph 1,11).
- Ich habe den Heiligen Geist erhalten und bin Gottes Eigentum (Eph 1,13).

Aufgrund Ihrer Stellung in Christus treffen diese großen Wahrheiten auf Sie zu. Paulus wusste, dass das Leben der Christen stärker, heller, effektiver und freudiger würde, wenn sie diese Wahrheiten über sich selbst annehmen und verinnerlichen würden.

Lesen Sie Epheser 1,18-19. Warum betet Paulus, dass Gott die Augen des Herzens erleuchtet?

Gott möchte wirklich, dass Sie sich mit seinen Augen sehen.

Paulus beschreibt im Weiteren Christi Auferstehung und dass er sich zur Rechten des Vaters gesetzt hat (siehe Eph 1,20-23). Er fügt hinzu, dass wir mit Christus auferweckt und mit ihm versetzt worden sind in die himmlischen Regionen (siehe

Eph 2,6). In Kapitel 2 beschreibt er weiter, wie der Gläubige aus Gottes Perspektive aussieht. Auch diese Aussagen haben wir in der ersten Person geschrieben.

- Er hat mich mit Christus zusammen lebendig gemacht (Eph 2,5).
- Er hat mir einen Platz in der himmlischen Welt gegeben (Eph 2,6).
- Ich bin ein Beispiel seiner Gnade (Eph 2,7).
- Durch seine Gnade bin ich gerettet worden (Eph 2,8).
- Ich bin Gottes Werk (Eph 2,10).
- Ich gehöre zu Christus (Eph 2,13).
- Ich habe direkten Zugang zu Gott durch den Geist (Eph 2,18).

Neben dieser hochkonzentrierten Dosis aus Epheser 1 und 2 wird noch an zahlreichen anderen Stellen in der Bibel beschrieben, wie Gott uns sieht. Im Folgenden finden Sie eine Liste mit Aussagen, die teilweise dem Buch *Victory over the Darkness* von Neil Anderson entnommen wurden. Sie beschäftigen sich ebenfalls mit den Veränderungen in unserem neuen Leben in Christus. Lesen Sie sich die Aussagen so oft wie möglich laut vor. Denken Sie im Laufe der Woche immer wieder über die Wahrheiten nach. Gott kann diese Aussagen gebrauchen, um den Fokus darauf zu lenken, wer Sie in ihm wirklich sind.[1]

- Ich habe Frieden mit Gott (Röm 5,1).
- Ich bin ein Kind Gottes (Joh 1,12).
- In mir wohnt der Heilige Geist (1Kor 3,16).
- Ich habe Zugang zu Gottes Weisheit (Jak 1,5).
- Ich bekomme Hilfe von Gott (Hebr 4,16).
- Ich bin mit Gott versöhnt (Röm 5,11).
- Gott verdammt mich nicht mehr (Röm 8,1).
- Ich bin gerecht erklärt worden (Röm 5,1).
- Ich habe Christi Gerechtigkeit bekommen (Röm 5,19; 2Kor 5,21).
- Ich bin sein Gesandter (2Kor 5,20).
- Mir ist vollständig vergeben worden (Kol 1,14).
- Ich werde mit ewiger Liebe von Gott geliebt (Jer 31,3).
- Ich bin für Gott ein Wohlgeruch Christi (2Kor 2,15).
- Ich bin ein Tempel, in dem Gott wohnt (1Kor 3,16).
- Ich bin heilig und tadellos (Kol 1,22).
- Ich bin das Salz der Erde (Mt 5,13).
- Ich bin das Licht der Welt (Mt 5,14).
- Ich bin eine Rebe an Christi Weinstock (Joh 15,1.5).
- Ich bin ein Freund Christi (Joh 15,15).
- Ich bin erwählt, Frucht zu bringen (Joh 15,16).
- Ich bin ein Miterbe Christi und habe teil an seinem Erbe (Röm 8,17).
- Ich bin mit dem Herrn verbunden, ich bin eins mit ihm (1Kor 6,17).
- Ich bin ein Teil des Leibes Christi (1Kor 12,27).
- Ich bin ein Heiliger (Eph 1,1).
- Ich bin mit Christus verborgen in Gott (Kol 3,3).

- Ich bin von Gott erwählt, heilig und geliebt (Kol 3,12).
- Ich bin ein Kind des Lichts (1Thes 5,5).
- Ich habe Anteil an der himmlischen Berufung (Hebr 3,1).
- Ich bin geheiligt (Hebr 2,11).
- Ich bin als lebendiger Stein in das geistliche Haus Christi eingefügt (1Petr 2,5).
- Ich bin ein Mitglied des ´von Gott` erwählten Volkes, der königlichen Priesterschaft, der heiligen Nation, des Volkes, das ihm allein gehört (1Petr 2,9-10).
- Ich bin in Christus verwurzelt und auferbaut (Kol 2,7).
- Ich bin aus Gott geboren und der Böse kann mich nicht antasten (1Jo 5,18).
- Ich habe den Geist Christi (1Kor 2,16).
- Ich habe freien Zutritt zu Gott und darf mich ihm zuversichtlich und vertrauensvoll nähern (Eph 3,12).
- Ich bin aus der Herrschaft der Finsternis errettet und versetzt in das Reich Christi (Kol 1,13).
- Ich habe teil an der Fülle Christi (Kol 2,10).
- Ich habe den Geist der Kraft, der Liebe und der Selbstkontrolle empfangen (2Tim 1,7).
- Ich habe die größten und kostbarsten Zusagen von Gott erhalten (2Petr 1,4).

Gott versorgt mich mit allem, was ich brauche (Phil 4,19).

Was aus dieser Aufzählung hat Sie am meisten angesprochen oder war Ihnen neu? Schreiben Sie diese Wahrheit(en) auf die Linie unten:

Ist Ihnen nun deutlich geworden, was es heißt, eine neue Schöpfung in Christus zu sein? Als Sie an Christus gläubig wurden, ist etwas Wunderbares geschehen. Das anzuerkennen, ist eines der grundlegenden Dinge in Ihrer veränderten Beziehung zu Gott. Um es mit Paulus' Worten zu sagen: „*... und den neuen* (Menschen) *angezogen habt, der erneuert wird zur Erkenntnis nach dem Bild dessen, der ihn erschaffen hat*“ (Kol 3,10).

Sie sind nicht in erster Linie das, was Ihre Eltern, Ihr Ehepartner oder Freunde über Sie sagen, auch wenn sie Christen sind. Genauso wenig sind Sie das, was Ihre negativen oder verurteilenden Gefühle Ihnen sagen. Und Sie sind vor allem nicht das, was die gottlose Gesellschaft über Sie sagt. Sie sind das, was Gott sagt – nicht mehr, nicht weniger. Je mehr Sie über das Bild nachdenken, das Gott von Ihnen in der Bibel malt, seine Worte wiederholen und verinnerlichen, desto besser können Sie in dieses Bild hineinwachsen.[2]

Kapitel 7.4

Verändert leben

Bevor es Traktoren gab, wurden Äcker gewöhnlich mit Ochsen oder Pferden gepflügt. Doch mit zwei, in einem getrennten Geschirr eingespannten Ochsen zu arbeiten, war sehr schwierig, da die Ochsen nicht im Gleichschritt liefen. Eine gerade Furche zu ziehen, war fast unmöglich. Daher nahm man ein Joch zur Hilfe. Ein Joch bestand gewöhnlich aus einem starken hölzernen Bogen, der über den Rücken der beiden Tiere gespannt wurde. Von dem Balken hingen zwei U-förmige Schlaufen herab, die um den Hals der Ochsen gelegt wurden. Das Joch band die Ochsen sozusagen zusammen, sodass sie im Gleichschritt nebeneinander herlaufen und den Pflug gleichmäßig ziehen konnten.

Bevor Gott seine göttliche Natur in uns hineingelegt hatte, war es für uns unmöglich, mit Christus im Gleichschritt zu laufen. Wir liefen nicht im gleichen Joch wie Christus und konnten Gottes Willen nicht erfüllen.

Lesen Sie Römer 7,18-19. Welches Problem nennt Paulus hier?

Was er brauchte – wie wir alle –, war Gottes neue Natur. Ein Joch, das ihm half, im Gleichschritt mit Christus zu laufen.

Lesen Sie Matthäus 11,29-30. Wozu lädt Jesus uns ein? Was verspricht er?

Wenn wir mit Christus ins Joch eingespannt sind, lehrt er uns seine Motive. Er lehrt uns, so zu denken und zu handeln wie er. Jesus möchte uns zeigen, worin die neue Natur besteht und wie wir mit ihm im Joch leben können. Doch wenn wir die Kennzeichen der neuen Natur nicht wirklich kennen und nicht wissen, wie wir danach handeln können, dann werden sie auch nicht an uns sichtbar sein.

Eine Definition der göttlichen Natur

Mose hatte genaue Anweisungen erhalten. Auf dem Berg Sinai hatte Gott ihm bis ins kleinste Detail gesagt, wie geopfert werden sollte. Gottes Gebote sollten bis in den kleinsten Buchstaben erfüllt werden.

Am ersten Tag des Sündopfers, des Brandopfers und Friedensopfers nahmen die Söhne Aarons, Nadab und Abihu, die als Priester das Opfer darbringen sollten, ihre Räucherpfannen und taten Feuer und Räucherwerk hinein, jedoch nicht so, wie der Herr es ihnen geboten hatte.

Lesen Sie 3. Mose 10,1-3. Wie reagiert Gott auf dieses „fremde Feuer"?

Warum reagiert er so?

Gottes Heiligkeit konnte keine Sünde tolerieren. Die Übeltäter wurden vom Feuer verzehrt. Heiligkeit ist eines der grundlegenden Kennzeichen Gottes. Er ist heilig. Und alles und jeder, der nicht seinen Charakter trägt, ist unrein und unheilig.

Einige Menschen können nicht verstehen, was Heiligkeit bedeutet. Was heißt das wirklich: „Gott ist heilig"? Gottes Heiligkeit zeigt sich in seiner absolut vollkommenen Güte und Gerechtigkeit. Gottes Wesen enthält keinerlei Unvollkommenheit oder falsche Absichten. Er ist der Heiligste der Heiligen, der Reinste der Reinen.

Heiligkeit bedeutet, vom Unreinen abgesondert zu sein. Ein Makel oder eine Unvollkommenheit würde etwas Heiliges verderben und unrein machen. Nehmen Sie zum Beispiel ein Glas mit absolut reinem Wasser. Man könnte es auch ungetrübt nennen – ohne jegliche Verunreinigung. Wenn nun ein schmutziger Holzsplitter ins Glas fallen würde, wäre das Wasser getrübt. Da eine fremde Substanz ins Wasser gelangt ist, würde es als unsauber und unrein betrachtet werden. Heilig sein bedeutet, abgesondert sein von den unsauberen, unreinen Dingen des Lebens.

Niemand entspricht Gottes absoluter Heiligkeit. Als Gott über sich selbst sagte: *„Ich bin, der ich bin"* (2Mo 3,14), definierte er sich selbst durch sich selbst. Gott hob sich von allen anderen Wesen ab, denn es gab kein heiligeres Wesen, mit dem er sich vergleichen konnte.

Lesen Sie 3. Mose 19,2. Warum sollen wir heilig sein?

Lesen Sie 1. Thessalonicher 4,7. Wozu hat Gott uns berufen?

Gottes tiefstes Wesen ist Heiligkeit, und der Mensch, der nach seinem Ebenbild geschaffen wurde, ist ebenfalls bestimmt, heilig zu sein. Wir können natürlich nicht im absoluten Sinn heilig sein, wie Gott heilig ist; dennoch möchte er, dass wir heilig sind. Daher die Frage: Wie sieht die Heiligkeit im Leben gefallener Menschen genau aus? Sie können ja nicht vollkommen rein sein, wie Gott vollkommen rein ist?

Lesen Sie 1. Johannes 4,16-17. Wie würden Sie aufgrund dieser Verse gelebte Heiligkeit beschreiben?

Wenn Sie einmal im Wesentlichen beschreiben sollten, wie Heiligkeit im Leben eines Menschen aussieht, würden Sie es vielleicht mit den folgenden zwei Worten zusammenfassen: „göttliche Liebe".

Als Johannes dies schrieb, war er sich bewusst, dass es ein Gericht Gottes gibt. Gott ist heilig, und seine Heiligkeit wird schlussendlich alles verzehren, was unheilig ist. Doch er sagte auch, wenn die Liebe in uns bleibt und wir in der Liebe bleiben, brauchen wir das Gericht nicht zu fürchten, denn *„wie er ist, sind auch wir in dieser Welt"*. Die göttliche Natur der Heiligkeit Gottes ist in uns hineingelegt worden. Weil wir Sünder aus uns selbst heraus nicht heilig sein können, gibt er uns seine Heiligkeit, wenn wir uns ihm unterstellen. Indem er uns an seiner Heiligkeit teilhaben lässt, sondert er uns ab und macht uns zu seinem heiligen Volk (Eph 3).

Diese Absonderung wird praktisch in der göttlichen Liebe sichtbar. Wenn wir die heilige Natur Gottes bekommen, erhalten wir auch die reine Liebe. Weil wir erlöst, gerechtfertigt, geheiligt und in Gottes Familie aufgenommen worden sind, sind wir heilig vor Gott. So werden wir fähig, seine Liebe an andere weiterzugeben. Gottes Heiligkeit zeigt sich am deutlichsten in unserem Leben, wenn wir lieben, wie Gott liebt.

Eine Definition der göttlichen Liebe

Vielen Menschen ist bekannt, dass Gott Liebe ist. Sie wissen, dass sie die anderen so lieben sollten, wie Gott sie liebt. Dennoch fehlt ihnen eine genaue Definition der Liebe Gottes. Im 1. Korintherbrief beschreibt Paulus sehr gut, was die Liebe tut und was nicht.

Lesen Sie die angegebenen Bibelstellen, und schreiben Sie auf, was die göttliche Liebe kennzeichnet.

1. Korinther 13,4-6

Römer 13,10

Matthäus 7,12

Philipper 2,4

Liebe ist, wenn man die Sicherheit, das Glück und Wohlergehen eines anderen Menschen so wichtig nimmt wie das eigene.

Als Jesus gefragt wurde, was das wichtigste Gebot sei, antwortete er, Gott und *„den Nächsten zu lieben wie sich selbst"* (Mt 22,39). Paulus zeigte uns, wie wir dieses Prinzip konkret anwenden können. Er forderte die Männer auf, *„ihre Frauen zu lieben wie ihre eigenen Leiber ... Denn niemand hat jemals sein eigenes Fleisch gehasst, sondern er nährt und pflegt es"* (Eph 5,28-29). So zu lieben heißt, die Heiligkeit Gottes widerzuspiegeln.

Aus diesen und ähnlichen Versen können wir eine genaue Definition der reinen, göttlichen Liebe ableiten. Liebe ist, wenn man die Sicherheit, das Glück und Wohlergehen eines anderen Menschen so wichtig nimmt wie das eigene. Das ist Liebe, wie Gott sie uns zeigt; reine Liebe, die die Geliebten vor Verletzungen beschützt und nur ihr Bestes im Sinn hat. Gottähnliche Liebe gibt und vertraut uneigennützig und opferbereit, sicher, treu und ewig. Und eben weil das oberste Ziel der göttlichen Liebe darin besteht, den geliebten Menschen zu beschützen und für ihn zu sorgen, wird sie nichts tun, was seiner Sicherheit, seinem Glück und Wohlergehen schadet.

Wie göttliche Liebe aussieht

Seine Zeit auf der Erde neigte sich dem Ende zu. Jesus hatte in den vergangenen Jahren sein Leben und seine Lehre mit seinen Nachfolgern geteilt. Nur wenige Stunden vor seinem Tod traf er sich mit ihnen, um das Passahfest zu feiern.

Lesen Sie Johannes 13,1-17. Worin zeigt Jesus die Liebe zu seinen Jüngern?

Wen nennt Jesus in Vers 17 *glückselig*?

Jesus hatte gerade die Rolle des Dieners eingenommen und die Füße seiner Jünger gewaschen. In diesem Kontext gibt er ihnen nun ein neues Gebot.

Lesen Sie Johannes 13,34-35. Was ist das wahre Erkennungszeichen der Christen?

Das war riesig! Gott hatte zehn Gebote für alle lesbar auf steinerne Tafeln geschrieben, die sie befolgen sollten. Jesus diktierte seinen Jüngern nun ein elftes Gebot. Es gibt nichts Größeres als ein Gebot, das direkt aus dem Mund Gottes kommt. Und dieses Gebot war das Kennzeichen eines echten Christen. Dieses *„Liebet einander, wie ich euch geliebt habe"* ist das universelle Merkmal der Nachfolger Jesu – das Markenzeichen, das sie von allen unterscheidet. So zu lieben, wie Christus geliebt hat, ist ein Ausdruck der Heiligkeit Gottes.

Wenn Jesus nichts weiter getan hätte, als dieses Gebot zu verkündigen, hätten die Jünger vielleicht gefragt: *Wenn wir einander lieben sollen, wie er uns geliebt hat – wie hat er uns denn geliebt? Wie sieht eine solche Liebe aus?* Jesus illustrierte das Gebot mit einer beispielhaften Tat, sodass sie aus eigener Erfahrung wussten, was lieben heißt: nämlich einander dienen. Ein paar Stunden später sahen sie dann diese Liebe ausgestreckt am Kreuz hängen und an ihrer Stelle sterben.

Nach Jesu Tod und Auferstehung wurden die Jünger und Apostel von Gott dazu inspiriert, seine Anweisungen genau aufzuschreiben. Sie sollten zeigen, wie göttliche Liebe in unserem Leben aussieht. Viele dieser Anweisungen stehen in den sogenannten „einander"-Bibelstellen. Mindestens fünfunddreißigmal finden wir im Neuen Testament einen immer wiederkehrenden Wortlaut: ein Verb, gefolgt von dem Wort „einander". Diese Ermahnungen liefern uns praktische Beispiele dafür, wie Jesus uns geliebt hat und wie wir einander lieben sollen. Wir wissen z. B., dass die Liebe Jesu sanftmütig, demütig und vergebend war. Die Bibel fordert uns auf, diese Charaktermerkmale Jesu widerzuspiegeln. Wir sollen einander mit Freundlichkeit begegnen (Eph 4,2), uns einander unterordnen (1Petr 5,5) und einander vergeben (Kol 3,13). Wenn wir diese „einander"-Bibelstellen kennen, bekommen wir ein viel klareres Bild davon, wie Christi göttliche Liebe in unserem Leben sichtbar werden kann. Denken Sie über die folgenden Punkte nach, und erinnern Sie sich dabei an die Aussage: *Liebe ist, wenn man die Sicherheit, das Glück und Wohlergehen eines anderen Menschen so wichtig nimmt wie das eigene.*

Die „einander"-Aussagen der Bibel:

1. Liebt einander (Joh 13,34)
2. Nehmt einander an (Röm 15,7)
3. Vergebt einander (Eph 4,32; Kol 3,13)
4. Seid sanftmütig zueinander (Eph 4,2)
5. Geht zuvorkommend miteinander um (1Petr 5,5)
6. Weinet miteinander (Röm 12,15)
7. Seid gleichgesinnt gegeneinander (Röm 12,16)
8. Richtet einander nicht (Röm 14,13)
9. Seid geduldig miteinander (Eph 4,2)
10. Ermahnt einander (Kol 3,16)
11. Grüßt einander (Röm 16,16)
12. Wartet aufeinander (1Kor 11,33)
13. Sorgt füreinander (1Kor 12,25)
14. Dient einander (Gal 5,13)
15. Seid freundlich zueinander (Eph 4,32)
16. Seid herzlich gegeneinander (Röm 12,10)
17. Seid barmherzig miteinander (Eph 4,32)
18. Ermutigt einander (1Thes 5,11)
19. Ordnet euch einander unter (Eph 5,21)
20. Ertragt einander (Kol 3,13)
21. Spornt einander zur Liebe an (Hebr 10,24)
22. Seid gastfreundlich zueinander (1Petr 4,9)
23. Dient einander mit der Gabe, die jeder empfangen hat (1Petr 4,10)
24. Freut euch miteinander (Röm 12,15; 1Kor 12,26)
25. Verleumdet einander nicht (Jak 4,11)
26. Seufzt nicht gegeneinander (Jak 5,9)
27. Bekennt einander die Sünden (Jak 5,16)
28. Betet füreinander (Jak 5,16)
29. Habt Gemeinschaft miteinander (1Jo 1,7)
30. Hebt einander nicht auf Kosten der anderen hervor (1Kor 4,6)
31. Helft einander die Lasten zu tragen (Gal 6,2)
32. Erweist einander Achtung (Röm 12,10)
33. Seid aufeinander angewiesen (Röm 12,5)
34. Seid einander in Liebe zugetan (Röm 12,10)
35. Tröstet einander (2Kor 1,4)

Schreiben Sie hier drei Aussagen auf, die Sie stärker umsetzen möchten:

1. ______________________________

2. ______________________________

3. ______________________________

Die „einander“-Aussagen leben

Im vorherigen Kapitel haben wir darüber gesprochen, wie wir in den „Grabtüchern“ des alten Lebens, z. B. den negativen Einflüssen unserer Herkunftsfamilie, alten Freunden, alten Gewohnheiten usw., gefangen sein können. Andere zu lieben und so die Heiligkeit Christi auszustrahlen, war für mich (Josh) nicht einfach. Nach meiner Bekehrung musste ich noch einige dieser „Grabkleider“ ablegen.

Weil ich im Haus eines Alkoholikers aufgewachsen war, hatte ich mir ein Verhaltensmuster angewöhnt, das mich zu einem – wie Psychologen sagen – „Retter“ machte. Jedes Mal, wenn ich sah, wie mein Vater meine Mutter verletzte, griff ich ein und versuchte, sie zu schützen. Das wurde zu einem lebenslangen psychologischen und emotionalen Muster. Immer wieder versuchte ich, Menschen zu retten, die verletzt waren und Probleme hatten.

Als ich Christ wurde, fuhr ich mit diesem Verhalten fort, ohne zu merken, dass es ungesund war. Wenn ich einem Menschen in Not begegnete, setzte bei mir dieser Zwang ein. Doch ich merkte nicht, dass es ein Zwang war, sondern hielt es für Erbarmen. Ich dachte, ich würde göttliche Liebe zeigen. Nehmen Sie die „einander“-Bibelstelle aus Galater 6,2, die besagt: *„Einer trage des anderen Lasten, und so werdet ihr das Gesetz des Christus erfüllen.“* Aufgrund meines Retterimpulses fühlte ich mich emotional verantwortlich, das Problem dieser Menschen zu lösen, egal welche Last sie trugen. Ich war der Meinung, ich würde *„das Gesetz des Christus erfüllen“* und die Sicherheit, das Glück und Wohlergehen des anderen so wichtig nehmen wie mein eigenes. In Wirklichkeit schadete ich mir selbst und tat der anderen Person keinen Gefallen, und das alles, weil ich Gottes Liebe mit dem Gepäck oder den Grabtüchern, d. h. meinem Rettersyndrom, verwechselte. Ich dachte, ich wäre weiser und geistlicher, wenn ich anderen half, statt bei mir selbst die Grabbinden abzuwickeln. Erst in der Seelsorge lernte ich, dass ich nicht die Verantwortung für das Problem oder die Verletzung einer Person übernehmen muss, wenn ich ihr helfe, die Last zu tragen. Es bedeutet vielmehr, einem Menschen zur Seite zu stehen und ihm zu helfen, die Last selbst zu tragen. *Des anderen Last zu tragen, bedeutet nicht, die Verantwortung für seine Probleme zu übernehmen, sondern verantwortungsvoll mit dem betreffenden Menschen umzugehen,* d. h. ihn in seiner Not oder den Schwierigkeiten zu trösten, zu ermutigen und zu unterstützen.

Gottes Wort öffnete mir schließlich die Augen. Ja, Galater 6,2 fordert uns auf, *„des anderen Lasten“* zu tragen. Doch nur drei Verse weiter unten entdeckte ich eine Bibelstelle, die schließlich zu meiner Sinnesänderung führte.

Lesen Sie Galater 6,5. Was erfahren Sie hier über das *Tragen*?

Nun, das mag zunächst verwirrend klingen. Doch es ergibt Sinn, wenn wir uns den Unterschied zwischen *Last* (Gal 6,2) und *Bürde* (Gal 6,5) klarmachen. Das griechische Wort für *Last* bedeutet auch „Felsblock“, d. h. ein großer Stein, der zu schwer ist, ihn allein zu tragen. Wir alle kennen Situationen, die schwer auf uns lasten. Dann brauchen wir jemanden, der uns zur Seite steht und uns hilft, die Last zu tragen. Solche Situationen können ein Unfall, eine Krankheit, der Tod eines geliebten Menschen oder der Verlust des Arbeitsplatzes sein.

Das Wort *Bürde* hat im Griechischen jedoch eine andere Bedeutung. Es bezeichnet den Proviantbeutel, den ein Soldat mit ins Feld nahm. Dieser Beutel steht für etwas, das jeder selbst tragen muss. Er gehört Ihnen, er wurde Ihnen gegeben. Ihn zu tragen, ist allein Ihre Verantwortung. Der Apostel Paulus meinte genau das, als er sagte: *„Also wird nun jeder von uns für sich selbst Gott Rechenschaft geben“* (Röm 14,12).

Welche Dinge in Ihrem Leben würden Sie als „Bündel" bezeichnen?

____

____

____

____

____

Gibt es „Lasten", bei denen Ihnen andere helfen oder wobei Sie Hilfe brauchen?

____

____

____

____

Wir alle tragen persönlich Verantwortung für etwas. Wenn wir der Verantwortung nicht nachkommen, indem wir z. B. falsche Entscheidungen treffen oder uns schlecht verhalten, müssen wir die Konsequenzen tragen. Greift man nun ein und beseitigt die natürlichen Folgen eines unverantwortlichen Verhaltens, dann bringt man diese Menschen um wertvolle Erfahrungen, Lektionen, die vielleicht für ihr weiteres Wachstum und die Reife entscheidend wären.

Ich kann gar nicht sagen, wie wertvoll diese Entdeckung aus Gottes Wort für mich war. Als ich erkannte, dass *„lieben wie Christus geliebt hat"* nicht bedeutet, dass ich die Verantwortung *für* andere Menschen auf mich nehmen muss, wurde ich frei, mich für andere einzusetzen, und besonders für die, die mit Verletzungen zu kämpfen hatten.

Ich begann, nach Gelegenheiten Ausschau zu halten, in denen Jesu Trost, seine Ermutigung und seine Unterstützung durch mich zu anderen fließen konnten. Ich wusste, wenn ich das tue, liebe ich die Menschen so, wie Christus mich geliebt hat. Wenn wir genau verstanden haben, was Gott in der Bibel mit *lieben* meint und wie das in unserem Leben aussehen kann, dann „erfüllen wir das Gesetz Christi", nämlich: andere so zu lieben, wie er uns geliebt hat.

Nehmen Sie sich diese Woche Zeit, ein oder mehrere „einander"-Bibelstellen *umzusetzen.* Mit dem Herzen eines Dieners und bereit zum Opfer nehmen Sie die Sicherheit, das Glück und das Wohlergehen eines Menschen so wichtig wie Ihr eigenes. Dann wird an Ihnen die veränderte Natur sichtbar werden, die Christus ähnlich ist (lesen Sie Kol 3,12-15).

8. Wahrheit

Die leibliche Auferstehung Jesu

Kapitel 8.1

Die historische Notwendigkeit der Auferstehung Jesu

Schluchzend stand sie wenige Meter entfernt von dem rauen Kreuz, an das sie ihren Sohn genagelt hatten. Johannes versuchte, Maria zu trösten. Einige Augenblicke später tat Jesus seinen letzten Atemzug und rief aus: *„Es ist vollbracht!' Und er neigte sein Haupt und übergab den Geist!“* (Joh 19,30).

Josef von Arimathäa und ein paar Frauen nahmen den leblosen Leib Jesu vom Kreuz herab und bereiteten ihn für die Beisetzung vor. Nachdem sie den toten Messias ins Grab gelegt hatten, verschlossen sie den Eingang mit einem riesigen Stein, um seine sterblichen Überreste für immer dort aufzubewahren – so dachten sie.

Wie könnte wohl ein Gespräch zwischen zwei Menschen abgelaufen sein, die Jesu Dienst aus der Ferne mitverfolgt hatten und nun direkt nach seinem Tod aufeinandertrafen?

„Ich hatte geglaubt, dass die Messiasbewegung etwas von Dauer wäre", bemerkte Hamon trocken. „Ja, das dachte ich eigentlich auch", stimmte Benjamin zu. „Ich frage mich, was seine Jünger nun mit sich anfangen werden?"

„Oh, ich glaube es wird nicht leicht für sie werden", überlegte Hamon, „aber sie könnten es durchaus schaffen, die Sache irgendwie weiterzuführen."

Hätte Jesus dem Tod nicht die Macht über seinen eigenen Leib genommen, indem er zu neuem Leben auferstand, hätte er nicht ins Allerheiligste eingehen, sein Blut nicht für uns dahingeben und unser Todesurteil nicht aufheben können.

„Wie denn?", entgegnete Benjamin skeptisch. „Ohne ihren Messias fehlt ihnen doch die Botschaft."

„Nicht ganz", erwiderte Hamon. „Zwar kann Jesus als toter Mann keine Armee mehr anführen, um die Römer zu besiegen, aber immerhin können seine Jünger seine Lehren noch weiterverbreiten."

Die beiden Männer hielten eine Weile inne. Dann fügte Benjamin bedächtig hinzu: „Sie haben zwar ihren charismatischen Redner und Wunderheiler eingebüßt, aber was ihnen bleibt, sind einige ganz hilfreiche Lehren, insbesondere diese Sache, dass wir unseren Nächsten lieben sollen wie uns selbst. Damit können sie sicher noch weiterhin auf Gehör stoßen. Wahrscheinlich wird das Ganze sogar noch ganz ordentlich weitergehen."

Welche Botschaft wäre Ihrer Meinung von Jesus übrig geblieben, wäre er ein einfacher Mensch gewesen?

Wäre Jesus lediglich auf die Erde gekommen, um uns das Gebot der Nächstenliebe zu predigen, hätten Hamon und Benjamin mit ihren Überlegungen sogar recht. Doch das war nicht sein Hauptanliegen. An diesem Tag hing weit mehr an dem rauen Kreuz als das Schicksal der messianischen Lehre oder einer irdischen Messiasbewegung. Mit ihm hing dort das Schicksal der gesamten Menschheit.

Lesen Sie Römer 5,12. Was war das Schicksal der ganzen Menschheit?

Durch die Sünde des Menschen war sein Schicksal der Tod. Als das heilige Lamm Gottes war Jesus das vollkommene Opfer für die Sünde. Sein Tod war notwendig zur Wiedergutmachung, damit Adams Nachkommen dem Todesurteil entkommen konnten, das durch die Sünde auf ihnen lag. Kein anderes Opfer hätte dies zu bewirken vermocht. Wie wir bereits gesehen haben, musste ein heiliger und unbescholtener Hoherpriester das Blut des heiligen Lammes auf Gottes Altar darbringen. Hätte Jesus durch seine Auferstehung die Macht des Todes mit und an seinem eigenen Leib nicht gebrochen, hätte er das Allerheiligste nicht betreten, sein eigenes Blut für uns nicht opfern und unser Todesurteil nicht aufheben können (siehe Hebr 9,11-12). Die leibliche Auferstehung Jesu war somit eine historische Notwendigkeit.

Warum musste Jesus sterben und auferstehen?

Hebräer 2,14: ______________________________

____

Hebräer 2,17: ______________________________

____

Die Zusage Jesu, uns unsere Schuld zu vergeben und für uns selbst zum Sühneopfer zu werden, damit wir eine lebendige Beziehung zu Gott eingehen können, ist nicht nur in seinem Tod, sondern auch in seiner Auferstehung verankert.

Lesen Sie 1. Korinther 15,17.19-20. Was wären die Konsequenzen, wenn Jesus nicht auferstanden wäre?

____

Die leibliche Auferstehung Jesu zu neuem Leben ist eine historische Tatsache. Und nur deshalb können auch wir neues Leben bekommen.

Lesen Sie Epheser 2,4-5. Was hat Jesu Auferstehung für uns bewirkt?

____

____

Durch die Auferstehung Jesu machte Gott aus einem zunächst katastrophal scheinenden Freitag einen Tag, den die Christen heute als ihren höchsten Feiertag begehen. Die Auferstehung macht uns deutlich, dass der Tod keine Macht über den gerechten Sohn des souveränen Gottes hat. Jesus zerstörte die Macht des Todes, als er aus dem Grab erstand, und durchdrang so das Reich der Finsternis mit seinem göttlichen Licht. Was zunächst als Vernichtung des Christus aussah, die die Menschheit in eine scheinbar aussichtslose Lage brachte, entpuppte sich als die einzige Möglichkeit der Hoffnung auf ewiges Leben.

Sogar Gerd Lüdemann, ein atheistischer Gelehrter und Autor, der das Christentum wegen seines übernatürlichen Anspruchs scharf kritisierte, kommt nicht umhin, die Bedeutung der Auferstehung Jesu für den christlichen Glauben anzuerkennen. Er bemerkt: „Die Auferstehung Christi ist der Dreh- und Angelpunkt der christlichen Religion ... Ganz offensichtlich hängt alles schlichtweg an dem Ereignis der Auferstehung Jesu.“[1] Lüdemann liegt damit absolut richtig – alles steht und fällt mit dem Ereignis der Auferstehung. Hätte es die leibliche Auferstehung nicht gegeben, wäre der stellvertretende und heilsbringende Opfertod Jesu ohne Auswirkung geblieben.

Wäre Jesus nicht wahrhaftig von den Toten auferstanden, so wären seine Verheißungen der Sündenvergebung und der ewigen Gemeinschaft mit dem himmlischen Vater nichts als Luftschlösser – eine trügerische Hoffnung. Der Tod Jesu war die Grundlage für die Wiedergutmachung, die Auferstehung Jesu dagegen ist eine historische Notwendigkeit, ohne die unsere Erlösung keine Erlösung wäre.

Kapitel 8.2

Beweise der leiblichen Auferstehung Jesu von den Toten

Lieber Mr. McDowell,

ich kann Ihre Meinung nicht ganz nachvollziehen. Der Opfertod Jesu ist nicht bedeutungslos, wenn man sich seine leibliche Auferstehung wegdenkt. Ein solches Opfer kann doch niemals bedeutungslos sein.

Laura

Obwohl die junge Frau, die mir diese Zeilen schrieb, eine überzeugte Christin war, hatte sie doch einen entscheidenden Punkt übersehen, der im Übrigen auch von vielen anderen im Zusammenhang mit der Auferstehung missachtet wird.

Lesen Sie 1. Korinther 15,14. Welche zwei Folgen hat es, wenn Jesus nicht auferstanden ist?

1. ______________________________

2. ______________________________

Er konnte das sagen, weil Jesus nicht Gott gewesen wäre, wenn er den Tod nicht hätte besiegen können. Ohne seine leibliche Auferstehung hätte sein Blut außerdem vor Gott nicht als Sühnemittel bestehen können. Das Erlösungswerk Christi bestand nicht nur darin zu sterben. Das Erlösungswerk Jesu bestand sowohl in seinem Sterben als auch in der Darbringung seines Blutes vor den Thron des Vaters in Gestalt seines Auferstehungsleibes.

Glauben wir nicht, dass Jesus leibhaftig von den Toten auferstanden ist, um unsere Schuld zu sühnen, so steht unser Glaube an unsere Erlösung auf sehr wackeligen Füßen. Doch die gute Nachricht ist, dass die leibliche Auferstehung Jesu eine historische Tatsache ist. Wir haben reichlich Anlass zu glauben, dass dieses entscheidende Ereignis tatsächlich stattgefunden hat, und das wiederum liefert uns reichlich Gründe für die berechtigte Hoffnung auf eine ewige Erlösung. Lassen Sie sich durch die Betrachtung der Beweise für die Auferstehung Christi in Ihrem Glauben ermutigen und festigen.

Das leere Grab

Es war noch sehr früh am Morgen des ersten Tages der Woche, als sich einige Frauen dem Grab näherten, in dem Jesus beigesetzt worden war. Das war am Freitag zu späterer Stunde, also zu Beginn des Sabbats. Da bestimmte Handlungen am Sabbat streng verboten waren, hatten die Frauen die Salbung des Leichnams Jesu nicht wie beabsichtigt beenden können. Sie kehrten daher noch einmal zurück, um ihr Werk zu vollenden.

Als sie auf das Grab zugingen, bekamen sie einen fürchterlichen Schreck. Der Stein, der den Grabeingang verschlossen hatte, war beiseite gerollt worden. Als sie das Innere der Stätte betraten, mussten sie feststellen, dass der Leichnam Jesu verschwunden war. Völlig perplex und starr vor Entsetzen standen sie da, als sich zwei Männer in strahlenden Gewändern näherten und sie ansprachen.

Lesen Sie Lukas 24,5-11. Welche Informationen erhalten die Frauen am Grab?

____

____

____

So gerne die Jünger Jesu der Nachricht von der Auferstehung ihres Messias Glauben geschenkt hätten – sie taten es nicht. Der Bericht der Frauen war einfach eine Spur zu unglaublich – zu schön, um wahr zu sein. Doch bald schon sollten sie es mit eigenen Augen sehen. Kurze Zeit später erschien Jesus mitten unter den Jüngern während einer ihrer Zusammenkünfte. *„Und als er dies gesagt hatte, zeigte er ihnen die Hände und die Seite“* (Joh 20,20). Doch Thomas, einer der Jünger, war bei diesem Treffen nicht dabei.

Lesen Sie Johannes 20,24-28. Welchen Beweis fordert Thomas?

Wie geht Jesus auf seine Zweifel ein?

Was antwortet Thomas darauf?

Das war ausreichend Beweismaterial für diesen Mann, der nach empirischer Nachvollziehbarkeit der Ereignisse verlangte: Jesus war von den Toten auferstanden!

Weder die Freunde noch die Feinde des Evangeliums können die gewichtige Tatsache leugnen, dass das Grab drei Tage nach der Beisetzung Jesu leer war. Die vielen Menschen, denen Jesus nach seiner Auferstehung begegnete, kannten auch den wahren Grund: Vor ihnen stand der direkte, empirische und körperlich greifbare Beweis dafür, dass Jesus lebendig war.

Warum spricht es für die Glaubwürdigkeit der Auferstehung, dass die Jünger mit der Verkündigung in Jerusalem begannen?

Darüber hinaus ist die Tatsache durchaus bedeutsam, dass die ermutigten Jünger nicht etwa nach Rom oder Athen hinauszogen, um die Nachricht seiner Auferstehung zu verkündigen. Vielmehr kehrten sie zurück nach Jerusalem, um die Kunde zu verbreiten – genau an den Ort seines Sterbens und seiner Beisetzung, wo man die Botschaft mühelos und postwendend als falsch hätte entlarven können, wenn das Grab nicht wirklich leer gewesen wäre.

Der Philosoph Stephen Davis bemerkt dazu Folgendes:

> Die Verkündigung der Auferstehung Jesu durch die ersten Christen wäre aus psychologischer und apologetischer Sicht unmöglich und zum Scheitern verurteilt gewesen, ohne dass das leere Grab als Beweis für alle sichtbar gewesen wäre ... Mit anderen Worten: Ohne den sicheren und allgemein anerkannten Beweis des leeren Grabes hätten sich die Apostel dem Vorwurf der Falschaussage gegenüber gesehen, sobald man sie mit der Existenz des Leichnams konfrontiert hätte.[1]

Sowohl jüdische als auch römische Quellen und Überlieferungen bestätigen einstimmig die Existenz des leeren Grabes. Diese Quellen reichen von der Geschichtsschreibung des jüdischen Historikers Josephus bis zu einer jüdischen Sagensammlung namens *Toledoth Jeshu* aus dem 5. Jahrhundert, die sich in polemisch-satirischer Weise mit dem Leben Jesu befasst. Der Autor Dr. Paul Maier nennt solche Zugeständnisse „positive Beweismittel aus feindlicher Quelle, die gerade aufgrund dieser Herkunft die stärkste historische Beweiskraft besitzen. Wenn eine Quelle eine Tatsache bestätigt, deren Existenz eindeutig nicht in ihrem Sinne ist, gilt diese Tatsache als erwiesen.“ [2]

Das leere Grab gibt ein eindeutiges Zeugnis und verkündet durch die Stimme des Engels: „Er ist nicht hier, sondern er ist auferweckt worden“ **(Lk 24,6).**

Einer der aussagekräftigsten Beweise für die Existenz des leeren Grabes ist die Tatsache, dass in dem Bericht Frauen als erste Besucher am Grab und somit als erste Augenzeugen genannt werden. Im Palästina des ersten Jahrhunderts war der gesellschaftliche Status der Frauen zweitklassig und die Beweiskraft ihrer Zeugenaussage dementsprechend gering. Von einigen Ausnahmen einmal abgesehen sah das jüdische Rechtssystem nicht vor, dass Frauen in den Zeugenstand gerufen werden konnten. Warum hätten Menschen, die Interesse an der Verbreitung der christlichen Botschaft hatten, eine Geschichte erfinden sollen, die die Jünger als offensichtliche Vertreter der neuen Glaubensrichtung in so hohem Maße der Lächerlichkeit preisgibt? Zuerst ergriffen sie während der Kreuzigung Jesu die Flucht, und dann waren es auch noch Frauen, die mutig zum Grab gingen und zu den ersten Augenzeugen der leeren Gruft wurden. Solch eine Geschichte war sicherlich kein gutes Werbemittel für die Sache der Christen. Der einzig mögliche Rückschluss, der sich aus der Geschichte der Frauen als erste Augenzeugen der Auferstehung ziehen lässt, ist schlichtweg der, dass sie wahr ist. Dr. Paul Maier bringt es zutreffend auf den Punkt: „Wäre diese Auferstehungsgeschichte ein künstliches Konstrukt, so kämen sicherlich keine Frauen darin vor – zumindest niemals in der Rolle als Zeuginnen der ersten Stunde.“[3]

Fassen Sie kurz zusammen, warum ausgerechnet der Bericht der Frauen ein starkes Argument für das leere Grab ist.

Obwohl das leere Grab eine historische Tatsache ist, hat es immer wieder unterschiedlichste Theorien gegeben, die anderslautende Begründungen dafür zu finden versuchten, so wie auch bei anderen Ereignissen in den Tagen und Wochen nach Jesu Sterben verfahren wurde. Das Ziel dieser Theorien ist dabei einzig und allein, die leibhaftige Auferstehung Jesu als Begründung auszuschließen. Sechs dieser Theorien werden wir uns an dieser Stelle einmal genauer anschauen. (Eine ausführlichere Behandlung der Thematik der Auferstehung Christi enthält mein Buch *Die Tatsache der Auferstehung*, erschienen im Hänssler-Verlag, 6. Auflage 2013.)

1. Die Theorie des gestohlenen Leichnams

Das leere Grab nach der Kreuzigung und die Beisetzung Jesu ist für sich gesehen noch kein vollständiger Beweis dafür, dass er von den Toten auferstand. Vielmehr verlangt es lediglich nach einer Erklärung. Unmittelbar nach Auffinden des leeren Grabes kam man daher unter anderem auf die Erklärungsvariante, dass die Jünger den Leichnam Jesu gestohlen hätten.

Lesen Sie Matthäus 28,11-15. Wer dachte sich die Geschichte vom gestohlenen Leichnam aus?

Warum spielten die römischen Soldaten wider besseres Wissen mit?

Die Begründung, die Jünger Jesu hätten seinen Leichnam gestohlen, scheint auf den ersten Blick einigermaßen plausibel. Doch bereits bei oberflächlicher Betrachtung fällt auf, dass die Theorie mehr Probleme aufwirft als glättet. Beispielhaft seien folgende Aspekte genannt:

Es waren römische Wachleute, die durch Bestechung zu der Aussage veranlasst werden sollten, die Jünger hätten den Leichnam gestohlen. Wenn die Wachleute aber doch geschlafen haben, wie sollten sie dann mitbekommen haben, dass die Jünger oder jemand anderes den Leichnam entfernten? Schlafende Wachposten können keine verlässliche Schilderung der Dinge abliefern, die sich ereigneten, während sie schliefen.

Römische Soldaten wurden hingerichtet, wenn sie während ihres Wachdienstes einschliefen. So erklärt sich auch der Punkt in Matthäus´ Berichterstattung, dass die religiösen Führer der Wache ihren Schutz zusicherten, indem sie sagten: *„Und wenn dies dem Statthalter zu Ohren kommen sollte, so werden wir ihn beschwichtigen und machen, dass ihr ohne Sorge seid.“* Wie wahrscheinlich ist es, dass sämtliche Grabwächter sich zu einem Nickerchen entschieden, obwohl sie wussten, dass es sie ihr Leben kosten könnte?

Lesen Sie Matthäus 27,60. Welches Hindernis hätten die Jünger überwinden müssen?

Gesetzt den Fall, die römischen Wachen hätten tatsächlich geschlafen, stellt sich darüber hinaus die Frage, was die Diebe währenddessen hätten in Bewegung setzen müssen, um den Stein vom Grabeingang wegzurollen. Der Stein, mit dem die Gruft verschlossen worden war, wog zwischen ein und zwei Tonnen! Etwaige Diebe hätten sich also an den Wachen vorbeischleichen, den Stein ein durchfurchtes Gefälle hinaufhieven, ein dunkles Grab betreten und mit dem Leichnam unbemerkt entschwinden müssen ... und alles, ohne auch ein einziges Mitglied der Wachmannschaft aufzuwecken!

Der Gedanke, die Jünger hätten den Leichnam stehlen können, während die Wachposten schliefen, strapaziert die Grenzen der Glaubwürdigkeit.

Fassen Sie kurz zusammen, warum die Wachposten das Problem dieser Theorie sind.

Der Fall gestohlener Leichnam

Die römischen Wachposten sind nicht die einzige Schwachstelle dieser Theorie des gestohlenen Leichnams. Es ist auch nur sehr schwer vorstellbar, dass die Nachfolger Jesu imstande gewesen sein sollen, eine solche staatsstreichähnliche Meisterleistung zu vollbringen.

Lesen Sie Markus 14,48-50. Wie würden Sie den Zustand der Jünger beschreiben?

Waren diese Männer in der Verfassung, den Leichnam Jesu zu stehlen und dann seine Auferstehung zu predigen?

Es hätte schon bemerkenswerter Tapferkeit bedurft und außerdem einer gehörigen Portion Wagemut, eine Einheit römischer Grabwächter zu ignorieren – unabhängig davon, ob sie nun schliefen oder nicht. Den historischen Schilderungen der Ereignisse nach dem Tod Jesu ist jedoch zu entnehmen, dass die Jünger nicht mehr als ein deprimierter, ängstlicher und versprengter Haufen waren. Sie flohen, wann immer sich Schwierigkeiten zusammenbrauten, stritten eine Verbindung zu Jesus ab und versteckten sich hinter verschlossenen Türen – wohl kaum das Bild einer wildentschlossenen Gruppe, die in einer kühnen Aktion den Diebstahl ihres toten Meisters auf die Beine stellt (siehe Mk 14,50; Lk 22,54-62; Joh 20,19).

Einer der ersten Zeugen der Szenerie des leeren Grabes berichtete, dass die leinenen Grabtücher, in die der Leichnam eingehüllt gewesen war, noch vorhanden waren. Ebenso lag das Schweißtuch fein säuberlich gefaltet auf der Felsenplatte (siehe Joh 20,5-8). Können Sie sich vorstellen, dass sich Grabräuber die Zeit nehmen, den Leichnam sorgsam auszuwickeln und die Tücher akkurat zusammengelegt auf der Grabplatte zu platzieren? Ganz im Gegenteil hätten Grabräuber den Leichnam in der Eile wohl mitsamt den Grabtüchern gestohlen.

Nach den historischen Berichten waren die Jünger eher skeptisch, als sie die Nachricht vom leeren Grab hörten. Allem Anschein nach war dies gegen ihre Erwartungen. Wie viel geringer ist dann wohl die Wahrscheinlichkeit, dass sie einen konspirativen Grabraub geplant hatten?

Warum sollte eine Gruppe von Männern, die sich zu Jesu Lebzeiten regelmäßig versteckt und gefährlichen Situationen entzogen hat, plötzlich wagemutig den Raub seines Leichnams beschließen und damit eine Sache vorantreiben und propagieren, die ihnen die ganze Palette staatlicher Sanktionen bescheren würde (Verhaftung, Folter und eventuell sogar Hinrichtung), der sie noch drei Tage zuvor zu entkommen versucht hatten?

Wenn Jesus nicht leibhaftig auferstanden wäre, hätten die politischen und religiösen Führer die neue christliche Glaubensbewegung schnell und unkompliziert im Keim ersticken können, indem sie den Leichnam Jesu aufgetrieben und in den Straßen von Jerusalem öffentlich zur Schau gestellt hätten.

Gleichwohl sorgten die Jünger dafür, dass genau diese Botschaft – die Botschaft von der Auferstehung Jesu Christi – verbreitet wurde. Den historischen Berichten ist zu entnehmen, dass seine Nachfolger schon wenige Wochen nach Jesu Tod die Nachricht von seiner Auferstehung öffentlich bekanntmachten. Durch die Predigten wurden dann Tausende während der Pfingstwoche *„getauft und zur Gemeinde hinzugetan“* (Apg 2,41).

Lesen Sie 2. Petrus 1,16. Worauf legt Petrus großen Wert?

Die öffentliche Predigttätigkeit der Jünger muss große Bestürzung unter den Juden hervorgerufen haben. Die Tatsache, dass sie die Nachricht von der Auferstehung nicht zu entkräften vermochten, spricht ebenfalls für deren Authentizität. Wenn Jesus nicht leibhaftig auferstanden wäre, hätten die politischen und religiösen Führer die neue christliche Glaubensbewegung schnell und unkompliziert im Keim ersticken können, indem sie den Leichnam Jesu aufgetrieben und in den Straßen von Jerusalem öffentlich zur Schau gestellt hätten. Dies hätte die Behauptung der Auferstehung ein für alle Mal Lügen gestraft und die Verbreitung des Christentums noch vor seiner wirklichen Entstehung verhindert. Doch dass dieser Gegenbeweis nie geführt wurde, macht einmal mehr deutlich, dass er schlichtweg nicht geführt werden konnte.

Die Feinde Jesu hätten alles darangesetzt, seinen Leichnam auf irgendeine Weise zu beschaffen. Darüber hinaus ist die Annahme, die Jünger Jesu hätten den Leichnam gestohlen, widersinnig. Die Theorie des gestohlenen Leichnams ist also ein einziges Bündel von Unstimmigkeiten. Der Autor George Hanson bringt es in seinem Buch *The Ressurrection and the Life* folgendermaßen auf den Punkt: „Die Schwierigkeiten des Glaubens sind nicht zu übersehen, doch die Absurdität des Unglaubens wiegt viel schwerer.“[4]

Doch was ist dann mit dem Leichnam Jesu geschehen, wenn die Jünger ihn nicht gestohlen haben?

Fassen Sie kurz zusammen, was gegen einen Diebstahl des Leichnams spricht.

2. Die Ohnmachtstheorie

Einige Menschen begründen das leere Grab damit, dass Jesus in Wirklichkeit gar nicht gestorben war. Die Ohnmachtstheorie, wie man sie landläufig nennt, nimmt an, dass Jesus zwar tatsächlich ans Kreuz genagelt wurde und starke Schmerzen sowie einen hohen Blutverlust erlitt. Doch als er vom Kreuz herabgenommen wurde, war er noch nicht tot. Er war infolge eines Schockzustandes lediglich bewusstlos.

Einige Vertreter dieser Theorie ziehen sogar das Neue Testament als Beweismittel heran, indem sie darauf hinweisen, dass Pilatus sich wunderte, *„dass er schon gestorben sein sollte“* (Mk 15,44). Sie mutmaßen, dass die Jünger den noch lebendigen Jesus zusammen mit Josef von Arimathäa vom Kreuz herabgenommen und ihn ins Grab gelegt haben. (Der Autor Hugh J. Schonfield geht in seinem Bestseller *The Passover Plot* sogar davon aus, dass Jesus das Ganze so geplant hatte!) Danach soll Jesus dank der Kühle des Grabes, der belebenden Kräfte der im Leichenbalsam enthaltenen Gewürze und der Regeneration in der Ruhe der Gruft sich von seiner Grabplatte erhoben, die Leichentücher abgestreift und die Freiheit gesucht haben. Als seine Jünger ihn sahen, gingen sie irrtümlich davon aus, er sei von den Toten auferstanden, obwohl alles – wenn überhaupt – nichts weiter als eine geglückte Wiederbelebung gewesen war.

Doch die Ohnmachtstheorie hat mehrere Haken.

Der „Totenschein“

Jesus war aufs Schwerste misshandelt worden. Typischerweise benutzten die Römer das *flagrum*, ein Folterinstrument ähnlich einer Geißel, mit dem der Rücken des Opfers regelrecht zerfetzt wurde. Viele Gefangene überlebten diese Art der Misshandlung nicht, sodass es in manchen Fällen gar nicht zur eigentlichen Hinrichtung kam. Danach wurde Jesus an Händen und Füßen ans Kreuz genagelt.

Weil am nächsten Tag das jüdische Passahfest gefeiert wurde und das jüdische Gesetz darüber hinaus verbot, ein Hinrichtungsopfer über Nacht am Kreuz hängen zu lassen, baten die religiösen Führer Pilatus darum, den Eintritt des Todes zu beschleunigen (siehe 5Mo 21,22-23; Joh 19,31).

Lesen Sie Johannes 19,31. Wodurch wurde der Tod schneller herbeigeführt?

Diese Maßnahme führte normalerweise zum sofortigen Erstickungstod, weil das Opfer dem Zusammenschnüren der Atemorgane durch das herabhängende Körpergewicht nicht mehr entgegenwirken konnte, indem es sich mithilfe seiner Beine immer wieder in die Höhe stemmte. Somit erstickte es langsam.

Als Jesus an die Reihe kam, stellten sie jedoch fest, dass er bereits gestorben war.

Lesen Sie Johannes 19,34. Was unternahmen die Soldaten, um den Tod mit Sicherheit festzustellen? Was sahen sie?

Bald danach, als Josef von Arimathäa um den Leib Jesu bat, war Pilatus sehr überrascht darüber, dass Jesus bereits gestorben war und ließ sich den Tod Jesu durch den Hauptmann nochmals bestätigen. *Erst nach Erhalt dieser Rückversicherung aus erster Hand* übergab er den Leichnam in Josefs Obhut, um ganz sicherzugehen, dass Jesus wirklich tot war, bevor man ihn begrub.

Über das Zeugnis des biblischen Berichts bezüglich der Kreuzigung und des Todes Jesu stehen uns noch außerbiblische Berichte von Geschichtsschreibern aus dem ersten Jahrhundert zur Verfügung. Der Theologe John Dominic Crossan schreibt: „Jesu Tod durch die Hinrichtung unter Pontius Pilatus ist so sicher, wie eine historische Tatsache nur sein kann. Selbst wenn keiner seiner Nachfolger einen Bericht über diese Ereignisse verfasst hätte, so wüssten wir es aus Quellen, die von zwei Autoren stammen, die nicht zu seinem Anhängerkreis gehörten. Ihre Namen sind Flavius Josephus und Cornelius Tacitus.“[5] Weder diejenigen, die dem Hinrichtungsgeschehen am nächsten waren noch die Schreiber, die davon berichteten, glaubten, dass Jesus lediglich bewusstlos war. Sie wussten, dass er tatsächlich tot war.

Die Leichentücher

Die Nachfolger Jesu balsamierten seinen Leichnam so ein, wie es die jüdische Tradition vorsah.

Lesen Sie Johannes 19,39-40. Wie wurde der Leichnam für das Begräbnis vorbereitet?

Nach der Sitte wickelte man den leblosen Körper von den Achselhöhlen bis zu den Knöcheln fest und brachte auf die verschiedenen Tuchschichten die Duftöle auf, die oftmals von klebriger, gummiartiger Konsistenz waren. Diese Öle erfüllten eine doppelte Funktion und dienten sowohl zur Konservierung des Körpers als auch als eine Art Haftcreme für die Leichentücher. Der Kopf wurde ebenfalls in einen turbanähnlichen Leinenstoff gehüllt.

Lesen Sie Johannes 20,6-7. Wie fanden die Augenzeugen die Leinentücher nach der Auferstehung vor?

Geht man von der Ohnmachtstheorie aus, so müsste Jesus nach den Qualen der Geißelung und Kreuzigung erwacht sein, sich mit seinen seitlich am Körper festgezurrten Armen aus den verschiedenen Schichten aus Leichentuch und öligem Balsam herausmanövriert, die Stoffe fein säuberlich gefaltet, sie auf die Grabplatte gelegt und das Grab verlassen haben – selbstverständlich nackt.

David Strauss, ein Theologe des neunzehnten Jahrhunderts, war einer der erbittertsten Gegner der übernatürlichen Elemente des Evangeliums und ein Mann, dessen Werke darauf abzielten, den Glauben an Christus zu zerstören. Trotz seiner heftigen Kritik und Leugnung aller Ereignisse, die auf Wundern basierten, äußerte sich Strauss folgendermaßen zu der Annahme, dass Jesus aus einer Ohnmacht erwacht sei:

Es ist unmöglich, dass ein Mensch, der sich halbtot aus einer Gruft davonstiehlt und schwach und krank durch die Gegend kriecht und dringend medizinischer Hilfe bedarf ... vor seinen Jüngern den Eindruck erwecken konnte, der Sieger über Tod und Hölle zu sein, der König des Lebens – ein Eindruck, der den Grundstein ihres zukünftigen Dienstes legte.[6]

Der Stein

Jesus war nicht nur straff in Leichentücher und öligen Balsam gehüllt, sondern auch in einer Felsengruft beigesetzt worden, deren Eingang mit einem ein bis zwei Tonnen schweren Stein verschlossen worden war.

Lesen Sie Markus 16,1-4. Wie viele Frauen waren unterwegs zum Grab?

Welches Problem sahen sie?

Angenommen, Jesus sei tatsächlich bewusstlos vom Kreuz herabgenommen und kurze Zeit später ins feuchtkalte Grab gelegt worden. Angenommen, er hätte es wirklich geschafft, sich von der engen und starren Umklammerung der Leichentücher zu befreien. Dann müsste er, nachdem er sich von diesen Fesseln hat lösen können, vom Inneren der bestimmungsgemäß nur von außen zu öffnenden Gruft einen zwei Tonnen schweren Stein die zerklüftete Felsebene hinaufgerollt (eine große Herausforderung selbst für mehrere erwachsene Männer) und diesen irgendwie dazu gebracht haben, nicht wieder zurückzurollen. Und dies alles hätte ein Mann vollbringen müssen, der einige Stunden zuvor ausgepeitscht worden war und mit einer auf den Kopf gepressten Dornenkrone und an Händen und Füßen durchbohrt an einem Holzkreuz gehangen sowie mit einem römischen Speer seitlich aufgeschlitzt worden war. Und darüber hinaus noch so leise, dass die römischen Wachen ihn nicht bemerkten und er ihnen somit heimlich entkommen konnte.

Die Erscheinungen

Am selben Tag, als Jesus in einem kalten, feuchten und dunklen Grab angeblich wieder zu Bewusstsein gekommen war, sich selbst von den Leichentüchern befreit, den Stein zur Seite gerollt und sich unbemerkt von den römischen Grabwächtern davongeschlichen hat, musste er noch mehr als 11 Kilometer von Jerusalem nach Emmaus zurücklegen.

Lesen Sie Lukas 24,13-35. Fällt den Jüngern unterwegs etwas Außergewöhnliches an ihrem Begleiter auf?

Wäre Jesus nach der Kreuzigung nur ohnmächtig gewesen, hätte er einen solchen Fußmarsch nach all den Torturen bewältigen können?

Lukas 24 berichtet uns von dem Zusammentreffen mit den beiden Jüngern, die die Straße nach Emmaus entlang wanderten – ein elf Kilometer langer Fußmarsch von Jerusalem aus. Sie erkannten Jesus nicht, bis sie ihren Zielort erreicht und ihn gebeten hatten, mit ihnen zu Abend zu essen. Als er das Brot auf die für ihn so typische Weise brach, da *„wurden ihre Augen aufgetan, und sie erkannten ihn"* (Lk 24,31). Ein Elfkilometermarsch ist wohl kaum etwas, das man von jemandem erwarten kann, der eine Kreuzigung durchgemacht und 36 Stunden in einer Felsengruft verbracht hat. Und aus irgendeinem Grund war es den beiden Männern auch entgangen, wie durchstochen, zerschunden und von Blutergüssen übersät seine Haut war.

Dabei ist die Begegnung zwischen Jesus und den beiden Emmausjüngern die erste in einer Serie von Erscheinungen innerhalb weniger Tage nach der brutalen Kreuzigung, die die Nachfolger Jesu davon überzeugte, dass er den Tod besiegt hatte und von den Toten auferstanden war. Der Apostel Paulus gibt uns noch einen zusätzlichen Bericht vom Erscheinen Jesu nach seiner Auferstehung:

Lesen Sie 1. Korinther 15,3-7. Wie vielen Menschen ist Jesus nach seiner Auferstehung mindestens erschienen?

Worauf weist Paulus besonders hin? (V. 6)

In diesen Versen knüpft Paulus an das Wissen seiner Adressaten an, dass Christus von mehr als 500 Menschen gleichzeitig gesehen wurde. Außerdem betont er, dass die meisten von ihnen immer noch leben und dementsprechend auch befragt werden konnten. Eine aussagekräftigere Beweisführung ist für ein Ereignis, das bereits 2000 Jahre zurückliegt, vermutlich gar nicht möglich.

Der Autor C.H. Dodd stellt fest: „Die Betonung, dass die meisten der 500 Augenzeugen noch am Leben sind, kann nur eine einzige Bedeutung haben, nämlich dass

Paulus indirekt zum Ausdruck bringt: Die Zeugen sind da und können immer noch befragt werden.“[7]

Aus diesem Grund schreibt der Apologet William Lane Craig, dass „es nahezu indiskutabel ist, dass dieses Ereignis wirklich stattgefunden hat.“[8] So bald nach eben diesem Ereignis hätte Paulus nie behaupten können, dass Jesus 500 Zeugen erschienen sei, wenn das nicht wirklich der Wahrheit entsprochen hätte.

Wenn jeder dieser 500 Menschen jeweils eine sechsminütige Zeugenaussage vor Gericht machte, so könnte man einen fünfzigstündigen beeindruckenden Bericht aus erster Hand erleben. Ergänzte man noch die Aussagen der übrigen Augenzeugen, so ergäbe dies mit Sicherheit das längste und eindeutigste Gerichtsverfahren aller Zeiten.[9]

Die Himmelfahrt

Wenn Jesus lediglich aus einer Ohnmacht erwachte, dann ergibt der Glaube an seine spätere Himmelfahrt, von der Markus und Lukas berichten, keinen Sinn. Doch wenn Christus nicht gen Himmel gefahren ist, wo ist er dann geblieben? Ist es nachvollziehbar anzunehmen, dass Jesus sich seinen Nachfolgern entzog, um den Rest seines Lebens inkognito in der Abgeschiedenheit zu verbringen und dort dann in aller Heimlichkeit zu sterben?

Eine solche Theorie würde also die Annahme erfordern, dass die junge Gemeinde die Nachricht von der Auferstehung Christi verkündigte, während Jesus ein Leben in der Einsamkeit führte, von dem selbst seine engsten Vertrauten nichts ahnten und es eben nur diese Abwesenheit war, die die Legende seiner Auferstehung aufrechtzuhalten vermochte. Ein solches Szenario würde Jesus Christus, dessen Lehren die höchsten moralischen Standards setzten, zu einem der größten Betrüger aller Zeiten und seine Auferstehung zum größten Bluff der Menschheitsgeschichte machen.

Das würde wiederum voraussetzen, dass Jesus von Anfang an ein krankhaftes Ziel verfolgte: Er inszenierte seine eigene Auferstehung, nur um einen Ruhm zu bekommen, den er nie miterleben würde und den er nicht genießen könnte.[10]

Lesen Sie Lukas 1,1-4. Woran erkennen Sie, dass Lukas einen hohen Maßstab an Genauigkeit anlegt?

Lesen Sie Lukas 24,50-52 und Apostelgeschichte 1,1-3. Lukas hat auch den Bericht von der Himmelfahrt geschrieben. Welchen Maßstab legt er dort an?

3. Die Theorie des umgebetteten Leichnams

Diese Theorie geht davon aus, dass Jesus nicht von den Toten auferstand, sondern dass sein Leichnam am Karfreitagabend zunächst im Grab des Joseph von Arimathäa beigesetzt wurde, um dann später in das Grab eines Verbrechers umgebettet zu werden. Dadurch gingen die Jünger irrtümlicherweise davon aus, dass er auferstanden sei. Diese Hypothese gewann im Internet bemerkenswert viel Zustimmung.

Die „Umbettungshypothese" scheint noch durch die Tatsache gespeist zu werden, dass Wiederbestattungen im damaligen Palästina durchaus üblich waren. Doch man muss wissen, dass sich die jüdische Praxis der Wiederbestattung ganz erheblich von dem von Vertretern dieser Hypothese behaupteten Ablauf der Ereignisse unterscheidet. Nach jüdischer Tradition wurde der Leichnam zunächst für die Dauer eines Jahres bestattet, bis der Körper verwest und nur noch das Skelett übrig war. Die Skelettreste wurden dann in ein sogenanntes *Ossarium* gelegt – eine „Gebeinkiste", die danach wieder beerdigt wurde.

Problematisch ist diese Theorie des umgebetteten Leichnams jedoch schon deshalb, weil sie weder von biblischen noch von nichtbiblischen Quellen gestützt wird. Keiner der in den vier Evangelien aufgezeichneten Berichte enthält Hinweise auf eine mögliche Wiederbestattung Jesu.

Lesen Sie Markus 16,6. Welchen Grund nennt der Engel für das leere Grab?

Doch die „Umbettungshypothese" wirft noch gewichtigere Probleme auf. Dr. Michael Licona bemerkt:

> Träfe die Wiederbestattungstheorie zu, könnte sie äußerstenfalls das leere Grab erklären. Interessanterweise jedoch konnte das leere Grab die Jünger nicht von der Auferstehung Jesu überzeugen – vielleicht mit Ausnahme von Johannes. Letztlich war es die Erscheinung Jesu, die sie überzeugte, und hierfür liefert die Wiederbestattungstheorie eben gerade keine Begründung.[11]

Offen bleibt auch die Frage, warum niemand den Leichnam Jesu hervorgeholt hat, als die Jünger begannen, die Nachricht von der Auferstehung zu verbreiten. Die jüdischen Führer hätten den toten Körper als Beweismittel präsentieren und die Bewegung des Christentums im Keim ersticken können. Manche mutmaßten, dass der Leichnam Jesu schlicht und ergreifend zu diesem Zeitpunkt nicht wiedererkennbar war. Die Theorie des umgebetteten Leichnams ist im Ergebnis nicht plausibel.[12]

4. Die Halluzinationstheorie

Es gibt nur eine begrenzte Anzahl an Möglichkeiten, das leere Grab zu erklären. Wenn der Leichnam weder gestohlen noch versteckt wurde, wenn Jesus weder aus einer Ohnmacht erwacht noch sein toter Körper umgebettet worden ist, was könnte dann möglicherweise noch geschehen sein? Eine mögliche Erklärung liefert uns die Halluzinationstheorie.

Diese Theorie geht davon aus, dass diejenigen, die Jesus Christus nach seinem Tod und seiner Grablegung „gesehen" haben, in Wahrheit halluziniert haben. Sie mögen zwar *gedacht* haben, Jesus leibhaftig vor sich zu sehen, doch sein Erscheinen war eine Folge von Halluzinationen oder ein Produkt ihrer Einbildungskraft.

Natürlich gibt es so etwas wie Halluzinationen. Menschen täuschen oder irren sich bisweilen bezüglich dessen, was sie sehen oder wahrnehmen. Gleichwohl liegen solchen halluzinatorischen Erfahrungen oder Sinnestäuschungen bestimmte Muster zugrunde. Sie sind im hohen Maße individualisiert und extrem subjektiv. Nur äußerst selten kommt es vor, dass zwei Personen zur selben Zeit eine identische halluzinatorische Erfahrung machen.

Die Berichte rund um die Erscheinungen des auferstandenen Jesus weisen keine typischen Merkmale einer Halluzination auf. Sie geschahen zu sehr unterschiedlichen Zeiten. Die jeweiligen Augenzeugen rechneten gar nicht mit einer solchen Erscheinung und waren zunächst äußerst verwirrt und skeptisch (siehe Lk 24,16; Joh 20,14.24-25). Meistens erschien Jesus einer Gruppe von Menschen (siehe Mk 16,14-18; Joh 21,1-24; 1Kor 15,6). Jesus erschien mindestens zehnmal nach seiner Auferstehung:

1. der Maria von Magdala (Mk 16,9; Joh 20,11-18)
2. den Frauen, die vom Grab zurückkehrten (Mt 28,9-10)
3. dem Petrus (Lk 24,34; 1Kor 15,5)
4. den Emmausjüngern (Lk 24,13-33)
5. den Jüngern und einer Menge anderer Menschen (Lk 24,36-43)
6. den Jüngern einschließlich Thomas (Joh 20,26-29)
7. sieben Jüngern am See Tiberias (Joh 21,1-23)
8. mehr als 500 Gläubigen (1Kor 15,6)
9. Jakobus, seinem Bruder (1Kor 15,7)
10. den Elfen bei seiner Himmelfahrt (Apg 1,4-9)

Eine andere Tatsache, die gegen die Halluzinationstheorie spricht, ist die Aufforderung Jesu in Lukas 24,39-43, seine leibhaftige, aus Fleisch und Blut bestehende Erscheinung in Augenschein zu nehmen.

Lesen Sie Lukas 24,39-43. Was spricht bei dieser Erscheinung des Auferstandenen gegen eine Halluzination?

Die Menschen, die den Auferstandenen sahen, gehörten nicht zu der Sorte von Leuten, die typischerweise Wahnvorstellungen unterlagen. Sie waren ein Haufen Skeptiker, die oft lange brauchten, bis sie etwas glauben konnten.

Lesen Sie Lukas 24,11. Was hielten die Apostel vom Bericht der Frauen?

Als die Frauen die Apostel nach der Entdeckung des leeren Grabes am Sonntagmorgen aufsuchten, glaubten sie ihnen nicht. Petrus´ und Johannes´ erste Reaktion war, selbst zum Ort des Geschehens zu laufen, um mit eigenen Augen zu sehen, wovon die Frauen berichtet hatten.

Lesen Sie Johannes 20,25. Wie würden Sie die Haltung des Thomas beschreiben?

Thomas war sicherlich nicht geneigt, irgendwelchen Wunschvorstellungen zu erliegen.

Ebenso wie die anderen Theorien hat die Halluzinationstheorie dem historischen Bericht nichts entgegenzusetzen. Man muss noch mehr Glauben aufbringen, um diese und die anderen Theorien für wahr zu halten, als sich schlicht und ergreifend auf die Tatsachen zu verlassen, die uns die Augenzeugen berichtet haben: dass *„er* *sich vierzig Tage hindurch von ihnen sehen ließ und über die Dinge redete, die das Reich Gottes betreffen“* (Apg 1,3).[13]

5. Die Theorie der geistigen Auferstehung

Diese Theorie besagt, dass der Leib Christi im Grab verwest ist und seine Auferstehung lediglich geistiger Natur war. Die Zeugen Jehovas vertreten diese Theorie in etwas abgewandelter Form. Anstatt anzunehmen, dass Jesu Leib im Grab verweste, glauben sie, dass Gott seinen Leib im Grab zerstörte, um ihn in einem geistigen Leib wieder auferstehen zu lassen. Beide Theorien der geistigen Auferstehung haben ihre unüberwindbaren Haken.

Zunächst muss eine Auferstehung auch die physische Existenz mit einschließen, um relevant sein zu können. Aus Sicht des damaligen Judaismus wäre eine Auferstehung ohne Beteiligung des Leibes überhaupt keine Auferstehung gewesen. Dan Cohn-Sherbok, ein jüdischer Rabbiner und Gastdozent in Cambridge, stellte fest:

Entweder ist Jesus leibhaftig auferstanden oder gar nicht auferstanden. So einfach ist das. Die in den Evangelien enthaltenen Berichte vom leeren Grab und die Tatsache, dass die Jünger den auferstandenen Christus erkannten, legen eine solche historische Vorstellung vom Auferstehungsereignis nah. Eine irgendwie geartete geistige Auferweckung Christi jenseits aller Körperlichkeit wäre in diesem Kontext bedeutungslos.[14]

Der britische Theologe N.T. Wright verdeutlicht, dass die Auferstehung im Judaismus des ersten Jahrhunderts eine ganz spezifische Bedeutung hatte, obwohl es eine Vielzahl von Vorstellungen über das Leben nach dem Tod gab. Wright erläutert diesbezüglich:

> Zwar war das Spektrum der Ansichten sehr weit, die von den Juden damals vertreten wurden, doch der Begriff „Auferstehung“ stellte einen festen Begriff innerhalb dieses Spektrums dar. „Auferstehung“ war also kein Synonym für „Leben nach dem Tod“ im Allgemeinen. Begrifflich setzte es immer schon eine Wiederverkörperung voraus.[15]

Darüber hinaus zeigt Wright auf, dass es „erwiesenermaßen keinerlei Hinweise darauf gibt, dass ... die Juden das Wort *Auferstehung* in einem unkonkreten, allgemein gehaltenen Sinn gebrauchen.“[16] Wenn Jesus also in einem unkörperlichen Leib auferweckt worden wäre, wären die Jünger ganz sicher nicht von einer Auferstehung ausgegangen und hätten das Ereignis auch nicht als solche bezeichnet.

Jesus selbst strafte die Theorie der geistigen Auferweckung schon damals Lügen.

Lesen Sie Lukas 24,39. Was spricht gegen eine bloß geistige Auferstehung Jesu?

Wozu fordert Jesus die Jünger auf?

Lesen Sie Matthäus 28,9. Was taten die Frauen?

Jesus aß zusammen mit seinen Jüngern Fisch, um ihnen die Realität seiner physischen Existenz vor Augen zu führen. Matthäus berichtet, dass sie bei einer weiteren Begegnung seine Füße umfassten und vor ihm niederfielen (siehe Mt 28,9). Man berührt sicherlich nicht die Füße eines Geistes! Manche Vertreter dieser Theorie argumentieren, dass Jesus sich vorübergehend leiblich sichtbar zeigte, damit seine Jünger ihn erkennen konnten. Zwar ist diese Erklärung durchaus kreativ, doch auch recht willkürlich und setzt vor allen Dingen eine Täuschungsabsicht Jesu voraus, was mit seinem Charakter und Wesen nicht in Einklang steht.

Auch Paulus entzieht der Theorie der geistigen Auferweckung den Boden durch das, was er in 1. Korinther 15,29-58 über den Auferstehungsleib schreibt. Als ein ehemaliger Pharisäer ist Paulus von der leiblichen Auferstehung überzeugt. Paulus, dessen Theologie auf der Auferstehung Christi aufbaut, geht davon aus, dass wir alle eines Tages leiblich auferstehen werden. Der Unterschied zwischen den Auferstehungsleibern und unseren irdischen Leibern ist qualitativer Natur. Gleichwohl sind sie durchweg physisch existent und greifbar.

Manche sind mit der Deutung dieser Textpassage nicht ganz einverstanden und verweisen dabei auf Paulus´ Aussage in 1. Korinther 15,44: *„Es wird gesät ein natürlicher Leib, es wird auferweckt ein geistlicher Leib."* Daraus schlussfolgern sie, Paulus glaube an eine unkörperliche Auferstehung. Sie lassen dabei jedoch außer Acht, dass das Wort „geistlich" hier nicht „unkörperlich" bedeutet. Wir bezeichnen die Bibel ja auch als „geistliches" Buch und meinen damit nicht, dass sie körperlich nicht existent ist!

Michael Licorna hat eine sehr intensive und umfassende Untersuchung der griechischen Begrifflichkeiten vorgenommen, die in 1. Korinther 15,44 mit *natürlich* und *geistlich* übersetzt werden. Nachdem er Textoriginale aus dem achten Jahrhundert vor Christus bis hin zu Quellen aus dem dritten Jahrhundert nach Christus untersucht hatte, kam er zu folgendem Schluss: „Ich habe fast alle der 846 Quellen durchforstet, in denen diese Begriffe vorkamen und bin nicht auf eine Stelle gestoßen, in der das Wort *psuchikon* (in 1. Korinther 15,44 mit „natürlich" übersetzt) *physisch* oder *körperlich* bedeutet."[17] Die Annahme, Paulus erzeuge hier einen begrifflichen Kontrast zwischen einem körperlichen und unkörperlichen Leib, ist demnach schlichtweg falsch. Stephen Davis warnt:

Wir sollten uns nicht davon verunsichern lassen, dass Paulus hier den Ausdruck „geistlicher Leib" gebraucht. Diese Formulierung bedeutet eben gerade nicht, dass der Leib „aus Geist besteht" oder „aus unkörperlicher Materie gemacht ist" – was auch immer das dann heißen möge. Vielmehr spricht Paulus hier von einem Leib, der von Gott zu seiner Verherrlichung verwandelt wurde und nun unter der vollkommenen Herrschaft des Heiligen Geistes steht.[18]

Lesen Sie 1. Korinther 2,14-15. Was meint Paulus mit „natürlicher" und „geistlicher" Mensch?

Er meint hier ganz offensichtlich keinen unsichtbaren, unkörperlichen Menschen ohne Physis, sondern spricht von denjenigen, die sich von der Kraft des Heiligen Geistes erfüllen und leiten lassen.

Wiederum andere widersprechen der Annahme einer leiblichen Auferstehung unter Hinweis auf 1. Korinther 15,50, wo Paulus davon spricht, dass *„Fleisch und Blut das Reich Gottes nicht ererben können"*. Sie schlussfolgern, dass der Leib Jesu also unkörperlich gewesen sein muss, damit er in den Himmel aufgenommen werden konnte. Auf diesen Einwand reagierte der Theologe Norman Geisler wie folgt: „In diesem Kontext benennt der Ausdruck ‚Fleisch und Blut' ein sterbliches menschliches Wesen."[19] Seine Sichtweise bestätigt sich in der gesamten Heiligen Schrift. In Matthäus 16, 17 sagt Jesus beispielsweise: *„Glückselig bist du, Simon, Bar Jona; denn* Fleisch und Blut *haben es dir nicht offenbart, sondern mein Vater, der in den Himmeln ist."*

Die Theorie der geistigen Auferstehung missachtet grundlegende Untersuchungsprinzipien. Zum einen lässt sich der Sachverhalt noch nicht einmal in die Theorie einfügen, und zum anderen wird daraufhin versucht, die einzelnen Sachverhaltselemente so umzuformen, dass sie ins voreingenommene Muster hineinpassen.

6. Die Theorie der religiösen Mystik

„Nichts am Christentum ist original" – eine der einprägsamsten Aussagen aus dem Bestseller *Sakrileg* von Dan Brown. Im ausgehenden neunzehnten und beginnenden zwanzigsten Jahrhundert behaupteten viele Theologen, die zentralen Aussagen des Christentums seien nichts anderes als Ausflüsse griechisch-römischer Mystik. Jesus sei nichts anderes als ein „sterbender und auferstehender Gott" nach dem Vorbild von Osiris, Mithras, Adonis und Dionysos.

Während diese Theorie im Internet und in Bestsellerliteratur große Verbreitung und erheblichen Zuspruch findet, wird sie von zeitgenössischen Theologen nahezu komplett abgelehnt, und zwar aus den nachfolgenden Gründen.

Selbst wenn sich einige Aspekte auf den ersten Blick zu ähneln und gewisse Parallelen nahezulegen scheinen, hält dieser Eindruck einer genaueren Überprüfung nicht stand. Beispielsweise war Osiris der Sage nach ein sterbender und wiedererweckter Gott der alten Ägypter. Er wurde von seinem Bruder Seth getötet und von Isis wieder ins Leben zurückgeholt. Doch anstatt als Wiederauferweckter auf der Bildfläche der irdischen Welt zu erscheinen, wurde Osiris König der Unterwelt – nicht im Ansatz übereinstimmend mit den Berichten von der Auferstehung Christi. Das ist einer der vielen Gründe, warum Paul Rhodes Eddy und Greg Boyd in ihrem Buch *The Jesus Legend* zu dem Schluss kommen, dass „die Unterschiede zwischen dem Christentum und früher religiöser Mystik weitaus gravierender sind als etwaige Ähnlichkeiten. Zwar werden im frühen Christentum und in der religiösen Mystik zum Teil ähnliche Worte verwendet, doch gibt es im Grunde keine Anhaltspunkte dafür, dass auch die Begrifflichkeiten inhaltlich dieselben sind."[21]

Lesen Sie Apostelgeschichte 23,26. Was setzt Paulus hier voraus?

____

____

Warum?

____

____

Im Gegensatz zu den Berichten über den historischen Jesus wird die Verlässlichkeit der angeblichen Parallelgeschichten aus der religiösen Mystik nicht durch irgendwelche Indizien oder Beweise gestützt. Jesus von Nazareth aß, schlief, vollbrachte Wunder, starb und kehrte ins Leben zurück. Diese Tatsachen werden durch verlässliche und seriöse historische Quellen bestätigt. Dagegen waren der Tod und die Wiedererstehung der Götter der mystischen Religionen ein zeitloser Mythos, dem jährlich wiederkehrend zum Jahreszeitenwechsel gedacht wurde.

T.N.D. Mettinger, Professor an der *Lund University*, verfasste die jüngste wissenschaftliche Abhandlung über gestorbene und wieder auferstandene Götter. In seinem Buch *The Riddle of Resurrection* gesteht Mettinger diesen Mythen in der Antike ihre Existenz zu, wobei er hiermit – wie er selbst einräumt – eine Mindermeinung vertritt. Gleichwohl gelangt er zu einem Ergebnis, das der Nachahmungstheorie den Todesstoß versetzt:

> Es existiert so viel ich weiß kein Beweis des ersten Anscheins dafür, dass der Tod und die Auferstehung Jesu ein mythologisches Konstrukt sind, das an die Mythen und Riten der sterbenden und auferstehenden Götter anknüpft. Selbst vor dem Hintergrund der jüdischen Auferstehungsvorstellung behält der Glaube an den Tod und die Auferstehung Jesu seinen einzigartigen Charakter bei. Es bleibt ein Rätsel.[22]

Die Realität des auferstandenen Herrn

Die Realität der Auferstehung Jesu hatte tiefgreifende Auswirkung auf die Jünger. Aus ängstlichen Drückebergern, die bei den geringsten Schwierigkeiten die Flucht ergriffen, machte sie mutige Prediger, die fast allesamt Verfolgung erleiden mussten und ihr Leben für den auferstandenen Herrn ließen. Die plötzliche Kühnheit und Unbeirrbarkeit bedürfen einer Erklärung. Betrachten wir diesen Veränderungsprozess einmal etwas genauer.

Als die Obersten Jesus im Garten Gethsemane gefangen nahmen, berichtet uns die Bibel, dass alle Jünger ihn verließen und flohen (Mt 26,56; siehe auch Mk 14,50). Während Jesus der Prozess gemacht wurde, wagte sich Petrus in die Nähe des Palasts, wo er dreimal leugnete, Jesus überhaupt zu kennen (siehe Mk 14,66-72; Joh 18,15-27).

Lesen Sie Johannes 20,19. Wo hielten sich die Jünger auf?

Diese Jünger waren auch äußerst skeptisch, als ihnen der Bericht vom leeren Grab zu Ohren kam. Einer von ihnen weigerte sich, die Geschichte zu glauben, ohne die Wunden Jesu eigenhändig berührt zu haben. Zwei dieser Jünger, die auf dem Weg nach Emmaus waren, zweifelten sogar noch, obwohl sie sich im persönlichen Gespräch mit Jesus befanden.

Lesen Sie Apostelgeschichte 2,4-11. Was machen dieselben Männer einige Wochen später?

Doch innerhalb weniger Tage vollzog sich eine regelrechte Metamorphose: Aus diesem Haufen ängstlicher Feiglinge wurde eine kühne Mannschaft begeisterter Männer, die einen Weg einschlugen, der mit Leiden an Christi Statt gepflastert war.[23] Was steckte dahinter? Was bewirkte die Veränderung vom niedergeschlagenen Nachfolger zum wahren Gläubigen? Im Grunde bleibt nur eine mögliche Erklärung: Es war die Realität des auferstandenen Christus. Und in den darauffolgenden Tagen verkündigten sie diese Botschaft voller Freimütigkeit in Jerusalem, Judäa und Samarien – und schließlich bis an die Enden der Erde.

Diese Wahrheit gilt auch für uns. Genau wie die ersten Jünger können auch wir der ewig gültigen Erlösung durch den Auferstandenen vertrauen. Wir haben ausreichend Indizien an der Hand, die die Wahrheit dessen beweisen, was er für uns getan hat.

Inwiefern ist das veränderte Verhalten der Jünger ein Indiz für die Realität der Auferstehung?

Liebe Brüder und Schwestern, wir dürfen freimütig ins Allerheiligste, zum Thron der Gnade kommen, wenn wir uns auf das Blut Jesu berufen. Das ist der neue, Leben spendende Weg, den Christus für uns geebnet hat, indem er für uns starb und den Vorhang zerriss. Und weil wir einen Hohenpriester haben, der das Volk Gottes regiert, können wir freimütigen und gläubigen Herzens in Gottes Gegenwart treten (siehe Hebr 10,19-22).

Kapitel 8.3

Den Schrecken des Todes überwinden

Die 65-jährige Thelma saß im Wartezimmer und blätterte unkonzentriert eine Zeitschrift nach der anderen durch. Ihr Ehemann, mit dem sie über 48 Jahre verheiratet war, unterhielt sich flüsternd mit einem der anderen Patienten, der ebenfalls einen Termin bei demselben Arzt hatte.

„Mrs. Milner?", eine Arzthelferin rief Thelma auf. „Sie können nun mit dem Doktor sprechen." Zögernd betraten Thelma und ihr Mann den Behandlungsraum.

„Schön, dass Sie gekommen sind, Mrs. Milner", begrüßte der Arzt sie betont fröhlich. „Und Sie natürlich auch, Mr. Milner", fügte er lächelnd hinzu. Der Arzt nahm hinter seinem Schreibtisch Platz und warf einen Blick in die Krankenakte.

„Nun, Mrs. Milner, es fällt mir nicht leicht, Ihnen das sagen zu müssen." Sein Tonfall war ernster geworden. „Aber die Testergebnisse sind eindeutig: Sie leiden an der Alzheimer-Erkrankung und befinden sich im Anfangsstadium." Thelma war starr vor Entsetzen, während ihr Mann den Arm um ihre Schulter legte.

Im Laufe der nun folgenden 15 Jahre – einer der langwierigsten Verläufe dieser Krankheit – musste Thelmas Familie mitansehen, wie ihr Körper, ihr Geist und ihr Erinnerungsvermögen nach und nach verfielen. Von der einst schönen und vitalen Frau blieb nichts mehr als nur noch Haut und Knochen. Als sie schließlich nicht mehr essen und sprechen konnte noch auf die Stimme und die Berührung ihrer nächsten Angehörigen reagierte, starb sie und ließ ihre Familie in tiefer Trauer zurück.

So wie es dieser Familie erging, werden auch wir eines Tages den Verlust eines lieben Menschen erleben und ertragen müssen. Die Leere und der innere Schmerz, die solch ein Verlust verursacht, sind real, und manchmal steigern sie sich bis ins Unerträgliche. Obwohl der Trost durch andere Menschen und der Lauf der Zeit die Schmerzen lindert, ist die Realität des Todes ein unausweichlicher Schatten, der geliebte Menschen aus unserem Leben reißt.

Wie bezeichnet die Bibel den Tod?

Hiob 18,14: ______________________________

1. Korinther 15,26: ______________________________

Es ist verständlich, dass der Tod auch für die meisten Christen ein furchterregender Gedanke ist. Hiob nannte ihn den *„König der Schrecken“* (Hi 18,14). Meistens vermeiden wir es, über den Tod zu sprechen, und wenn wir ihn thematisieren, dann gebrauchen wir Euphemismen, um die harte Realität etwas freundlicher klingen zu lassen. Dabei bevorzugen wir Formulierungen wie „von uns gehen“, „verscheiden“.

Doch warum herrscht eine so große Angst vor dem Tod? Dafür gibt es mindestens fünf Gründe.

1. *Der Tod ist etwas Geheimnisvolles und Unbekanntes.* Es ist ganz natürlich, dass man sich vor Unbekanntem fürchtet. Das geht oft mit großer Besorgnis einher, weil wir nicht genau wissen, was uns erwartet. Und der Tod stellt nun einmal die größte aller Unbekannten dar.
2. *Wir müssen dem Tod allein ins Auge sehen.* Könnten wir uns mit anderen zusammentun und den Geheimnissen des Todes als Gruppe entgegengehen, wären die Gedanken daran möglicherweise leichter zu ertragen. Doch das ist unmöglich. Die Reise ins Dunkel dieser Nacht müssen wir allein unternehmen.
3. *Der Tod trennt uns von denen, die wir lieben.* Wie im Beispiel der Familie Milner raubt uns der Tod die Menschen, die uns am nächsten stehen. Und manchmal ist man sich noch nicht einmal sicher, ob wir einander überhaupt wiedersehen werden.
4. *Unsere persönlichen Hoffnungen und Träume sterben mit uns.* Unser Tod bedeutet auch das Ende unserer persönlichen Ziele. Wir können unsere

Träume nicht mehr weiterverfolgen, denn der Tod durchkreuzt und beendet unsere Pläne.

5. *Der Tod ist unausweichlich.* Zwar haben wir dank des medizinischen Fortschritts heutzutage eine relativ hohe Lebenserwartung, aber gleichwohl werden wir alle einmal sterben. Keiner kann der Unausweichlichkeit des Todes entrinnen.[1]

Was ist angesichts dieser Schrecken für Christen der entscheidende Trost?

____

____

____

Während die oben genannten Aussagen alle zutreffen, gibt es doch einen alles entscheidenden Trost. Für Christen ist es möglich, die Angst vor dem Tod zu überwinden und ganz von ihr frei zu werden. Die Auferstehung Jesu Christi bewirkt nicht nur Sühne für unsere Schuld, sondern sie schenkt uns das Wissen, dass auch wir nicht im Tod bleiben werden. Und das gilt auch für die geliebten Menschen, die ihr Vertrauen ebenfalls auf Jesus setzen.

Überwindung der Angst, weil der Tod ein Besiegter ist

Lesen Sie Johannes 11,25-26. Welchen Trost gibt Jesus den Schwestern?

____

____

Weil Jesus unser auferstandener Herr ist, werden wir Gottes auferstandene Kinder sein. Gott hat uns die Gnade jetzt offenbart *„durch die Erscheinung unseres Retters Christus Jesus, der den Tod zunichte gemacht, aber Leben und Unvergänglichkeit ans Licht gebracht hat“* (2Tim 1,10).

Ja, der Tod ist etwas Unausweichliches, und deshalb muss jeder von uns einmal sterben. Doch für diejenigen, die hier auf Erden an Christus geglaubt haben, ist der Tod nicht die Endstation. *„Denn wie in Adam alle sterben, so werden auch in Christus alle lebendig gemacht werden. Jeder aber in seiner eigenen Ordnung: der Erstling Christus; sodann die, welche Christus gehören bei seiner Ankunft“* (1Kor 15,22-23).

Obwohl wir schon in diesem Leben Erlöste, Gerechtfertigte, Geheiligte und von Gott an Kindes statt Angenommene sind, werden wir die vollen Rechte aus dieser göttlichen Adoption erst noch erlangen.

Lesen Sie Römer 8,18.23-24. Was fehlt uns noch, das wir einst bekommen werden?

Wir sind nicht nur dank der Sündenvergebung wieder im Reinen mit Gott, sondern werden auch einen Leib empfangen, mit dem wir in Ewigkeit leben werden.

Das ist der zweite hochrelevante Aspekt der Auferstehung Jesu Christi. Wir sind nicht nur dank der Sündenvergebung wieder im Reinen mit Gott, sondern werden auch einen Leib empfangen, mit dem wir in Ewigkeit leben werden. Das bedeutet, dass wir eines Tages Verherrlichung am eigenen Leibe erfahren werden.

Neue Leiber. Leiber, die keinen Schmerz kennen, keine Bedrängnis erdulden müssen und niemals verfallen werden. Das ist unser zukünftiges Erbteil.

Lesen Sie 1. Korinther 15,42-44.48. Wie beschreibt Paulus den alten und den neuen Leib?

Alter Leib	**Neuer Leib**

Das ist eine Wahrheit, die wir für uns in Anspruch nehmen und erwarten dürfen. Petrus nennt es unser *„unvergängliches Erbteil"*.

Lesen Sie 1. Petrus 1,3-4. Wie ist unser Erbteil im Himmel?

Lesen Sie Offenbarung 21,4. Was wird es im Himmel nicht geben?

Wir werden mit einem perfekten Körper in einer perfekten Welt leben. Doch damit dies eintritt, gilt: *„Dieses Vergängliche muss Unvergänglichkeit anziehen und dieses Sterbliche Unsterblichkeit anziehen"* (1Kor 15,53), d. h. unser vergänglicher irdischer

Körper muss in einen himmlischen Körper verwandelt werden, der nicht mehr sterben wird. Und das können und werden die Erlösten erleben, weil Jesus Christus von den Toten auferstanden ist.

Diese Zusage ist so vielversprechend und aufrüttelnd wie auch alles andere, was uns die Bibel zusagt. Sie ermutigt uns, gibt uns Hoffnung und beflügelt unsere Vorstellungskraft. Und sie stimuliert unsere natürliche Neugier. Wann genau beginnt das Leben in der Ewigkeit? Wann bekommen wir unseren Auferstehungsleib? Leben die Menschen, die in Christus gestorben sind, bereits in ihrem Auferstehungsleib? Bekommen wir die neuen Leiber, die er uns versprochen hat, direkt nach unserem Tod? Oder müssen wir erst noch im Grab oder irgendwo anders ausharren, bis Christus wiederkommt, und bekommen unseren neuen Leib erst dann?

Der Zeitpunkt unserer Auferstehung

Lesen Sie Johannes 14,2-3. Was verspricht Jesus seinen Jüngern?

____

____

Aus dieser Textstelle geht ganz klar hervor, dass Jesus kommen wird, um die Seinen zu sich zu holen.

Lesen Sie 1. Korinther 15,20.23.51-52 (siehe auch 1Thes 4,13-18). In welcher Reihenfolge geschieht die Auferstehung bzw. Verwandlung?

1. ________________________________

2. ________________________________

und ________________________________

Die Rang- und Reihenfolge ist ganz deutlich: Christus wurde als Erster auferweckt und fuhr gen Himmel. Wenn er wiederkommt, werden die in Christus Entschlafenen auferstehen, und diejenigen, die bei seiner Ankunft lebendig sind, werden ebenfalls ihren Auferstehungsleib empfangen.

Das wirft natürlich eine weitere Frage auf: „Wenn wir unsere neuen Leiber erst bei Jesu Wiederkunft bekommen, existieren die entschlafenen Kinder Gottes dann eine Zeit lang bewusst ohne einen zugehörigen Leib? Und wenn ja, wo?" Manche glauben, dass die Christen, die gestorben sind, nur „schlafen" und in einem Zustand der Bewusstlosigkeit auf die Wiederkunft Christi warten. Da Paulus Bezug nimmt auf die *„in Christus Entschlafenen"* (siehe 1Thes 4,14) und sich an anderen Stellen ähnliche Formulierungen finden (siehe 1Thes 5,10; Mt 9,24; Joh 11,11), denken sie, dass wir in eine Art „Seelenschlaf" fallen und wieder auferweckt werden, wenn Jesus wiederkommt und wir unseren neuen Leib erhalten.

Gleichwohl gehen die meisten evangelikalen Theologen davon aus, dass die in der Heiligen Schrift verwendete Formulierung „entschlafen" lediglich eine euphemistische Bezeichnung für den Tod ist, die die äußere körperliche Erscheinung betrifft. Die äußere Hülle „schläft" bis zur Auferstehung, während unsere unkörperlichen Seelen bewusste Gemeinschaft mit dem Herrn genießen.

Lesen Sie 1. Mose 3,19 und Prediger 12,7. Was geschieht laut diesen Versen mit Körper und Geist nach dem Tod?

Doch meint dies wirklich einen der Auferstehung zeitlich vorausgehenden wachen Bewusstseinszustand und eine bewusste Gemeinschaft mit Gott? Eindeutig ja.

Lesen Sie Lukas 23,43. Was versprach Jesus dem Schächer am Kreuz?

Zwar wird dieser Mann seinen Auferstehungsleib auch erst dann bekommen, wenn Jesus wiederkommt, und trotzdem konnte Jesus ihm zusichern, dass er noch am selben Tag bei ihm sein werde. Paulus schreibt, er wolle lieber *„ausheimisch vom Leib und einheimisch beim Herrn sein"* (2Kor 5,8). In sämtlichen Textstellen der Offenbarung, die von menschlichen Wesen *vor* ihrer leiblichen Auferstehung sprechen, werden diese als bewusst existierende Seelen beschrieben. All diese Hinweise deuten darauf hin, dass die Christen nach ihrem Tod in einen sogenannten „Zwischenzustand" eintreten. Das ist ein Übergangsstadium zwischen dem Tod des Gläubigen und der Wiederkunft Christi, wenn zunächst alle *„in Christus Entschlafenen"* leiblich auferstehen werden. Dieser Moment der Auferstehung, in dem der Geist und der Auferstehungsleib vereinigt werden, wird oft mit den Worten *„in den Himmel auffahren"* umschrieben.

Weil er lebt

Weil Jesus auferstanden ist und uns Zusagen gemacht hat, kann die Angst vor dem Tod weichen. Denn weil er lebt, ...

1. *wurde das Geheimnis des Todes gelüftet.* Ja, der Tod ist etwas Geheimnisvolles und Unbekanntes, doch dank der Auferstehung Jesu wissen wir

viel über den Tod, was wir ohne sie nie gewusst hätten. Der Tod ist kein Dauerzustand. Christus ist durch den Tod gegangen, und er hat einen Weg gebahnt, dem wir folgen dürfen. Ein Teil des Geheimnisses ist nun offenbar, weil es Fußstapfen gibt, in die wir treten können und von denen wir wissen, dass sie ins neue Leben führen.

2. *müssen wir dem Tod nicht allein entgegentreten.* Obwohl es aus unserer Perspektive so aussehen mag, als müssten wir dem Tod allein begegnen, wissen wir, dass der Schein trügt. Der Tod und die Auferstehung Jesu machen deutlich, dass das kein leeres Versprechen ist. Christus ist durch die Finsternis des Todes gegangen und erwartet uns dort. Er, das Licht des Lebens, wird uns sicher bis ans Ziel geleiten.
3. *sind wir nicht für immer von geliebten Menschen getrennt.* Auch diese Angst kann uns die Auferstehung nehmen. Weil Gott den Tod in Jesus Christus besiegt hat, werden unsere Beziehungen auch den Tod überdauern. Der Tod mag uns zwar für eine Zeitlang voneinander trennen, doch die Auferstehung Jesu Christi wird uns wieder zusammenführen.
4. *müssen unsere persönlichen Hoffnungen und Träume nicht sterben.* Die Auferstehung wird auch mit dieser Angst fertig. Vielmehr ist es so, dass im Himmel all unsere Hoffnungen und Träume übertroffen werden von der Herrlichkeit, die wir dort sehen werden.
5. *ist der Tod zwar unvermeidbar, aber ein Durchgangsstadium auf dem Weg zum ewigen Leben.* Es ist richtig, dass der Tod ein unvermeidbares Ereignis ist, dem man nicht entrinnen kann. Doch dank der Auferstehung Christi ist der Tod nur das Tor zu unserer ewigen himmlischen Heimat.[2]

Obwohl immer noch ein paar wenige Fragen offen bleiben, finden doch vor allem die vordringlichsten Fragen in der Auferstehung Christi eine Antwort. Vor allem ist eines sicher: Wir haben ein Anwartschaftsrecht auf ein unvergängliches Erbteil, das einen geistlichen Auferstehungsleib umfasst, der zusammen mit geliebten Menschen in Ewigkeit bei Gott sein wird. Das ist nur möglich, weil Jesus den Tod besiegt hat und aus dem Grab auferstanden ist. Selbst wenn einige Fragen bezüglich unseres zukünftigen Leibes und unserer himmlischen Heimat offen bleiben, hat Gott uns durch die in diesem Kapitel beleuchteten Schriftpassagen einen Vorgeschmack darauf gegeben, wie die Ewigkeit mit ihm einmal aussehen wird. Er hat sich selbst durch seinen Geist und durch sein Wort geoffenbart.

Lesen Sie Johannes 15,11. Mit welchem Ziel offenbart sich Gott uns auch im Hinblick auf die zukünftigen Dinge?

So wie liebevolle Väter und Mütter alles tun, um die Vorfreude ihres Kindes auf einen gemeinsamen Urlaub zu steigern, möchte unser himmlischer Vater, dass unser Herz voller Vorfreude auf das ist, was uns erwartet. Er möchte, dass wir die Freude auf den Himmel und die Ewigkeit schmecken. Wir sollen eine Ewigkeit der Gemeinschaft mit ihm, frei von Schmerz und Sünde, vor Augen haben.

Eines Tages wird Jesus den Tod durchbrechen und Sie an einen unvergleichlichen Ort bringen, wo vollkommene Freude herrscht.

Lesen Sie 1. Korinther 15,54-58. Wozu ermahnt Paulus die Gläubigen angesichts dieses Zieles? (V. 58)

Dann wird der Tod *„verschlungen sein in Sieg"* (1Kor 15,54). Wenn Sie Christ sind, ist Ihre Auferstehung eine unumstößliche Wahrheit. Dank der Auferstehung Christi ist Ihnen die ewige Gemeinschaft mit Gott und mit lieben Glaubensgeschwistern im Himmel sicher. Sie sind für eine ewig anhaltende Glückseligkeit bestimmt. Sie dürfen sich freuen, denn das Beste kommt noch!

Kapitel 8.4

Füße auf der Erde und Herzen im Himmel

Wenn Sie an Jesus als Ihren Erlöser glauben, ist Ihre leibliche Auferstehung ein sicheres zukünftiges Ereignis. Sie werden die Ewigkeit in Gottes Gegenwart verbringen. Aber was bedeutet das für mein Leben heute?

Lesen Sie Kolosser 3,1-2. Beschreiben Sie mit eigenen Worten, wozu Paulus uns auffordert.

Wie sollen wir diese Schriftstelle verstehen? Wie sollen wir unsere Gedanken mit der Vorfreude auf ein vollkommenes Leben in der ewigen Herrlichkeit füllen, wenn wir hier auf Erden so vieles zu tun und zu erledigen haben? Unser Leben wird von irdischen Sorgen vereinnahmt. Was soll ich heute essen? Wie soll ich bloß die Rechnungen bezahlen? Wann bekomme ich endlich eine Gehaltserhöhung? Wen soll ich heiraten? Wie soll diese Ehe bloß halten? Wann werden wir Kinder bekommen? Wer passt auf die Kinder auf? Und was werden sie alles durchmachen müssen?

Millionen von Alltagsproblemen schwirren durch unsere Köpfe und halten unser Denken gefangen – Studium, Heiraten, Familiengründung, Rente.

Lesen Sie Matthäus 6,19-33. Welche Anweisungen gibt Jesus dort hinsichtlich der Sorgen um unser Leben und unsere Zukunft?

Was heißt das jedoch für uns im Einzelnen? Wie leben wir in der Erwartung der Auferstehung, ohne dem irdischen Leben mehr Bedeutung beizumessen als nötig?

Das Herz an das Richtige hängen

Ich (Sean) kann mich noch gut daran erinnern, wie sich meine Gedankenwelt und mein gesamtes Leben umkrempelten, als ich dieses atemberaubende Mädchen namens Stephanie kennenlernte. Ihre Schönheit faszinierte mich, aber es war weit mehr als das. Sie war klug und witzig und hatte eine bemerkenswerte Persönlichkeit. Wir hatten dieselben Interessen, und ich wollte mit ihr so viel Zeit verbringen wie nur irgend möglich. Beim Basketballtraining dachte ich an sie. Im Unterricht dachte ich an sie. Zu Hause dachte ich an sie. Ständig musste ich an sie denken, weil sie einen Platz in meinem Herzen erobert hatte.

Jeden Winkel meiner Gedanken nahm diese Frau gefangen. Ich wusste gar nicht so richtig, wie mir geschah. Das Ganze war äußerst geheimnisvoll. Einerseits kannte ich sie, andererseits aber auch nicht, sodass ich immer mehr über sie erfahren wollte. Ich wollte sie auf einer Ebene kennenlernen, auf der mir bisher noch nie jemand begegnet war. Der Grund dafür war, dass ich verliebt war!

Nachdem Stephanie und ich geheiratet hatten, vertieften wir diese Liebesbeziehung. Unsere Zusammengehörigkeit machte unser Zuhause zu einem Heim. Obwohl wir nun nach unserer Hochzeit prinzipiell so viel Zeit zusammen verbringen konnten, wie wir wollten, war ich trotzdem regelmäßig unterwegs. Stephanie mochte es gar nicht, wenn ich nicht da war. Sie wurde sogar etwas eifersüchtig, wenn ich zu lange bei der Arbeit oder auf einem Seminar war. Manchmal hatte ich Außendienste wahrzunehmen und war länger unterwegs. Natürlich schrieb ich ihr E-Mails und telefonierte mit ihr. Doch das war natürlich nicht dasselbe. Sie vermisste mich und wollte, dass ich nach Hause kam. Und mir gefiel das, denn ich vermisste sie ebenfalls. Ich vermisste den Ort emotionaler Sicherheit und Vertrautheit, den ich mit der geliebten Frau meiner Träume teilen durfte.

Dieser kleine Einblick soll deutlich machen, was es heißt, unsere ganze Aufmerksamkeit auf die Realität des Himmels zu richten. Damit ist nicht gemeint, dass wir nur herumsitzen, vor uns hinwelken und darauf warten sollen, dass wir endlich sterben und im Himmel sind. Damit ist gemeint, dass unsere Prioritäten, unsere Interessen und unsere Hingabe auf eine andere Welt und auf die Gemeinschaft mit Jesus gerichtet sein sollen. Und wenn wir uns zu sehr auf das Irdische konzentrieren, wird er eifersüchtig.

Lesen Sie die folgenden Bibelstellen. Welche Ermahnung geben sie uns im Blick auf irdische Dinge?

Jakobus 4,4-5:

Matthäus 6,24:

Stephanie wollte, dass ich an sie denke, während ich unterwegs war, und ich wollte auch, dass sie an mich denkt. Und wenn eine andere Frau dahergekommen wäre und mein Herz und meine Gedanken erobert hätte, wäre sie aufs Tiefste getroffen und erschüttert gewesen – zu Recht. Ist es nicht demütigend, dass Jesus eifersüchtig ist, wenn unsere Gedanken auf irdische Dinge anstatt auf ihn und unsere Heimat bei ihm gerichtet sind? Er möchte, dass der Himmel unsere Gedanken flutet. Er möchte die erste Priorität in unserem Leben sein. Er möchte, dass wir uns nach ihm sehnen, wie wir uns nach unserem Ehepartner und unserem Zuhause sehnen.

Unsere himmlische Heimat, unsere neuen Leiber und die ewige Gegenwart Jesu täglich vor Augen zu haben, hat nichts mit Tagträumerei zu tun. Es hat vielmehr damit zu tun, wo wir uns Schätze sammeln und wie wir unsere Lebensziele stecken. Paulus schreibt über die, *„deren Gott der Bauch"* ist – die irdischen Begierden – *„die auf das Irdische sinnen"* (Phil 3,19). Wir, die wir geistlich in Christus auferweckt sind, sollen uns eben keine irdischen Königreiche bauen und nach den Annehmlichkeiten streben, die uns dieses irdische Leben zu bieten hat.

Lesen Sie Philipper 3,20-21. Wo ist die Heimat des Christen, und mit welcher Erwartung lebt er?

Wenn wir das Augenmerk auf unsere himmlische Heimat richten, dann enthebt uns das nicht dieser Welt, sondern lenkt unsere Aufmerksamkeit nur dorthin, wo sie auch schon während unseres Erdenlebens sein sollte.

Lesen Sie Johannes 17,15-17. Wo leben wir? Aber wohin gehören wir?

Wenn unsere Herzen auf das Kommende gerichtet sind, wird uns das, was hier und jetzt um uns herum passiert, nicht egal sein. Im Gegenteil: Ist unser Herz verankert in dem, was noch kommt, können wir uns an Gottes Angelegenheiten hier auf dieser Erde viel effektiver beteiligen, indem wir seine Wahrheit ausleben und an seinem Reich mitbauen. C.S. Lewis hat es einmal so treffend formuliert:

> Betrachtet man die Geschichte, so fällt auf, dass genau die Christen, die sich am meisten für ihre Umgebung eingesetzt haben, mit ihren Gedanken in der kommenden Welt verankert waren. Die Apostel selbst, die das Evangelium zu Fuß weitertrugen, die großen Männer, die im Mittelalter die Wahrheit hochhielten, die britischen Evangelikalen, die den Sklavenhandel abschafften – sie alle hinterließen entscheidende Fußspuren auf dieser Erde, eben weil ihre Sinne ganz auf den Himmel gerichtet waren. Doch seitdem die Christen diesen Blick auf das Ewige zu vernachlässigen begannen, wurden sie auch für diese Welt ineffektiv. Ist der Himmel das Ziel unseres Herzens, sind wir auch hier auf Erden mittendrin. Ist unser Herz jedoch hier auf der Erde, sind wir in Wirklichkeit nirgendwo.[1]

König David, ein Mann nach dem Herzen Gottes, regierte das Volk Israel und erreichte sehr viel auf Erden. Auch wenn sein Herz ungeteilt bei Gott war, war es ihm enorm wichtig, Gottes Willen hier auf der Erde zu tun und seine Gebote zu leben.

Gerade weil seine Gedanken bei seinem Gott waren, legte er so viel Wert darauf, dass Gottes Recht auch auf Erden zur Umsetzung kommt. *„In der Nacht habe ich deines Namens gedacht, Herr, und ich habe dein Gesetz gehalten“* (Ps 119,55).

Eine Frage des Glaubens

Ein Leben mit den Füßen auf der Erde und dem Herzen im Himmel fällt einem nicht so nebenbei zu. Wie wir bereits erwähnt haben, hat das Leben mit all seinen Sorgen und Nöten die Angewohnheit, uns ganz in Beschlag zu nehmen. Nur wenn wir ein Leben im Glauben führen, können wir unser Augenmerk dauerhaft auf die Realität des Himmels richten. *Was ist der Glaube?*, fragt der Schreiber des Hebräerbriefes.

Lesen Sie Hebräer 11,1. Geben Sie diesen Vers mit eigenen Worten wieder.

Eine solche Mentalität der himmlischen Heimat erfordert ein festes Vertrauen darauf, dass Gott im Regiment ist und seine Verheißungen erfüllen wird. Wenn wir einen verständigen Glauben haben, der auch weiß, warum wir glauben, sind wir zuversichtlich, dass Gottes Versprechen Hand und Fuß haben.

Lesen Sie Hebräer 11,4-11. Was trieb diese Menschen zum Handeln an, sodass wir uns heute noch an sie erinnern?

Lesen Sie Hebräer 11,13.16. Welches Verhältnis hatten diese Menschen zur Welt?

Die „Alten“, wie der Hebräerbrief sie nennt, hatten einen solchen verständigen, Zuversicht spendenden Glauben. Sie lebten in der Welt, aber waren nicht von der Welt.

Durch den verständigen Glauben können wir Bedrängnis, Versuchungen und andere Schwierigkeiten hier auf der Erde aushalten. Diese Art des Glaubens richtet unsere Blicke und Herzen auf die zukünftige Herrlichkeit nach dem Tod. Wenn Sie zu den Menschen gehören, die schon ein langes Leben hinter sich haben, dann ist Ihnen auch bewusst, dass der Tod seine kalte Decke über unsere Zukunftspläne werfen kann. Eine Großmutter oder ein Großvater, Bruder oder Schwester, Ehemann oder Ehefrau tut den letzten Atemzug – und ihre Zukunft ist zu Ende. Die Freude zerrinnt zwischen unseren Fingern. So ist der Tod. Und nur durch den verständigen Glauben sind wir imstande, zuversichtlich in die Zukunft zu blicken, die sich nach dem Tod auftut. Nur durch den verständigen Glauben können wir Freude selbst angesichts des größten Leids oder des Todes erleben. Denn dieser Glaube vertraut auf das, was die Augen nicht sehen können. In seinem Buch *Wenn Gott dich sanft beim Namen ruft* schreibt Max Lucado über die Perspektive des Glaubens:

> Die Augen sehen die knurrenden Löwen. Der Glaube sieht Daniels Engel.
> Die Augen sehen den Sturm. Der Glaube sieht Noahs Regenbogen.
> Die Augen sehen die Riesen. Der Glaube sieht Kanaan.
> Ihre Augen sehen Ihre Fehler. Ihr Glaube sieht Ihren Retter.
> Ihre Augen sehen Ihre Schuld. Ihr Glaube sieht sein Blut.
> Ihre Augen sehen Ihr Grab. Ihr Glaube sieht die Stadt, deren Erbauer und Schöpfer Gott ist.[2]

Wir sind von einer Welt umgeben, die nach unserer Aufmerksamkeit schreit und unsere Herzen an sich reißen will. Es ist eine Welt der Geschäftigkeit, die uns abverlangt, auch in schwierigen und krisenreichen Zeiten makellos zu funktionieren. Das ist die sichtbare Welt um uns herum. Doch wir sind herausgefordert, eine andere Welt wahrzunehmen, die unsere Augen nicht sehen können. Diese Welt ist nur für den Glauben sichtbar. Mit den ersten beiden Versen von Kapitel zwölf schließt der Schreiber des Hebräerbriefes das großartige elfte Kapitel ab, das von all den Glaubenszeugen handelt, die sich nach dem anderen Land gesehnt und es im Glauben vor Augen hatten.

Lesen Sie Hebräer 12,1-2. Worauf sollen wir unseren Blick richten, um wie diese Glaubenszeugen leben zu können?

Die Sehnsucht nach Gott vertiefen

„Hinschauen auf Jesus“ – das ist der Schlüssel. Ein Leben mit dem Herzen im Himmel zu führen, erfordert einen Glauben, der die geistlichen Augen auf Jesus richtet. Er sehnt sich danach, dass wir uns nach ihm sehnen.

Lesen Sie Psalm 42,2-3 und Psalm 63,2. Womit vergleichen die Psalmisten ihr Verlangen nach Gott?

Nehmen Sie sich Zeit, um Ihre Sehnsucht und Ihren Durst nach Gott und nach seiner Heimat, die er für Sie bereitet hat, zu nähren. Je mehr Sie sich auf ihn konzentrieren, desto intensiver wird die ewige Perspektive Ihres irdischen Lebens. Die Dinge, die in Wahrheit real und von Dauer sind, rücken plötzlich mehr in den Fokus. Sind unsere Herzen auf das Kommende gerichtet, so können wir echten Frieden erleben, auch wenn die Welt um uns herum Kopf steht.

Der Pastor und Theologe Calvin Miller beschreibt hier sehr anschaulich das Geheimnis des inneren Friedens:

> Gott wird für diejenigen sichtbar, die ihn am richtigen Ort suchen. Deshalb kann ihn auch kein Auge im körperlichen Sinne wahrnehmen! Kein Ohr kann ihn hören! Kein Verstand kann ihn fassen!
>
> Die Welt um uns herum ist eine Welt der Außenbeziehungen. In äußerlicher Hinsicht lernen wir dort Freunde kennen und haben Erfolg – mischen in dieser Welt der Äußerlichkeiten mit. In dieser Welt der Geschäftigkeit und der Sorgen haben wir Verabredungen, erleben Enttäuschungen und zwingen unsere ich-zentrierten Seelen, ständig volle Kraft voraus zu fahren. Oberflächlich gesehen dominieren rasante und schwer verdauliche Ereignisse unser Leben. Nur in unseren Herzen sieht es ganz anders aus.

Lesen Sie 1. Korinther 2,10. Wohin haben wir durch den Geist Zugang?

> Der Geist offenbart uns die Tiefen Gottes. Die Tiefe ist auch das Wesen des Ozeans.
>
> Lassen Sie diese Metapher einmal vor Ihrem inneren Auge vorbeiziehen und prägen sich ihre Aussage ein. Die Tiefe ist dort, wo die laute und geschäftige Meeresoberfläche ruhig und gelassen wird. Kein Geräusch bricht in die wunderbare Stille des Meeresinneren hinein. Die meisten Christen werden jedoch von den turbulenten Umständen an der Oberfläche ihres Alltags hin- und hergepeitscht.

> Ihr künstlich aufgeschäumter Lebensstil charakterisiert das Äußere ihres Lebens. Doch diejenigen, die auf die Suche nach den Tiefen Gottes gehen, werden zum ersten Mal auf echten, tiefen Frieden stoßen.[3]

Nehmen Sie sich Zeit, legen Sie Ihren vollen Terminkalender einmal beiseite, und loten Sie die Tiefen Gottes aus. Verbringen Sie Zeit mit seinem Wort. Denken Sie über sein Wesen nach, und nähren Sie Ihre Sehnsucht nach ihm. Lassen Sie ihn wissen, dass Sie ihn besser kennenlernen wollen. Betrachten Sie ihn und Ihr ewiges Zuhause mit den Augen des Glaubens. Loben Sie ihn schon jetzt für den neuen Leib, der dank seiner Auferstehung auf Sie wartet. Wenn Sie diesen Rat befolgen, werden Sie einen neuen Blick für dieses Leben und für die eigentlich wichtigen Dinge bekommen.

Lesen Sie Psalm 63 einmal besonders aufmerksam, und denken Sie über das Gelesene nach. David betrachtete Gott mit den Augen des Glaubens. Er lebte hier auf der Erde, doch sein Herz war stets verankert in einer anderen Welt.

„Geliebte, jetzt sind wir Kinder Gottes, und es ist noch nicht offenbar geworden, was wir sein werden; wir wissen, dass wir, wenn es offenbar werden wird, ihm gleich sein werden, denn wir werden ihn sehen, wie er ist. Und jeder, der diese Hoffnung auf ihn hat, reinigt sich selbst, wie auch jener rein ist“ (1Jo 3,2-3).

„Denn wir sehen jetzt mittels eines Spiegels undeutlich, dann aber von Angesicht zu Angesicht. Jetzt erkenne ich stückweise, dann aber werde ich erkennen, wie auch ich erkannt worden bin“

1. Korinther 13,12.

9. Wahrheit:

Die Dreieinheit

Kapitel 9.1

Die Bedeutung der Existenz Gottes in drei Personen

Das Wasser des Jordans war kalt. Johannes stand bis zur Hüfte im Fluss und streckte seine Hand aus, um an einem weiteren bußfertigen Menschen die Taufe zu vollziehen. Doch als der Mann ihm sein Gesicht zuwandte, wich Johannes unwillkürlich zurück. Aber das geht doch nicht, dachte er. Er blickte seinem Cousin direkt ins Gesicht und sagte: *„Ich habe nötig, von dir getauft zu werden. Und du kommst zu mir? Jesus aber antwortete und sprach zu ihm: Lass es jetzt so sein! Denn so gebührt es uns, alle Gerechtigkeit zu erfüllen. Da lässt er ihn“* (Mt 3,14-15).

In seiner kurzen Dienstzeit hatte Johannes schon viele Menschen getauft, doch was nun passierte, sprengte den Rahmen dessen, was er bisher erlebt hatte.

Lesen Sie Matthäus 3,16-17. Was passierte bei dieser Taufe so Besonderes?

Drei verschiedene Personen der Dreieinheit waren in dieser Szene gegenwärtig: Gott, der Sohn, der getauft worden war; Gott, der Vater, der sein Wohlgefallen an seinem Sohn kundtat; Gott, der Heilige Geist, der wie eine Taube auf den Sohn herabkam. Diese Passage enthält also eine äußerst eindrückliche und anschauliche Einführung in die drei Personen Gottes, die wir auch Dreieinheit nennen.

Lesen Sie die aufgeführten Bibelstellen. Welche Personen der Gottheit waren an der Schöpfung beteiligt?

1. Mose 1,1-2

Johannes 1,1-3.14

1. Mose 1,26

Die Dreieinheit existiert von Ewigkeit her. Die Heilige Schrift berichtet uns, dass alle drei Personen Gottes an der Schöpfung beteiligt waren.

In diesem Zusammenhang kommt natürlich die Frage auf: „Bedeutet die Existenz der Dreieinheit, dass es drei verschiedene Götter gibt? Oder ist es ein Gott, der sich selbst aber in drei verschiedenen Rollen oder Beziehungen präsentiert – manchmal als Vater, manchmal als Sohn und manchmal eben als Repräsentant?" Die Bibel lehrt, dass Gott nicht eine Person ist, die in nur drei unterschiedlichen Rollen auftreten kann, sondern dass er *ein* Gott ist, der *in drei verschiedenen* Personen existiert.

Vielleicht kommt uns die Vorstellung von drei Personen in einer Person etwas kompliziert vor. Das andere entspricht eher unserem Denken: Eine Person, die verschiedene Rollen annimmt und in verschiedenen Beziehungen steht, leuchtet uns ein. Betrachten wir beispielsweise einmal kurz die Person der Dottie McDowell. Dottie ist die Ehefrau von Josh McDowell. Sie ist gleichzeitig die Mutter von Sean McDowell. Zusätzlich ist sie Scottie McDowells Großmutter. Es handelt sich also um *eine* Frau, die Ehefrau, Mutter und Großmutter in einem ist und diese Rollen in sich vereinigt hat. Natürlich meinen wir damit nicht, dass Dottie drei verschiedene

Personen ist. Sie ist *eine* Person mit drei verschiedenen Rollen, die in drei unterschiedlichen Beziehungen steht.

Doch das Prinzip der Dreieinheit unterscheidet sich ganz grundlegend von dieser Vorstellung. Gott besteht weder aus drei unterschiedlichen, voneinander unabhängigen Personen, noch ist er eine Person, die drei unterschiedliche Rollen einnimmt. Gott existiert als drei Personen und ist doch *eine* Person. Diese Lehre von der Dreieinheit wurde bereits seit dem ersten Jahrhundert vertreten, weil die Heilige Schrift an dieser Stelle sehr klar ist und uns Gott als eine dreieine Gottheit vor Augen stellt – *ein* Gott in *drei* Personen.

Es gibt nur einen Gott

Mose sprach: „Höre, Israel: Der HERR ist unser Gott, der HERR allein!“ (5Mo 6,4). Jesaja gibt die Worte Gottes weiter: „*... damit ihr erkennt und mir glaubt und einseht, dass ich es bin. Vor mir wurde kein Gott gebildet, und nach mir wird keiner sein. Ich, ich bin der Herr, und außer mir gibt es keinen Retter*“ (Jes 43,10-11). Immer und immer wieder betonten Mose und die Propheten, dass es nur *einen* allmächtigen Gott des Universums gibt – die allwissende und allgegenwärtige Gottheit.

Gott ist Vater, Sohn und Heiliger Geist

Die Heilige Schrift macht nicht nur deutlich, dass es nur *einen* Gott gibt, sondern beschreibt ihn auch als Koexistenz dreier göttlicher Personen.

Jesus ist der Sohn Gottes. Das heißt jedoch nicht, dass Gott Jesus erschaffen hätte. Vielmehr bemerkt die Heilige Schrift hierzu ganz schlicht, dass Jesus von Ewigkeit zu Ewigkeit neben Gott dem Vater existiert.

Lesen Sie Johannes 5,18. Warum wollten die jüdischen Führer Jesus umbringen?

Lesen Sie Römer 9,5. Welchen Titel gibt Paulus hier Jesus?

Lesen Sie Hebräer 1,3. Wie wird Jesus beschrieben?

Daher existieren Gott der Vater und Gott der Sohn gleichzeitig, denn der Sohn ist das Bild des unsichtbaren Gottes (siehe Kol 1,15-17). Jesus selbst erhebt den Anspruch auf Eigenschaften, die nur Gott hat.

Lesen Sie die folgenden Bibelstellen, und schreiben Sie die Eigenschaften Jesu auf.

Matthäus 9,4: ______

Matthäus 28,18: ______

Matthäus 28,20: ______

Welche Dinge tat Jesus, die nur Gott tun kann?

Markus 2,1-12: ______

Johannes 12,9: ______

Kolosser 1,17: ______

Johannes 1,3: ______

Johannes 5,27: ______

Gott der Vater ist Gott. Und Gott der Sohn ist Gott.

Die Heilige Schrift bezeichnet den Heiligen Geist ebenfalls als Gott. Dies wird z. B. deutlich in den scharfen Worten, mit denen der Apostel Petrus einen Mann in der Jerusalemer Gemeinde wegen dessen Fehlverhaltens zurechtweist.

Lesen Sie diese Begebenheit in Apostelgeschichte 5,3-5. Wen hat Hananias nach den Worten des Petrus belogen?

______

______

Der Geist hat von Ewigkeit her neben dem Vater und dem Sohn existiert und war auch bei der Schöpfung gegenwärtig (1Mo 1,2). Außerdem besitzt auch der Heilige Geist Eigenschaften, die nur Gott hat.

Welche Eigenschaften besitzt der Heilige Geist nach den folgenden Bibelstellen?

1. Korinther 2,10: ______

1. Korinther 6,19: ______

Jesus sagte: *„Ich werde den Vater bitten, und er wird euch einen* ***anderen*** *Beistand geben ... Der Beistand aber, der Heilige Geist, den der Vater senden wird in meinem Namen, der wird euch alles lehren und euch an alles erinnern, was ich euch gesagt habe"* (Joh 14,16.26). Das griechische Wort *allos*, das im Grundtext für „anderen" verwendet wird, meint „einen anderen derselben Art": Er ist also von derselben Art wie Jesus Christus. Wie der Sohn Gott ist, so ist es auch der Heilige Geist. Außerdem bewirkt der Heilige Geist nach Johannes 3,5-6.8 die Neugeburt des Gläubigen. Diese Neugeburt aus Geist kann nur Gott selbst wirken. Der Heilige Geist ist die dritte Person der dreieinigen Gottheit.

Gott ist drei unterschiedliche Personen

Die oben zitierten Textstellen machen deutlich, dass Gott nicht als eine Person mit drei unterschiedlichen Rollen existiert. Er ist *ein* Gott in drei Personen, die miteinander und mit uns interagieren. Gott der Vater ist eine eigene Person. Gott der Sohn ist eine eigene Person. Und Gott der Heilige Geist ist eine eigene Person.

Dafür, dass Jesus als Gottes Sohn eine eigene Person ist, gibt es einen einschlägigen Beweis: Er nahm für eine Zeitlang menschliche Gestalt an. Er machte deutlich, dass er zuvor mit einer anderen Person – seinem Vater – zusammen war, bevor er als Mensch geboren wurde (Joh 8,38). Weiterhin betonte er, dass diese Person – sein Vater – ihn in die Welt sandte (Joh 17,18). Darüber hinaus sagte er einmal, dass im Haus seines Vaters viele Wohnungen seien (Joh 14,2).

Jesus wies auch des Öfteren auf den Heiligen Geist als Person hin, wobei er das männliche Pronomen „er" gebrauchte; dies ist bemerkenswert, da „Heiliger Geist" im Griechischen das sächliche Fürwort „es" erfordern würde. In Johannes 16,13-15 sagte Jesus: *„Wenn aber* ***jener****, der Geist der Wahrheit, gekommen ist, wird er euch in die ganze Wahrheit leiten; denn er wird nicht aus sich selbst reden, sondern was er hören wird, wird er reden, und das Kommende wird er euch verkündigen.* ***Er*** *wird mich verherrlichen, denn von dem Meinen wird er nehmen und euch verkündigen. Alles, was der Vater hat, ist mein; darum sagte ich, dass er von dem Meinen nimmt und euch verkündigen wird."* Diese eindeutige Ausnahme von der Grammatik beweist die Personalität des Heiligen Geistes.

Lesen Sie Matthäus 28,19. Welche Personen nannte Jesus, als er den Missionsbefehl gab?

Jesus nannte auch alle drei Personen der Dreieinheit, als er seinen Jüngern befahl, alle Völker zu Jüngern zu machen.

Manche Menschen glauben, der Heilige Geist sei kein eigenständiges Wesen, keine separate Person der Dreieinheit, sondern vielmehr nichts weiter als nur der Einfluss des Guten. Dieser Annahme steht jedoch entgegen, dass Jesus den Heiligen Geist wiederholt als eigenständige Person benannte.

Was lernen wir in folgenden Stellen über den Heiligen Geist?

Römer 8,27: ______________________________

Epheser 4,30: ______________________________

1. Korinther 12,11: ______________________________

Apostelgeschichte 5,4: ______________________________

____

Wir sehen, der Heilige Geist hat eine eigene Sinneshaltung und Gefühle, er entscheidet über die Zuteilung der Geistesgaben, er ist eine reale Person, die man belügen kann.

Die Einheit der Dreiheit

Gott existiert als drei Personen, obwohl er *ein* Wesen hat. Jede Person – der Vater, der Sohn und der Heilige Geist – besitzt eine eigene Identität, aber teilt dabei das Wesen der jeweils anderen beiden. Sie besitzt eben nicht bloß ein ähnliches Wesen und fungiert in unterschiedlichen Rollen. Mancher mag vielleicht denken, dass dies einen Widerspruch in sich darstellt und man nicht gleichzeitig von *einem* Gott und *drei* Gottheiten sprechen und ein und dasselbe damit meinen kann. Doch das Prinzip der Trinität ist, dass es einen Gott gibt, der in drei Personen koexistiert. Gott ist, war und wird immer sein. Er ist allmächtig, vollkommen, heilig, Licht und Liebe. Der Vater, der Sohn und der Heilige Geist sind drei verschiedene Personen und sind als eine einheitliche Gottheit miteinander verschmolzen.

Obwohl die folgenden Vergleiche natürlich etwas hinken, können sie vielleicht doch die Koexistenz dreier Elemente in einem Ganzen verdeutlichen. Zum Beispiel kann die chemische Verbindung H_2O in drei Aggregatzuständen vorkommen: als Flüssigkeit (Wasser), als Feststoff (Eis) oder als Gas (Dampf). Trotz dieser drei Erscheinungsformen ist die chemische Substanz stets ein und dieselbe. Erhitzt man einen Eiswürfel, kann man beobachten, wie er zu einer Flüssigkeit zusammenschmilzt und wie gleichzeitig Gas entsteht. Dieser Vorgang enthüllt alle drei Aggregatzustände und damit deren chemischen Koexistenz in der Zusammensetzung H_2O.

Länge, Breite und Höhe sind unterschiedliche Dimensionen, mit Hilfe derer man ein bestimmtes Raumvolumen definieren kann. Das gängigste Beispiel eines dreidimensionalen Objekts ist der Würfel. Der Würfel ist ein einheitlicher Gegenstand, den die drei unterschiedlichen Dimensionen Länge, Breite und Höhe ausmachen. Nimmt man eine der drei Dimensionen fort, so hört der Würfel in seiner Gesamtheit auf zu existieren. Das liegt daran, dass jede Dimension zwar für sich existiert, jedoch nur in der Vereinigung mit den jeweils anderen beiden die Existenz des Würfels in seinem Wesen aufrechterhalten werden kann. Gott existiert als eine Person in drei Personen. Jede Person hat gleichermaßen Anteil am Wesen und an der Identität der Gottheit. Alle drei – Vater, Sohn und Heiliger Geist – wirken gleichermaßen zusammen, um als eine einheitliche Größe zu existieren.

Wir hoffen, dass diese Illustrationen – so kurz gegriffen sie auch sein mögen – dazu beitragen, eine Vorstellung von der Einheit dreier Personen in einer Person zu geben. Wir müssen uns immer wieder vor Augen halten, dass wir mit unserem begrenzten Verstand nur eine Ahnung vom Wesen unseres unfassbar großen Gottes bekommen, ihn aber niemals ganz begreifen werden können.

Fallen Ihnen andere Beispiele ein, an denen man die Dreieinheit Gottes veranschaulichen kann?

Die ewige Liebesbeziehung

Die Einheit Gottes innerhalb der Dreieinheit ist der Schlüssel, der uns Gottes Bauplan für funktionierende Beziehungen erschließt.

Die Tatsache, dass Gott aus drei Personen besteht, zeigt, dass es so etwas wie eine innige Beziehung schon von Ewigkeit her gab. Gott hat die Menschen also nicht geschaffen, weil er eine Beziehung haben wollte. Er hatte bereits eine Beziehung. Seine Existenz ist von Beziehung geprägt. Der Vater hat den Sohn schon immer grenzenlos geliebt. Der Sohn hat den Vater schon immer grenzenlos geliebt. Der Heilige Geist hat sowohl den Vater als auch den Sohn grenzenlos geliebt. Der dreieinen Gottheit liegt der ewige Kreis eines vollkommenen Beziehungsgeflechts zugrunde. Obwohl wir diesem Geheimnis nie wirklich auf die Spur kommen können, sehnen wir uns im Grunde alle nach einer solchen Beziehungsqualität.

Ohne Beziehungen stehen wir als Einzelne allein da – in der Isolation der Abgeschiedenheit. Das jedoch ist nicht unsere eigentliche Bestimmung.

Lesen Sie 1. Mose 2,18. Wie hat sich Gott das Leben des Menschen gedacht?

Er schuf die Menschen nach seinem Bild, und dieses Bild beinhaltete auch das perfekte Beziehungsgeflecht zwischen den drei Personen der Gottheit – ein Beziehungsgeflecht, das von solch einer grenzenlosen Liebe geprägt war, dass es eine vertraute Einheit, Bindung, Zusammengehörigkeit und Verbundenheit hervorbrachte, wie sie im ganzen Universum kein zweites Mal zu finden sind. Gottes Wunsch war es, diese Einheit in ihrer ganzen Vollkommenheit auch in der menschlichen Schöpfung abzubilden.

Lesen Sie 1. Mose 2,24. Wie bilden Mann und Frau in der Ehe die Einheit Gottes ab?

Gott hat uns zur Einheit in Beziehungen geschaffen. Die Einheit Gottes innerhalb der Dreieinheit dient uns dabei als Maßgabe und Vorbild. Sie ist der Schlüssel, der uns Gottes Bauplan für funktionierende Beziehungen erschließt. Auch wenn Gottes Vollkommenheit in dieser Hinsicht immer ein Geheimnis bleiben wird, bekommen wir doch immerhin genug Einblick, um die schöpfungsgemäße Bedeutung von Beziehungen zu erahnen. Wer diesem Geheimnis der Dreieinheit auf die Spur kommt, wirft einen Blick in Gottes Herz.

Lesen Sie die folgenden Bibelstellen. Was lernen wir daraus über Jesu Verhältnis zu dem Vater?

Johannes 5,19:

Johannes 8,28:

Johannes 14,10:

Jesus ist Gott, und trotzdem spricht und handelt er nicht für sich allein. Er weist sogar darauf hin, dass seine Worte noch nicht einmal seine eigenen Worte, sondern die Worte seines Vaters sind, die dieser durch ihn wirkt.

Rätselhaft auf den ersten Blick ist, dass Jesus auf der einen Seite betont, nichts aus sich selbst heraus tun zu können, gleichzeitig aber auch scheinbar das Gegenteil sagt.

Lesen Sie die folgenden Stellen. Was erfahren wir hier über den Sohn?

Johannes 5,22: __________

Johannes 17,2: __________

Johannes 17,24: __________

Gott, der Vater, gab seinem Sohn alle Autorität und Vollmacht, zu tun, was auch immer er wollte. Jesus hatte sogar die Autorität über sein eigenes Leben: *„Niemand nimmt es* (das Leben) *von mir, sondern ich lasse es von mir selbst. Ich habe Vollmacht, es zu lassen, und Vollmacht, es wiederzunehmen"* (Joh 10,18). Jesus ist Gott, der wahre Schöpfer und Erhalter des Universums (siehe Hebr 1,2-3). Trotzdem sagt er, er könne nichts aus sich selbst heraus tun. Warum?

Fühlt sich Jesus irgendwie durch seinen Vater reglementiert? Steht er so stark unter der Autorität seines Vaters, dass er es nicht wagt, irgendetwas ohne dessen Erlaubnis zu tun? Beileibe nicht. Die Qualität ihrer Beziehung ist so beschaffen, dass der Vater mit Freuden alles dem Sohn überträgt, weil er ihn liebt, und der Sohn mit Freuden alles dem Vater überlässt, weil er ihn liebt.

Lesen Sie Johannes 17,1.19. Was ist das größte Anliegen des Sohnes gegenüber dem Vater?

____

____

____

____

Unfassbare Einheit

Es ist die grenzenlose Liebe, auf der die vollkommene Beziehung beruht, die eine Einheit jenseits unserer Vorstellungskraft erzeugt. Es geht nicht um eine Art Macht- und Autoritätsverhältnis. Es geht auch nicht um eine hierarchisch strukturierte Befehlskette. Es ist ein Beziehungsgeflecht, in dem jeder nach dem Besten für den anderen Ausschau hält, weil es auf dem Fundament grenzenloser Liebe ruht. Aufgrund dieser gegenseitigen Liebe sind die drei Personen der Dreieinheit so sehr darauf bedacht, dem anderen wohlzutun, und darauf, dass ihre Verbindung unauflöslich ist.

Was besagen folgende Stellen über die Einheit des Vaters und Sohnes?

Johannes 10,30:

Johannes 14,11:

Johannes 14,9:

Lassen Sie uns einen Moment bei dieser Aussage stehenbleiben. Jesus sagt hier, dass seine Beziehung zu seinem Vater so inniglich ist, dass jeder, der ihn sieht, mit ihm redet, ihm vertraut und ihm gefällt, gleichzeitig den Vater sieht, mit dem Vater redet, dem Vater vertraut und dem Vater gefällt (siehe Joh 12,44). Das ist wahre Einheit!

In unseren menschlichen Beziehungen versuchen wir, Freude und Leid miteinander zu teilen. Natürlich gelingt uns das nicht optimal. Wir versuchen, unseren Kindern und ihren Bedürfnissen gerecht zu werden, und trotzdem schaffen wir es nicht so, wie wir es gerne hätten. Auch die Träume und Erwartungen unseres Ehepartners können wir einfach nicht erfüllen, selbst wenn wir uns bemühen. Doch innerhalb der Gottheit sorgt der Vater in vollkommener Art und Weise für die Bedürfnisse des Sohnes. Der Sohn versteht exakt die Erwartungen des Vaters, und der Heilige Geist teilt auf vollkommene Weise Freude und Leid des Vaters und des Sohnes.

Für uns unfassbar bewirkt diese perfekte Einheit zwischen Vater, Sohn und Heiligem Geist, dass sie dasselbe fühlen, tun und so weiter. Wir wissen beispielsweise, dass Gott seinen eingeborenen Sohn gab, damit er für uns starb. Und trotzdem kann Jesus sagen: *„Niemand nimmt es* (das Leben) *von mir, sondern ich lasse es von mir selbst“* (Joh 10,18). Aber wie war es nun wirklich? Hat der Vater das Leben seines Sohnes hingegeben oder hat der Sohn sich entschieden, sein eigenes Leben zu opfern? Für unsere Ohren scheinen diese beiden Aussagen einander auszuschließen. Es kann nicht beides gleichzeitig stimmen. Entweder hat der Vater diesen Weg so bestimmt, oder Jesus traf die Entscheidung selbst. Das Problem liegt darin, dass wir von unserer Existenz als Individuum denken und nicht so sehr aus der Perspektive der vollkommen harmonischen Koexistenz. Die Antwort lautet daher: Der Vater ergriff die Initiative und warf seine ganze Liebe in die Waagschale, und gleichzeitig war Jesus derjenige, der all seine Liebe hingab – eben weil beide von identischer Wesensart sind. Dementsprechend liegt das Geheimnis der unfassbaren Einheit der Gottheit nicht so sehr in der unglaublich großen Macht Gottes begründet, sondern vielmehr in der göttlichen Liebe, die das Verhältnis innerhalb der Dreieinheit prägt.

Die Einheit der Dreieinheit erfahren

Bedenken Sie einmal: Wenn Sie zum Vater im Namen des Sohnes beten, schütten Sie Ihr Herz gleichzeitig dem Sohn und dem Heiligen Geist aus. Wenn Sie Jesus mit einem Leben voller Hingabe und Anbetung ehren, ehren Sie ebenfalls den Vater und den Heiligen Geist.

Durch wen haben wir laut Paulus Einblick in die Geheimnisse Gottes?

1. Korinther 2,10: ______________________________

1. Korinther 2,15-16: ______________________________

Wer ist es nun, der uns die Tiefen Gottes offenbart? Christus oder der Heilige Geist? Paulus hatte verstanden, dass wir, wenn wir Gottes Sinn und somit seiner Weisheit teilhaftig sind, teilhaben an Sinn und Weisheit der ganzen Gottheit – der des Vaters, des Sohnes und des Heiligen Geistes, denn sie alle koexistieren in vollkommener Einheit. Wenn wir einen erfahren, erfahren wir alle drei. Das bedeutet jedoch nicht, dass alle drei Personen der Gottheit beliebig austauschbar sind. Jede Person ist eine Person für sich, obwohl die Vollkommenheit der Harmonie und Einheit innerhalb der Dreieinheit bewirkt, dass man alle drei kennt, sobald man das Wesen und den Charakter nur einer von ihnen kennenlernt.

Lesen Sie das Gebet des Paulus in Epheser 3,17-19. Wie sind alle drei Personen Gottes an der Erfüllung des Gebetes beteiligt?

____

____

____

Wessen Liebe ist es letztendlich, die wir erfahren sollen? Ist es die Liebe des Vater, die des Sohnes oder die des Heiligen Geistes? Paulus stellt ganz klar heraus, dass es die Liebe Gottes ist – der Vater, Sohn und Heiliger Geist ist. Es ist Gott, in dem durch seine grenzenlose Liebe all diese drei zu einer vollkommenen Einheit verschmelzen, aus der die Liebe hervorgeht, die wir erfahren können.

Eines ist sicher: Es ist unmöglich, die Dreieinheit mit unserem Verstand zu fassen. Wir können zwar all unsere Vorstellungskräfte mobilisieren und uns eine solch perfekte Einheit von Liebe und Gemeinschaft denken. Doch wir neigen dazu, Beziehungen gedanklich mit Begriffen wie Stellung, Hierarchie und Autorität in Verbindung zu bringen. Wer ist wem verantwortlich, und wer muss welche Aufgaben erfüllen? – so fragen wir ganz automatisch. Doch in Gott erblicken wir drei Personen in solch vollkommener Einheit, weil sie ein und dasselbe Wesen besitzen.

Wir glauben an die Wahrheit, dass es den einen Gott gibt, der von Ewigkeit her als Vater, Sohn und Heiliger Geist in vollkommener Einheit koexistiert.

Der Vater hat die Welt so sehr geliebt, dass er seinen Sohn für sie hingab. Der Sohn hat den Vater so geliebt, dass er sein Leben hingab. Der Heilige Geist hat den Vater und den Sohn so sehr geliebt, dass er in unsere Herzen gegeben wurde (siehe Röm 5,5). Und zusammen – als der eine Gott – erweisen sie uns die vollkommene Liebe.

Lesen Sie Epheser 3,19. Ist es möglich, die Liebe Jesu zu begreifen?

Paulus schreibt in Epheser 3,19: „*... damit ihr imstande seid ... zu erkennen die die Erkenntnis übersteigende Liebe des Christus*". Diese Liebe wird unseren Verstand immer übersteigen, denn die Liebe Gottes zu erfassen bedeutet, Gott selbst zu erfassen – was uns aufgrund der Begrenztheit unseres menschlichen Verstandes nie gelingen wird. Gleichwohl hat Gott uns seine dreieine Natur offenbart. In der Schöpfung können wir Gottes Handschrift erkennen. Er hat sich darüber hinaus offenbart im Fleisch, das er für unsere Erlösung hingab. Und schließlich zeigt er sich in der mächtigen Gegenwart seines Geistes.

„Ich bin das Alpha und das Omega, spricht der Herr, Gott, der ist und der war und der kommt, der Allmächtige" (Offb 1,8). Solch ein allmächtiger, Ehrfurcht gebietender und großer Gott ist zu furchtbar, dass ein Mensch ihn anschauen könnte, denn Gott sagte: *„Du kannst es nicht ertragen, mein Angesicht zu sehen, denn kein Mensch kann mich sehen und am Leben bleiben"* (2Mo 33,20). Gleichwohl ermöglicht das Geheimnis der Dreieinheit uns den Zugang zu diesem erstaunlichen Gott. Bedenken Sie, dass Jesus sagte: *„Wer mich gesehen hat, hat den Vater gesehen"* (Joh 14,9). Und weil der Vater den Heiligen Geist gesandt hat, können wir die Gottheit als Ganzes persönlich kennenlernen.

In den vorangegangenen Kapiteln haben wir uns mit dem allmächtigen Gott des Universums und mit Jesus, dem Sohn Gottes, beschäftigt. Als Nächstes werden wir uns der Betrachtung Gottes in der Person des Heiligen Geistes widmen, der gesandt wurde, um mit seiner Kraft in uns Wohnung zu nehmen und uns die Fülle der Dreieinheit zu vermitteln. Denn dank des Heiligen Geistes ist es uns möglich, Gott zu erfahren.

Kapitel 9.2

Beweise für die Existenz des Heiligen Geistes

Erstaunt. Verwirrt. Verblüfft. Überhaut nichts mehr begreifend – so müssen sich die Jünger gefühlt haben, als Jesus nach seiner Auferstehung seine letzten Augenblicke mit ihnen verbrachte. Sie waren überglücklich gewesen, dass er vom Tod auferstanden war, doch als er ihnen sagte, er müsse zurück zum Vater gehen, muss es sie unendlich traurig gestimmt haben. Zwar eröffnete er ihnen, dass er sie verlassen werde, aber danach sagte er noch etwas: *„Und siehe, ich bin bei euch alle Tage bis zur Vollendung des Zeitalters“* (Mt 28,20).

Er kündigte seinen Weggang an, doch gleichzeitig behauptete er, für immer bei ihnen zu sein. Was für ein scheinbarer Widerspruch! Doch wegen des Geheimnisses der vollkommenen Einheit innerhalb der Trinität ist es möglich, dass Jesus durch die dritte Person der Dreieinheit, den Heiligen Geist, immer gegenwärtig ist: *„... siehe, ich sende die Verheißung meines Vaters auf euch“* (Lk 24,49), gemeint ist damit der Heilige Geist.

Als die Jünger sich zehn Tage später mit ungefähr 120 weiteren Gläubigen zum Gebet versammelt hatten, geschah etwas Spektakuläres.

Lesen Sie den Bericht in Apostelgeschichte 2,2-4. Schreiben Sie die besonderen Phänomene auf, die mit dem Kommen des Heiligen Geistes verbunden waren.

Aus den unterschiedlichsten Nationen waren die Juden anlässlich des jüdischen Wochenfestes *schawuot* (später auch *Pfingsten* genannt) nach Jerusalem geströmt und kamen nun neugierig herbei, um der Ursache für den Aufruhr auf den Grund zu gehen. Zu ihrer Überraschung hörten sie die Menschen *„in ihrer eigenen Mundart reden“* (Apg 2,6).

Lesen Sie Apostelgeschichte 2,16-17. Wie erfüllt sich diese Prophetie am Pfingsttag?

Danach verkündigte Petrus den Tod und die Auferstehung Jesu zur Vergebung der Sünden. Und an jenem Tag kamen ungefähr 3000 Menschen zum lebendigen Glauben an Christus.

Was ist am Verhalten des Petrus erstaunlich? Wie hatte er sich einige Wochen zuvor im Hof des Hohenpriesters verhalten (Mk 14,66-72), wie die Gruppe der Jünger (Joh 20,19)?

Später gingen Petrus und Johannes zum Nachmittagsgebet zum Tempel und sahen einen Lahmen um Geld betteln. Petrus sagte zu ihm: *„Silber und Gold besitze ich nicht; was ich aber habe, gebe ich dir: Im Namen Jesu Christi, des Nazoräers: Geh umher!“* (Apg 3,6). Erstaunlicherweise richtete sich der Gelähmte auf, ging umher und begann, Gott zu loben. Die Jünger zogen durch die ganze Stadt, predigten und taten Wunder im Namen Jesu durch die Kraft des Heiligen Geistes.

Gott wirkt durch den Heiligen Geist

Was mit einer Gruppe von 120 Menschen begann, wuchs bereits binnen weniger Wochen auf eine vierstellige Anzahl von Nachfolgern. Die Botschaft von Jesus verbreitete sich in Jerusalem wie ein Lauffeuer. Jeder frisch Bekehrte wurde augenblicklich zu einem lebendigen Zeugnis für das, was Gott im Leben eines Menschen bewirken kann.

Lesen Sie Apostelgeschichte 1,8. Was hatte Jesus über den zukünftigen Dienst der Jünger gesagt?

Aus vormals verängstigten und feigen Jüngern waren beherzte Verkündiger der Botschaft Jesu Christi geworden. Sie taten Zeichen und Wunder. Die Botschaft, die sie unter das Volk brachten, veränderte Millionen von Menschenleben. Das war nicht das Werk eines vagen, undefinierbaren Einflusses des Guten oder irgendeine mysteriöse Kraft. Gott, der Heilige Geist, war hier am Werk.

Bereits im dritten Jahrhundert hatten über 20 Millionen Menschen die verändernde Kraft Jesu durch den Heiligen Geist für ihr Leben in Anspruch genommen.[1] Dieses enorme Wachstum der Gemeinde Jesu ist ein lebendiger Beweis dafür, dass Gott seinen verheißenen Tröster tatsächlich gesandt hat. Und seit nunmehr 2000 Jahren ist jeder Mensch, der zu Jesus Christus gehört, ein Zeugnis und somit ein lebender Beweis dafür, dass der Heilige Geist eine reale Person ist, die im Leben von Menschen wirksam ist.

Verändertes Leben, Gebetserhörungen, im Namen Jesu vollbrachte Wunder – all das sind Folgen des Handelns der dritten Person der Dreieinheit – der Person des Heiligen Geistes. Gott der Vater und Gott der Sohn sind im Himmel. In der Pfingstpredigt des Petrus heißt es: Jetzt ist er *„durch die Rechte Gottes erhöht worden“* (Apg 2,33). Sind also die übernatürlichen Offenbarungen Gottes auf Erden Werke des Vaters oder des Sohnes? Oder sind sie das Werk des Heiligen Geistes?

Mit Blick auf das unlösbare Geheimnis der Dreieinheit können wir sagen, dass Gott derjenige ist, der am Werk ist – Gott Vater, Gott Sohn und Gott Heiliger Geist. Deshalb ist die Aussage, dass Jesus Leben verändert, nicht ganz vollständig – ebenso wie die Worte eines Kindes, dass „Jesus in seinem Herzen lebe“. Zwar hat Jesus zugesagt, uns nie zu verlassen, doch sein Sitzen zur Rechten Gottes ist ebenso Tatsache. Gleichwohl wissen wir, dass er durch die Kraft des Heiligen Geistes in unseren Herzen lebt. *„An jenem Tag werdet ihr erkennen, dass ich in meinem Vater bin und ihr in mir und ich in euch“* (Joh 14,20).

Unsere Unfähigkeit, die absolute Vollkommenheit der Dreieinheitsbeziehung zu begreifen, schmälert jedoch nicht die Wirklichkeit des Heiligen Geistes in unserem

Leben. C. S. Lewis hat einmal gesagt, dass wir den Verdauungsprozess nicht verstanden haben müssen, damit unser Körper die Nahrung aufnehmen kann. Seit Jesus im Himmel zur Rechten des Vaters sitzt, wurde der Heilige Geist zum interaktiven Mittler zwischen Gott und uns.

Lesen Sie Johannes 14,26. Wie beschreibt Jesus Dienst und Sendung des Heiligen Geistes?

Doch er ist mehr als nur ein Wesen, von dem wir intellektuelle Kenntnis haben können. Jemand hat einmal gesagt: Als der Heilige Geist ausgegossen wurde, blieb das Wort *Gott* nicht nur ein Nomen, sondern wurde auch zu einem Verb. Der Heilige Geist transportiert Gott sozusagen in unser Leben hinein, sodass wir nicht beim bloßen Wissen über Gottes Wesen und mechanischer Befolgung der Lehren Jesu stehen bleiben müssen. Er ist die aktive Kraft Gottes, die Dinge bewegt und auch uns in Bewegung setzt. Gott, der Heilige Geist, ist der Lebendige, der Liebende, der Antwortende, der Freudvolle, der Tröstende und Herzende, der Ermutigende, der Annehmende, der Respekt Zollende, der Züchtigende, der Wachstum Schenkende, der Kraft Verleihende und noch vieles mehr.

Der Heilige Geist ist die dynamische, aktive und immer gegenwärtige Person der Dreieinheit. Wir erleben ihn in unserem Alltag.

Lesen Sie 1. Johannes 4,12-13. Woran erkennen wir, dass der Heilige Geist in uns ist?

Der Heilige Geist zeigt sich sogar bis in unsere Fähigkeit hinein zu lieben, so wie Gott liebt. Er ist Realität. Vor zwei Jahrtausenden hat er sich selbst an Pfingsten als mächtig und real offenbart.

Lesen Sie Römer 8,16. Von welcher Tatsache gibt uns der Heilige Geist Gewissheit?

Deshalb können wir ganz getrost und gewiss sein, dass Gott, der Heilige Geist, in Wahrheit existiert. Und weil er die in uns wohnende aktive und interaktive Kraft innerhalb der Dreieinheit ist, ist er unendlich relevant für unser persönliches Leben. Darum soll es im folgenden Kapitel gehen.

Kapitel 9.3

Das Ziel des Heiligen Geistes für unser Leben

Marci begutachtete ihr Azaleenbeet. Sie und ihr Mann Chris waren vor Kurzem in ein anderes Haus gezogen, und eine ihrer ersten Aktionen war die Neugestaltung des Gartens. Immerhin durften doch ihre Lieblingsblumen dort nicht fehlen!

Voller Stolz auf ihr Werk holte sie Chris vom Rasenmähertraktor.

„Und? Wie sieht es aus?"

„Ja, es sieht ganz schön aus."

„Wie – nur ‚ganz schön'?", protestierte Marci. „Gefällt es dir etwa nicht?"

„Ich habe ja nichts gegen die Blumen", meinte Chris zögernd. „Ich frage mich nur, ob auch genug Grünzeug drum herum ist, damit die Blumen auch zur Geltung kommen können."

Marci ließ den Kopf hängen und musste die Enttäuschung erst einmal verdauen. Langsam zog sie die Gartenhandschuhe von ihren Händen. „Ich habe auch gar keine Chance, irgendetwas zu tun, um dich zufriedenzustellen, oder? Nie mache ich etwas richtig!" Sie machte auf dem Absatz kehrt und marschierte aufs Haus zu.

Chris folgte ihr ins Haus. „Marci, du hast mich nach meiner Meinung gefragt", sagte er behutsam. „Ich wollte dich nicht verletzen. Warum nimmst du alles immer gleich so persönlich?"

Viele Christen nehmen Kritik sofort persönlich, weil sie das, was sie leisten, nicht von dem trennen können, was sie sind. Oftmals sind sie bereits unter dem Druck aufgewachsen, sich Anerkennung durch Leistung verdienen zu müssen. Schon eine so harmlose Rückfrage wie „Sind außer den Blühpflanzen denn auch genügend Grünpflanzen im Beet?" kann sie aus der Bahn werfen und alte Wunden aufreißen, die der autoritäre Zeigefinger aus ihrer Kindheit mit dem Vorwurf „Nie kannst du etwas richtig machen!" verursacht hat.

Um Gottes Vorstellung von wahren Beziehungen überhaupt umsetzen zu können, müssen viele Menschen eine Neuprogrammierung in Bezug auf die elementare Bedeutung von Beziehungen erfahren.

Das Neuprogrammieren von Beziehungen

Wir alle haben mehr oder weniger ungute Erfahrungen in Beziehungen gemacht. Bis zu einem gewissen Grad besitzt vermutlich jede Beziehung zwischen Menschen eine gewisse Schräglage, weil sie die Betonung zu stark auf Leistung, Kontrolle, Regeln, Gehorsam, Erwartungen, Verpflichtungen oder Ähnliches legt. Man könnte die Liste beliebig weit fortsetzen. Oftmals ist die Triebfeder dabei einzig und allein die Befriedigung der eigenen Bedürfnisse. Vieles von der Art und Weise, wie wir auf Beziehungen zugehen und in ihnen leben, wurde von frühester Kindheit an vorgeprägt. Leider deckt sich das, was viele von uns erlebt haben, nicht mit Gottes Vorstellung von einer intakten und innigen Beziehung.

Gottes Plan für gelingende Beziehungen hat mit Geben, Nachgeben, Vertrauen und aufeinander Achtgeben zu tun. Es geht darum, Freude zu erleben, indem wir anderen Gutes tun und letztendlich demjenigen Ehre bereiten, der für uns gestorben ist.

Lesen Sie Römer 8,5. Was für eine Gesinnung sollte in all unserem Handeln erkennbar sein?

____

____

Als Gott uns erlöst hat, hatte er mehr im Sinn, als uns nur vor dem ewigen Tod zu retten. Er wollte uns neu ausstatten, damit wir ein Leben nach seinen Gedanken leben können – in intakter Beziehung zu ihm und zueinander. Und diese Umgestaltung beginnt mit der Hinwendung zu ihm.

Doch um Gottes Vorstellung von wahren Beziehungen überhaupt umsetzen zu können, müssen viele Menschen eine „Neuprogrammierung" in Bezug auf die elementare Bedeutung von Beziehungen erfahren. Unsere Auffassung, wie Beziehungen aussehen sollten, deckt sich nicht notwendigerweise mit Gottes Auffassung. Denn von Geburt an sind wir selbstbewusst, selbstsüchtig und neigen aber auch dazu, uns selbst zu verurteilen. Das macht es oft unmöglich, Beziehungen durch Vertrauen, Hingabe, Freigiebigkeit und Uneigennützigkeit zu prägen. Zusätzlich zu dem, was uns charakterlich angeboren ist, haben sich durch die Vorbilder unserer

Kindheit Muster eingeschliffen, die einer von gegenseitigem Geben, Vertrauen und Nachgeben geprägten Beziehung entgegenlaufen.

Wie geht Gott aber genau vor, um unsere Herzen und Sinne umzuprogrammieren, damit wir Beziehungen nach seinem Plan leben können? Jesus hätte einfach nur sagen können: „Lest einfach nach, wie ich gelebt habe, und dann tut es mir nach." Er hätte uns ein 12-Schritte-Programm für den Weg zu perfekten Beziehungen an die Hand geben können. Oder: „Ihr müsst einfach üben, üben, üben!" Doch nichts davon hat er getan. Stattdessen hat er sich selbst in Gestalt des Heiligen Geistes gesandt, damit wir ein Teil dieser geheiligten Einheit Gottes werden können. Und je mehr wir dieser dreieinen Gemeinschaft teilhaftig werden, desto eher können wir aus seiner Kraft heraus leben, lieben und Beziehungen gestalten, wie er es tut.

Die in uns wohnende Gegenwart des Heiligen Geistes wurde uns gegeben, damit wir mindestens fünf elementare Dinge in unserem Leben erreichen können.

„In ihm seid auch ihr, als ihr das Wort der Wahrheit, das Evangelium eures Heils, gehört habt und gläubig geworden seid, versiegelt worden mit dem Heiligen Geist der Verheißung" (Eph 1,13). Wie wir bereits festgestellt haben, hat das Innewohnen des Heiligen Geistes ein weitergehendes Ziel, als uns lediglich einen Platz im Himmel zu sichern. Der Heilige Geist ist da, um eine innige Gemeinschaft zwischen Ihnen und Gott herzustellen.

Auf einer Spur mit Gott

Lesen Sie Johannes 17,21.23. Wie soll laut dem Gebet Jesu unsere Gemeinschaft mit Gott sein?

Jesus lädt Sie ein, der vollkommenen Gemeinschaft innerhalb der dreieinen Gottheit teilhaftig zu werden. Der Heilige Geist nimmt Wohnung in uns mit dem Ziel, eine wunderbare Einheit nach dem Vorbild der Dreieinheit herzustellen. Er gibt sich ganz in unser Leben hinein, damit wir an ihm ablesen können, wie wir uns ihm wiederum ganz hingeben können.

Der Heilige Geist kam nicht nur, um in uns zu leben. Wir sollen auch in ihm leben. Jesus sagte: *„... dass auch sie* (die Nachfolger Christi) *in uns eins seien."* Der Apostel Johannes schrieb: *„Hieran erkennen wir, dass wir in ihm bleiben und er in uns, dass er uns von seinem Geist gegeben hat"* (1Jo 4,13). Sie sind eingeladen, Anteil am vollkommenen Beziehungsgeflecht zu haben, das innerhalb der Dreieinheit existiert. Die gegenseitige Hingabe wird zu einer tiefen Beziehung zwischen uns und Gott führen, zu einem Einssein, das so natürlich ist wie das Atemholen.

Auch eine Frau namens Martha war intensiv bemüht, ihr Leben ganz dem Herrn hinzugeben. Jesus und die anderen Jünger waren zu Gast in ihrem Haus, sodass sie alle Hände voll zu tun hatte. Sie wollte ihren besonderen Gast mit einem herrschaftlichen Mahl verwöhnen. Ihre Schwester Maria sollte ihr eigentlich bei der Zubereitung behilflich sein, doch stattdessen saß sie zu Jesu Füßen und hörte ihm zu.

Lesen Sie Lukas 10,40-42. Was hatte Maria ihrer Schwester Martha voraus?

Maria hatte erkannt, dass es etwas gibt, das in unserem Leben absolute Priorität haben sollte: die Hingabe an Jesus. Der Herr wollte Martha klarmachen: „Ich bin nicht interessiert an deinen Anstrengungen. Ich möchte deine persönliche Hingabe. Wenn du das beherzigst, werde ich dir zeigen, wie ich mir deine Lebensführung eigentlich gedacht habe." Jesus ist heute zwar nicht leibhaftig unter uns, um uns das von Angesicht zu Angesicht zu vermitteln, doch er hat uns den Geist gesandt, der uns in diese Einheit führen soll – in diese vertraute Beziehung, aus der heraus wir erkennen können, wie wir zu seinem Wohlgefallen leben können. Er lebt in uns, damit unsere Freude vollkommen ist; und indem wir uns ihm unterordnen und hingeben, bereiten wir ihm wiederum Freude.

Durch die Kraft des Heiligen Geistes werden wir „Teilhaber der göttlichen Natur", und deshalb leben wir nicht mehr für uns selbst, sondern *„dem, der für* ... (uns) *gestorben und auferweckt worden ist"* (2Kor 5,15). Der Wunsch, einander Freude zu spenden, ist das Geheimnis einer tiefen Beziehung.

Christus ähnlich leben

„Da seine göttliche Kraft uns alles zum Leben und zur Gottseligkeit geschenkt hat durch die Erkenntnis dessen, der uns berufen hat durch seine eigene Herrlichkeit und Tugend" **(2Petr 1,3).**

Lesen Sie 2. Korinther 3,18. Welcher Grund wird hier genannt, dass der Heilige Geist in uns Wohnung nimmt?

Ein weiterer Grund, weshalb der Heilige Geist Wohnung in uns bezogen hat, ist: Wir sollen Jesus besser kennenlernen und sein wie er. Der Heilige Geist hilft uns, das auszuleben, was Gott uns mit Christus bereits geschenkt hat.

Bevor wir die Kraft des Heiligen Geistes verliehen bekommen, sind wir Sklaven der Sünde.

Lesen Sie Römer 8,9. Welche Veränderung hat der Heilige Geist in uns bewirkt?

Durch den innewohnenden Heiligen Geist können wir jetzt ein Leben im Geist führen. Was bedeutet das? Manche gehen irrtümlich davon aus, dass man sich als Christ bemühen muss, wie Christus zu leben. Der Schlachtruf eines geisterfüllten Christen lautet aber nicht: „Schneller, besser, höher!“ Er lautet vielmehr: „Wir geben uns einander hin.“ Unser Augenmerk als Christen liegt nicht so sehr darauf, wie Christus zu handeln, sondern in ihm und mit ihm zu sein. Es geht darum, mit ihm in Beziehung zu stehen, woraus dann ganz natürlich folgt, dass man auch handelt wie er. Wir beginnen, die Welt mit seinen Augen zu sehen, mit seinen Ohren wahrzunehmen, seine Gedanken zu bewegen und seine Werke zu tun. Indem wir uns ihm ganz zur Verfügung stellen, so wie Maria es tat, gewinnt sein Leben durch seine Kraft in uns Gestalt. Er ist unsere Kraftquelle.

Während meines vorletzten Studienjahres machte ich (Sean) eine Wanderung mit meinen Freunden, die sich für immer in mein Gedächtnis eingebrannt hat. Ich war Flursprecher in meinem Studentenwohnheim und unternahm mit 18 meiner Flurkollegen einen Ausflug in die Berge von San Diego. Wir freuten uns auf ein Wochenende mit viel Gemeinschaft und Spaß. Als besondere Herausforderung war eine Besteigung des *Stonewall Mountains* geplant. Für den Aufstieg waren wir bestens ausgerüstet, hatten aber die Vorbereitung des Abstiegs ein wenig vernachlässigt.

Dadurch, dass ich mich die vergangenen Jahre an die Straßenbeleuchtung in Los Angeles gewöhnt hatte, hatte ich ganz vergessen, wie extrem dunkel die Nächte in den Bergen sind. Zwar hatten wir für ausreichend Lebensmittel, Wasservorräte und Ausrüstungsgegenstände gesorgt, um den Gipfel zu erreichen, doch eines hatten wir vergessen: ausreichend Taschenlampen, die uns den Weg ins Tal ausleuchteten. Als die Sonne unterging und dunkle Wolken aufzogen, merkten wir, dass es Zeit wurde, schnell und sicher vom Berg hinabzusteigen. Als wir alle unser Gepäck zusammengesucht hatten und endlich startklar waren, war die Nacht um uns bereits rabenschwarz. Wir kramten unsere zwei Taschenlampen hervor – und mussten feststellen, dass sie nicht funktionierten!

Man stelle sich also vor, wie 19 Studenten versuchen, eine dunkle, windige Bergwand hinabzusteigen, ohne zu wissen, wo sie ihre Füße hinsetzen sollen. Panik begann in uns aufzusteigen, doch gleichzeitig wurde uns auch klar, dass uns nur diese eine Chance blieb: Wir mussten es irgendwie schaffen, zusammenzuarbeiten. Da wir wussten, dass der Abstieg streckenweise sehr gefährlich war, hielten wir uns an den Händen, um uns Zentimeter für Zentimeter vorzuarbeiten. Ohne das Licht der Taschenlampe tasteten wir uns unsicher vorwärts durch die Dunkelheit, vorbei an Felsvorsprüngen und -spalten. Hätten wir Ersatzbatterien mitgenommen, wäre unser Abstieg weitaus müheloser und ungefährlicher verlaufen. Genau genommen wäre es ein Spaziergang gewesen.[1]

Lesen Sie Galater 5,22-23. Welche „Ausrüstung" gibt uns der Heilige Geist für unseren Glaubensweg?

Wenn wir uns Christus ausliefern und im Geist leben, rüstet er uns mit allem aus, damit wir auf seinen Wegen wandeln und ihm treu nachfolgen können.

Die Wahrheit der Schrift enthüllen

Lesen Sie 2. Timotheus 3,16-17. Wozu ist Gottes Wort durch die Kraft des Heiligen Geistes nützlich?

Diese Textstelle macht deutlich, dass Gottes Wort Richtlinien enthält und Erkenntnis schenkt, mit Hilfe derer wir eine tiefere Einheit mit Gott pflegen können. Darüber hinaus gibt es uns Prinzipien an die Hand, die uns lehren, wie Christusähnlichkeit sich konkret in unserem Leben zeigt. Indem wir diese Richtlinien und Prinzipien beherzigen, übersetzt und transportiert der Heilige Geist diese Wahrheiten in unseren Alltag.

Lesen Sie 1. Korinther 2,11-12. Was lehrt uns der Text über die Aufgabe des Heiligen Geistes?

Dieser Passage können wir eine weitere Funktion des Heiligen Geistes entnehmen, nämlich die Aufgabe, uns sich selbst und die Wahrheit zu offenbaren. Er hilft uns zu verstehen, wer wir seiner Vorstellung nach sein und wie wir leben und lieben sollen. Gott bedient sich der Offenbarung durch den Heiligen Geist, um uns einen Blick in sein Herz und seine Gedanken werfen zu lassen. *„Wer hat den Sinn des Herrn erkannt?"*, fragt Paulus und gibt gleich danach die Antwort: *„Wir aber haben Christi Sinn"* (1Kor 2,16).

Allerdings nimmt die Gegenwart des Heiligen Geistes in unserem Leben den Bibellehrern und Predigern nicht die Existenzberechtigung. Manche führen Johannes 14,36 ins Feld und argumentieren, dass man die Heilige Schrift nicht nötig hätte, weil uns der Heilige Geist ja alles lehren würde. Betrachtet man diese Bibelstelle jedoch im Kontext, so fällt auf, dass Jesus diese Worte auf seine Jünger bezog und sie nicht automatisch für alle Gläubigen galten, die nach ihnen folgten. Wäre der Heilige Geist der alleinige Wegweiser auf unserer Suche nach Wahrheit, so wäre die Bibel überflüssig, von Büchern wie diesem einmal ganz zu schweigen. Aber wir dürfen die Bedeutung guter Lehrer und biblischer Weisheit nicht kleinreden und sagen: Wir verlassen uns einzig und allein auf die innere Leitung durch den Geist. Das ist eine gänzlich unbiblische Praxis, die vielfach verheerende Folgen nach sich zieht.

Weil wir gefallene Wesen sind, ist unsere Wahrnehmung oft nur schemenhaft, sodass wir in der Gefahr stehen, auf Stimmen aus der Finsternis zu hören, die wir irrtümlicherweise für Gottes Reden halten.

Lesen Sie 2. Korinther 11,13-14. Vor welcher Gefahr warnt Paulus uns?

Lesen Sie 2. Timotheus 2,15. Was ist beim Umgang mit der Bibel sehr wichtig?

Wir müssen *„das Wort in gerader Richtung (...) schneiden"*, d. h. es richtig verstehen und anwenden. Dazu gebraucht Gott auch die weise und geistgeleitete biblische Lehre durch Menschen in unserer Umgebung, um uns in alle Wahrheit zu leiten. Der Heilige Geist übersetzt die Lehre des Wortes Gottes in unser Leben. Ungläubige können vielleicht auch die Wahrheit der Bibel verstandesmäßig begreifen, doch die Auswirkung dieser Wahrheit auf unser Leben und die Veränderung unseres Wesens kann nur durch den Heiligen Geist geschehen.

Ausrüstung für den Dienst

Was verheißt Jesus seinen Nachfolgern mit dem Kommen des Heiligen Geistes in Apostelgeschichte 1,8?

Jesus spricht in Johannes 14,12 sogar davon, dass seine Nachfolger nach dem Kommen des Heiligen Geistes *„die Werke tun werden, die ich* (Jesus) *tue, und größere als diese tun werden, weil ich* (Jesus) *zum Vater gehe."* Der Heilige Geist ist die Kraft, die uns für den Dienst ausrüstet.

Was lernen wir aus folgenden Bibelstellen darüber, wie uns der Heilige Geist zum Dienst ausrüstet?

1. Korinther 12,6-7: ____________________

Römer 12,6: ____________________

Es ist der Heilige Geist, der geistliche Gaben verteilt und uns befähigt, sie zum Wohl der Gemeinde zum Einsatz zu bringen. Das Entscheidende ist, dass uns der Heilige Geist befähigt, anderen zu dienen, das Evangelium zu verbreiten und – auf den Punkt gebracht – Außergewöhnliches zu Gottes Ehre zu vollbringen.

Der Schreiber des Hebräerbriefes spricht davon, dass diejenigen, die im Glauben standen und den Heiligen Geist hatten, große Taten vollbrachten; aber er verschweigt auch nicht, dass sie um ihres Glaubens willen vieles erleiden mussten (vgl. Hebr 11,33-35).

Mag der Heilige Geist uns befähigen, Wunder zu wirken oder als Märtyrer zu sterben: Durch seine Gegenwart in uns kann unser Leben das Licht Gottes in eine dunkle und bedürftige Welt hinausstrahlen.

Lesen Sie Matthäus 5,15-16. Was ist letztlich der Zweck unserer guten Werke?

____

Ist unser Augenmerk mehr auf den innewohnenden Geist gerichtet, werden wir uns nicht so sehr auf die in uns wirkende Kraft verlassen, sondern vielmehr das Lob Gottes auf dem Herzen haben. Der Heilige Geist befähigt uns, den dreieinen Gott zu ehren und zu loben.

Sinn für unser Leben

Wir sind im Bilde Gottes geschaffen worden. Wenn wir durch den Heiligen Geist eine tiefe Beziehung zu Gott pflegen, können wir auch leben und sein, wie Gott es sich ursprünglich gedacht hat.

Lesen Sie Römer 8,15-16. Was lernen wir durch den Heiligen Geist?

____

Durch den innewohnenden Heiligen Geist wissen wir, dass wir Kinder Gottes sind. Seine Aufgabe ist es, uns anzuleiten, auch wirklich als Gottes Kind in einer engen Beziehung zu unserem himmlischen Vater zu leben. Ist dies dank der Kraft des Heiligen Geistes der Fall, haben wir unsere eigentliche Bestimmung gefunden.

Lesen Sie Johannes 15,11. Was ist das Ergebnis davon, dass wir den Willen Gottes tun?

Die Jünger ahnten gar nicht, wie wörtlich er diesen Satz meinte. Seine Freude war es, in ihnen zu wohnen, was bedeutete, dass er ihre Freude vollkommen machte. Obwohl er zu diesem Zeitpunkt noch leibhaftig *unter ihnen* war, betonte er, dass er *in ihnen* sein werde, sobald der Heilige Geist auf sie käme. Durch die Aussage, dass ihre Freude „völlig" sein werde (Joh 15,11), machte Jesus deutlich, dass er der große „Vervollkommner" ist. Sein Leben macht unser Leben vollkommen. Er gibt unserem Leben Sinn. Er ist unsere Freude und unsere Lebenserfüllung. Das alles ist er für uns, weil der Heilige Geist Gottes Werkzeug für die Begründung und Aufrechterhaltung einer intakten Beziehung zwischen ihm und uns ist. Die Relevanz des Heiligen Geistes für unser Leben lässt sich demnach folgendermaßen auf den Punkt bringen: *Er bewirkt in uns eine tiefe Verbundenheit mit Gott, macht uns Christus ähnlicher, leitet uns in alle Wahrheit, rüstet uns aus für den Dienst und lässt uns unserer Bestimmung gemäß leben.*

Soweit nun dazu, *was* der Heilige Geist in unserem Leben bewirkt. Doch *wie* geschieht das nun konkret? Wie leben wir das Leben mit Gott, das er uns anbietet? Wie und wann sind wir vom Heiligen Geist erfüllt? Um diese Fragen soll es im nächsten Kapitel gehen.

Kapitel 9.4

Ein Leben in der Kraft des Heiligen Geistes

„Kopf zur Seite! Ausweichen! Antäuschen!“, brüllte der Trainer. „Jetzt Deckung!“

Es war zu spät. Jims Partner platzierte einen K.O.-Schlag und beförderte Jim auf die Matte.

„Du hättest diesen Faustschlag abblocken müssen“, meinte der Trainer, als Jim sich mühsam aufgerichtet hatte. „Lass es uns noch mal neu angehen. Den Kampf in ein paar Wochen kannst du nur gewinnen, wenn du die Techniken besser beherrschst.“

Wochenlang quälte sich Jim nun durch ein straffes Trainingsprogramm. Liegestützen. Gewichte heben. Boxsack. Sparring. Spezialdiät. Früh aufstehen – spät zu Bett. Jim gab alles für die Jagd nach dem Goldenen Handschuh – den begehrten Preis im Amateurboxen.

Dann kam der große Tag. Es geschah in der sechzigsten Sekunde der vierten Runde. Jim ging in Deckung, wich aus und täuschte an. Die gegnerische Linke schoss auf ihn zu – und es gelang ihm, sie abzublocken. Nun wurde Jim aktiv. Er täuschte links geschickt an und platzierte dann seine Rechte mit voller Wucht und vollem Erfolg. Sein Gegner ging zu Boden. Die Menge tobte. Jim hüpfte vor und zurück und wartete darauf, dass sein Gegner sich wieder aufrappelte. Doch dieser blieb am Boden liegen.

Als der Schiedsrichter mit erhobener Hand das Ende des Kampfes bekanntgab, riss Jim seine Arme in die Höhe. Er hatte tatsächlich den Sieg errungen.

Jim hatte die Kraft zum Sieg über seinen Gegner aus seinem straffen Trainingsprogramm bezogen, das er konsequent durchgehalten hatte – mit all den Liegestützen, dem Ausdauertraining, dem Fußtechniktraining, der richtigen Ernährung und wochenlanger Übung. Dieses Prinzip lässt sich auf alle Arten von Herausforderungen übertragen: Training und Disziplin ist der Weg, um ein einmal gestecktes Ziel zu erreichen. Doch zu glauben, es wäre ebenfalls der Weg, um ein effektives Christenleben zu führen, ist ein Irrtum. Die Herangehensweise mit Blick auf ein siegreiches Glaubensleben ist eine komplett andere. Die Kraft für einen christusähnlichen Wandel beziehen wir nicht so sehr aus dem, was wir tun, als vielmehr aus dem, was wir *nicht* tun.

Der Apostel Paulus schrieb an die Christen in Galatien, die mit eben dieser Frage haderten, was für ein geisterfülltes und -gewirktes Christenleben nötig ist.

Lesen Sie Galater 3,3.5. Worin lag der Irrtum der Galater?

____

____

Paulus machte deutlich, dass es nicht der Wandel und die guten Werke waren, die Gottes Kraft in ihrem Leben freisetzten.

Lesen Sie 1. Timotheus 4,7-8. Wozu fordert Paulus hier auf?

____

____

Hier scheint Paulus zu betonen, dass eigene Bemühungen und Anstrengungen für einen christusähnlichen Lebenswandel unverzichtbar sind, so wie sie es auch für Jim auf dem Weg zum begehrten Amateurboxerpreis waren. Wie ist es denn nun richtig? Geht es im Leben eines Christen darum, sich selbst anzustrengen, oder genügt es, sich von der Kraft des Heiligen Geistes voranbringen zu lassen, während man sich zurücklehnt und sich auf sein Wirken verlässt? *Der entscheidende Punkt, auf den Paulus zielt, ist die Tatsache, dass manche Formen eigener Anstrengung vonnöten sind und manche dagegen nicht.* Das wirft natürlich sofort die Frage auf, woher wir nun wissen können, welche Bemühungen wir auf uns nehmen müssen und welche nicht.

Wir können sicher wissen, dass wir uns unsere eigene Erlösung nicht durch gute Werke und eigene Anstrengung verdienen können (Eph 2,8-9), und trotzdem gibt es auch Dinge, die wir durchaus tun müssen.

Lesen Sie Galater 5,17. In welchem Kampf steht der Christ ständig?

Bis zu dem Tag, an dem wir sterben, müssen wir uns als gefallene menschliche Wesen mit einer verdorbenen, sündhaften Natur herumplagen. Wenn wir den Heiligen Geist empfangen, tragen wir die von Gott gegebene neue Natur in uns, haben aber immer noch mit unserer alten sündigen Natur zu kämpfen, die dem Ansinnen des Heiligen Geistes zuwider läuft und sich gegen ihn auflehnt. Aus diesem Grund sind immer wieder eigenes Bemühen und geistliche Disziplin gefragt, um ein Gott wohlgefälliges Leben zu führen. Doch auch das reicht nicht aus. So hart wir uns auch selbst disziplinieren und trainieren, werden wir niemals genügend geistliche Muskeln bilden, um unsere sündige Natur aus eigener Kraft zu überwinden. Obwohl geistliche Disziplin also notwendig ist, um unser Augenmerk auf Gott gerichtet zu halten, ist sie nicht das Rezept und die Garantie für ein effektives, Gott wohlgefälliges Leben. Es gehört offenbar noch mehr dazu.

Loslassen ist der Schlüssel

So redlich unsere Versuche auch sein mögen, unserer Neigung zur Sünde zu widerstehen, so niederschmetternd ist die Erkenntnis, dass es uns an innerer Stärke mangelt, ein Leben im Glauben zu führen und Großes für Gott zu vollbringen. Unsere eigene Kraft kann der immer gegenwärtigen Sündhaftigkeit unseres Wesens nicht die Stirn bieten.

Lesen Sie Römer 12,1. Wozu fordert Paulus uns hier auf?

Anstatt also geistliches Muskeltraining zu betreiben in der Hoffnung, die Sünde in unserem Leben damit überwältigen zu können, weist Paulus uns an, unser Leben als Opfer hinzugeben.

Lesen Sie folgende Bibelstellen. Was sagen sie über das alte Leben der Gläubigen aus?

Galater 5,24

Galater 2,19-20

Das bedeutet, dass wir selbst unsere „guten Werke", unser geistliches Bemühen und unsere Selbstsicherheit ans Kreuz nageln sollen.

Wir müssen all unsere Ambitionen, unsere Hoffnungen, Wünsche und Träume, so ehrenwert sie auch sein mögen, Gottes Willen unterordnen. Das bedeutet, dass wir unsere eigenen Fähigkeiten und Talente, unsere guten Werke und unsere Selbsthilfeversuche loslassen und sie für nutzlos erachten müssen. Nur dann können wir unser Vertrauen auf die Güte und die Kraft Gottes setzen.

Als ich (Josh) Christ geworden war, wechselte ich von einem staatlichen College auf das *Wheaton College*, eine christliche Schule. Mein großer Wunsch war es damals, Rechtswissenschaft zu studieren. Ich kann mich noch gut daran erinnern, dass einmal ein Gastdozent da war, der während eines Gottesdienstes davon sprach, dass wir als Studenten all unsere Gaben und Talente Gott zur Verfügung und seinem Willen unterstellen sollen, um dienstbar zu sein. Er bezog sich auf die Textstelle aus Römer 12,1.

Viele Studenten waren angesprochen und motiviert, sich selbst als ein „lebendiges Opfer" zur Verfügung zu stellen. Ich nicht. Ich suchte das Weite und sah zu, dass ich so schnell wie möglich den Hörsaal verließ. Denn ich kämpfte mit einem Stotterproblem. Und ich war grauenhaft in Englisch. Ich stellte mir ernsthaft die Frage, was ich Gott überhaupt zu bringen hatte. Doch plötzlich schoss mir ein Gedanke durch den Kopf. *Du könntest Gott all deine Beschränkungen zur Verfügung stellen.*

Irgendwann verließ ich mal wieder frustriert den Hörsaal und begab mich auf einen Spaziergang. Nachdem ich das Collegegelände verlassen hatte und um die erste Ecke gebogen war, hörte ich eine Schulglocke. Es war genau 11.45 Uhr – Mittagspause in der örtlichen *Junior High School.* Vor der Schule hielt ich an. Schon flogen die Türen auf, und die Schülermassen strömten ins Freie. Ich presste mich gegen einen Telegrafenmast, damit mich die Kinder in ihrer Eile nicht umrannten. Ich war mit einem Mal wie gelähmt. Mir war, als wäre die Zeit für mich persönlich stehen geblieben, als mein Blick über dieses Meer an jungen Schülern glitt, die sich in Zeitlupe an mir vorbei zu bewegen schienen. In diesem Augenblick kam mir das Buch Jesaja in den Sinn, in dem Gott dem Propheten folgende Frage stellt: *„Wen soll ich senden, und wer wird für mich streiten?"* (Jes 6,8). Diese Worte formten sich in meinem Kopf zu einem neuen Kontext. Es war, als würde Gott mir sagen: „Diese jungen Menschen befinden sich in einer tiefen Krise. Sie sind eine verletzte und verletzende Generation. Du hast das, wodurch ich ihnen helfen kann. Also: Wen soll ich senden? Wer wird für mich streiten?"

An diesem Punkt begann ich zu beten: „Herr, alles, was ich an mir selbst wahrnehme, sind meine Begrenzungen und Defizite. Doch wenn du das gebrauchen willst, dann will ich mich dir ganz zur Verfügung stellen, damit du diese Generation durch mich erreichen kannst.“ Mit einem Mal war mein innerer Kampf um eine juristische Karriere wie ausgeknipst. Mein Gefühl der Unzulänglichkeit ließ nach. Und ich empfand die kraftvolle Gegenwart des Heiligen Geistes in meinem Leben.

Eines aber tat ich gerade nicht: Ich machte Gott keine Versprechen, an Seminaren für Jugendleiter teilzunehmen, an meiner Rhetorik zu arbeiten oder eine PR-Firma zu engagieren, um einen möglichst effektiven Dienst für ihn tun zu können. Doch eines tat ich: Ich hörte auf, es aus eigener Kraft zu versuchen und stellte alles, was ich war und hatte, Gott zur Verfügung – und das war wahrlich nicht viel. Und Gott sagte mir genau das zu, was Paulus in 2. Korinther 12,9 schreibt: *„Meine Gnade genügt dir, denn meine Kraft kommt in der Schwachheit zur Vollendung.“*

Wenn Sie und ich unserer Selbstgenügsamkeit, unserer Ichbezogenheit oder auch unserer Selbstablehnung den Rücken kehren und ganz schlicht sagen: „Ich brauche dich, und ich möchte dir gefallen“, dann antwortet Gott, indem er unser Leben gebraucht. Natürlich möchte er auch unseren Gehorsam, doch in erster Linie möchte er *uns*. Er möchte ein williges und hingegebenes Werkzeug.

Lesen Sie die folgenden Bibelstellen. Wozu fordern sie uns auf?

Galater 5,25: ______

Römer 6,13: ______

Lukas 9,23: ______

Und in 1. Johannes 5,4 heißt es: *„Und dies ist der Sieg, der die Welt überwunden hat: unser Glaube.“* Nur durch Hingabe und Unterordnung unter die Leitung des Heiligen Geistes werden die Kraft und die Gegenwart des Heiligen Geistes durch unser Leben sichtbar.

Lesen Sie 2. Korinther 4,7. Wie können unsere Schwächen dazu beitragen, dass Gott verherrlicht wird?

______

Wenn wir ihn ehren statt uns selbst, macht er seine Macht und sein Leben durch uns sichtbar.

Lassen wir los und unterstellen uns Christus, so befähigt uns der Heilige Geist. Und an dieser Stelle kommen dann die geistliche Übung und Disziplin ins Spiel. Soll die Kraft des Heiligen Geistes unser Leben im Einzelnen ausgestalten, müssen wir uns um eine solide geistliche Fitness bemühen. Dies geschieht, indem wir regelmäßig in seinem Wort lesen, das Gespräch mit ihm im Gebet suchen, geistliche Gemeinschaft mit Glaubensgeschwistern pflegen und die „Einander-Gebote" der Heiligen Schrift beherzigen: einander lieben, einander annehmen, einander ermutigen, einander trösten und vieles mehr. Doch wir sollen niemals an den Punkt gelangen, wo wir uns aus uns selbst heraus stark fühlen. Stattdessen tun wir gut daran, die wahre Quelle unserer geistlichen Kraft ständig vor Augen zu haben. Das Bekennen unserer Schwachheiten und Sünden sollte zu einem Lebensprinzip werden.

König David kämpfte mit Dingen wie Stolz, Begierde und Ichbezogenheit. Ungeachtet der Schwächen, die David hatte, bezeichnete Gott ihn als einen Mann nach seinem Herzen. Warum? Weil David verstanden hatte, dass Gott keinen egoistischen, auf eigene Ehre abzielenden Dienst möchte. Er hat Gefallen an Transparenz und Ehrlichkeit.

Lesen Sie Psalm 51,18-19. Über welche Dinge freut Gott sich bei uns?

Weil wir Menschen sind und in ständigem Kampf mit unserer sündigen Natur stehen und täglich versagen, haben wir regelmäßige Buße, Bekenntnis unserer Schuld und die Bitte um Gottes Vergebung nötig.

Lesen Sie Jakobus 4,7-10. Wie reagiert Gott auf unsere Buße?

Wenn wir uns selbst mit all unseren Fehlern, Schwachheiten und unserem Versagen an Gott ausliefern, wird Gott sich uns selbst schenken. Und mit ihm und seiner Gegenwart in der Person des Heiligen Geistes wird aus uns ein zugerüsteter Nachfolger Jesu Christi. Paulus fasst das Ganze in der Aufforderung zusammen *„Werdet voller Geist"* (Eph 5,18).

Die Entdeckung eines geisterfüllten Lebens

Dr. Bill Bright, Begründer der internationalen *Campus-für-Christus*-Arbeit, hat ein Büchlein herausgegeben, das Hunderttausenden Gläubigen um den gesamten Globus geholfen hat, das Geheimnis eines geisterfüllten Lebens zu verstehen. Die folgende Textpassage enthält einen Auszug aus dieser Schrift.

Möchten Sie die Erfahrung eines geisterfüllten Lebens machen, laden wir Sie ein, Ihr Leben Gott anzuvertrauen und sich dem Einfluss des Heiligen Geistes zu beugen. Bitten Sie Gott, die Herrschaft über Ihr Leben zu übernehmen. Sollten Sie den Eindruck haben, dass Sie noch nicht an diesem Punkt angekommen sind, ist es unser Gebet, dass die Lektüre dieser Schrift einen Schritt auf dem Weg zu Gott darstellen möge.

Die wunderbare Entdeckung eines geisterfüllten Lebens

Für einen Christen, der mit dem Heiligen Geist erfüllt ist und ständig unter seiner gnädigen Führung lebt, kann jeder Tag zu einem Abenteuer werden. Die Bibel stellt uns drei verschiedene Menschentypen vor Augen:

1. Der natürliche Mensch

(jemand, der Jesus Christus noch nicht angenommen hat)

„Ein natürlicher Mensch aber nimmt nicht an, was des Geistes Gottes ist, denn es ist ihm eine Torheit, und er kann es nicht erkennen, weil es geistlich beurteilt wird“ (1Kor 2,14).

Ich-zentriertes Leben

- das Ich sitzt auf dem Thron des Lebens
- Christus steht draußen
- Interessen sind selbstgesteuert und führen oftmals zu Zwietracht und Frustration

2. Der geistliche Mensch

(jemand, der vom Heiligen Geitst geleitet und ausgerüstet wird)

„Der geistliche Mensch dagegen beurteilt zwar alles, er selbst jedoch wird von niemand beurteilt. ... Wir aber haben Christi Sinn“ (1Kor 2,15.16).

Christus-zentriertes Leben

- Christus sitzt auf dem Thron des Lebens
- Das Ich stellt sich unter die Herrschaft Christi
- Interessen sind von Christus geprägt und fördern die intakte Gottesbeziehung

3. Der fleischliche Christ

(jemand, der Christus angenommen hat, aber geistlich unter seinen Möglichkeiten lebt, weil er versucht, sein geistliches Leben aus eigener Kraft zu meistern)

„Und ich, Brüder, konnte nicht zu euch reden als zu Geistlichen, sondern als zu Fleischlichen, als zu Unmündigen in Christus ... ihr seid noch fleischlich. Denn wo Eifersucht und Streit unter euch ist, seid ihr da nicht fleischlich und wandelt nach Menschenweise?“ (1Kor 3,1-3).

Ich-zentriertes Leben

- Das Ich sitzt auf dem Thron des Lebens
- Christus wurde entthront und seiner Führungsposition beraubt
- Interessen sind selbstgesteuert und führen häufig zu Frustration und Zwietracht

1. Gott will uns fruchtbringendes geistliches Leben in Fülle geben.

Jesus sagte: *„Ich bin gekommen, damit sie Leben haben und es in Überfluss haben"* (Joh 10,10).

„Ich bin der Weinstock, ihr seid die Reben. Wer in mir bleibt und ich in ihm, der bringt viel Frucht, denn getrennt von mir könnt ihr nichts tun" (Joh 15,5).

„Die Frucht des Geistes aber ist: Liebe, Freude, Friede, Langmut, Freundlichkeit, Güte, Treue, Sanftmut, Enthaltsamkeit. Gegen diese ist das Gesetz nicht gerichtet" (Gal 5,22-23).

„Aber ihr werdet Kraft empfangen, wenn der Heilige Geist auf euch gekommen ist; und ihr werdet meine Zeugen sein, sowohl in Jerusalem als auch in ganz Judäa und Samaria und bis an das Ende der Erde" (Apg 1,8).

Folgende Charaktereigenschaften kennzeichnen einen geistlichen Menschen, der Gott vertraut:

- Liebe
- Freude
- Frieden
- Geduld
- Freundlichkeit
- Treue
- Güte

- das Leben ist Christuszentriert
- wird geführt durch die Kraft des Heiligen Geistes
- macht andere auf Christus aufmerksam
- hat ein aktives Gebetsleben
- versteht Gottes Wort
- vertraut Gott
- gehorcht Gott

Das Ausmaß, in dem sich diese Charakterzüge im Wesen und Leben eines Christen zeigen, wird bestimmt durch die Intensität seines Vertrauens in Gott, seine Bereitschaft, jeden Aspekt seines Lebens der Führung Christi zu unterstellen, und das Maß seiner geistlichen Reife. Jemand, der gerade beginnt, die Bedeutung des Heiligen Geistes für unser Leben zu verstehen, sollte nicht entmutigt sein, wenn er nicht so viel Frucht bringt wie reifere Christen in seiner Umgebung, die diese Erkenntnis schon viel länger verinnerlicht und in die Praxis umgesetzt haben.

Woher kommt es, dass die meisten Christen kein Leben im Überfluss haben?

2. Fleischliche Christen können das fruchtbringende, geisterfüllte Leben im Überfluss nicht erleben.

Der fleischlich gesinnte Mensch verlässt sich in seinem geistlichen Leben auf seine eigenen Anstrengungen:

- Er ist ahnungslos oder blind für die Liebe Gottes, seine Vergebung und seine Macht (Röm 5,8-10; Hebr 10,1-25; 1Jo 1; 2,1-3; 2Petr 1,9; Apg 1,8).
- Seine geistlichen Erfahrungen sind ein einziges Auf und Ab.
- Er versteht sich selbst nicht mehr – er möchte das Richtige tun, aber es gelingt ihm nicht.
- Er versäumt die Möglichkeit, die Kraft des Heiligen Geistes für sein geistliches Leben in Anspruch zu nehmen (1Kor 3,1-3; Röm 7,15-24; 8,7; Gal 5,16-18).

Folgende Charaktereigenschaften oder einige davon kennzeichnen einen fleischlichen Christen – einen Christen, der Christus nicht uneingeschränkt vertraut.

- gesetzliche Haltung
- unreine Gedanken
- Neid
- Schuld
- Sorgen
- Entmutigung
- Kritikgeist
- Frustration
- Ziellosigkeit
- Angst
- Vernachlässigung seines geistlichen Erbes
- Unglaube
- Ungehorsam
- mangelnde Liebe zu Gott und zu anderen Menschen
- fehlendes Gebetsleben
- kein Verlangen nach Gottes Wort

(Derjenige, der behauptet, ein Christ zu sein, aber weiterhin bewusst in Sünde lebt, sollte in Erwägung ziehen, dass er in Wirklichkeit gar kein Christ sein könnte, siehe 1Jo 2,3; 3,6-9; Eph 5,5).

Die dritte Wahrheit liefert uns die einzig mögliche Lösung des Problems ...

3. Jesus verheißt fruchtbringendes Leben im Überfluss als natürliche Folge des Erfülltseins mit dem Heiligen Geist.

Das geisterfüllte Leben ist ein von Christus regiertes und geführtes Leben. Christus lebt in und durch uns in der Kraft des Heiligen Geistes (Joh 15).

- Eine Person wird Christ durch das Werk des Heiligen Geistes gemäß Johannes 3,1-8. Beginnend mit seiner Wiedergeburt wohnt der Heilige Geist dauerhaft in ihm (Joh 1,12; Kol 2,9-10; Joh 14,16-17).
- Auch wenn der Heilige Geist in jedem Christen wohnt, sind nicht alle Christen geistgeleitet und beständig erfüllt mit dem Heiligen Geist.
- Der Heilige Geist ist die Quelle des überfließenden Lebens (Joh 7,37-39).
- Der Heilige Geist kam, um Christus zu verherrlichen (Joh 16,1-15). Ist jemand erfüllt mit dem Heiligen Geist, ist er ein wahrer Jünger Jesu.
- Kurz vor seiner Himmelfahrt verhieß Christus uns die Kraft des Heiligen Geistes, die uns zum Zeugnis für ihn befähigen würde (Apg 1,1-9).

Doch wie wird man mit Heiligem Geist erfüllt?

4. Durch den Glauben werden wir mit Heiligem Geist erfüllt. Dann können wir das fruchtbringende Leben in Fülle erfahren, das Christus uns verheißen hat.

Sie können jetzt mit Heiligem Geist erfüllt werden, wenn Sie ...

- sich aufrichtigen Herzens danach sehnen (Mt 5,6; Joh 7,37-39).
- Ihre Sünden bekennen. Danken Sie Gott durch den Glauben, dass er Ihre Sünden vergeben hat – die vergangenen, die gegenwärtigen und die zukünftigen –, weil Christus für Sie gestorben ist (Kol 2,13-15; 1Jo 1; 2,1-3; Hebr 10,1-17).
- jeden Bereich Ihres Lebens Gott ausliefern (Röm 12, 1-2).
- durch den Glauben die Erfüllung durch den Heiligen Geist in Anspruch nehmen, indem Sie sich auf sein Gebot berufen: Werdet voller Geist.

„Und berauscht euch nicht mit Wein, worin Ausschweifung ist, sondern werdet voller Geist“ (Eph 5,18).

Seine Verheißung: Er wird jedes Gebet erhören, wenn Sie in Einklang mit seinem Willen bitten.

„Und dies ist die Zuversicht, die wir zu ihm haben, dass er uns hört, wenn wir etwas nach seinem Willen bitten. Und wenn wir wissen, dass er uns hört, was wir auch bitten, so wissen wir, dass wir das Erbetene haben, das wir von ihm erbeten haben“ (1Jo 5,14-15).

Woher weiß man, ob man mit dem Heiligen Geist erfüllt ist?

Hören Sie nicht auf Ihr Gefühl. Die Verheißungen des Wortes Gottes sind unsere Autorität und nicht unsere Gefühle. Der Christ lebt durch Glauben an die Vertrauenswürdigkeit Gottes und die seines Wortes. Das Eisenbahnschema veranschaulicht den Zusammenhang zwischen *Tatsache* (Gott und sein Wort), *Glaube* (unser Vertrauen auf Gott und sein Wort) und *Gefühl* (die Folge unseres Glaubens und Gehorsams; siehe Joh 14,21).

Der Zug wird auch ohne Begleitwagen fahren. Doch der Versuch, den gesamten Zug mit dem Begleitwagen zu ziehen, wird erfolglos bleiben. Genauso ist es mit dem Christen und seinen Gefühlen. Wir sind nicht von unseren Gefühlen oder Stimmungen abhängig, sondern machen unseren Glauben von der Vertrauenswürdigkeit Gottes und der seiner Verheißungen abhängig.

Wie wir im Geist wandeln können

Der Glaube (Vertrauen auf Gott und seine Verheißungen) ist die einzige Möglichkeit für einen Christen, ein geistgeleitetes Leben zu führen. Wenn Sie dauerhaft und beharrlich Christus vertrauen,

- wird in Ihrem Leben mehr und mehr die Frucht des Geistes sichtbar werden (Gal 5,22-23), und Sie werden mehr und mehr in das Bild Christi verwandelt (Röm 12,2; 2Kor 3,18).
- wird Ihr Gebetsleben und Ihr Studium des Wortes Gottes effektiver und ertragreicher werden.
- werden Sie seine Kraft erleben, wenn Sie Zeugnis geben (Apg 1,8).
- werden Sie Zurüstung im Kampf gegen die Mächte der Welt (1Jo 2,15-17), gegen das Fleisch (Gal 5,16-17) und gegen die Macht des Teufels erleben (1Petr 5,7-9; Eph 1,19-23; 2Tim 1,7; Röm 6,1-6).

10. Wahrheit

Gottes Reich

Kapitel 10.1

Kriegszustand

Das Leben unter der römischen Herrschaft war für die Juden keine leichte Zeit. Einerseits war die Zeit von enormem religiösem Eifer geprägt, andererseits herrschte aber auch eine tiefgreifende kulturell bezogene Hoffnungslosigkeit. Unter den geistlichen Führern, die die Schriften mit Eifer verkündeten, blühte die Religion. Die meisten Juden beherzigten ihre Lehren bis aufs i-Tüpfelchen genau. Sie hatten von Gott gehört, und die meisten behaupteten auch, an ihn zu glauben. Trotzdem schien sich das religiöse Leben nur in engen Grenzen abzuspielen und hatte kaum sichtbare Auswirkung auf die Kultur als Ganzes. Und doch grassierte die Armut unter den Landpächtern und den entrechteten Sklaven. Die jüdischen Führer unternahmen sehr wenig, um den Armen – Witwen, Waisen, Bettlern, den sozial Ausgestoßenen und steuerlich Belasteten – zu helfen. In Wahrheit unterschied sich das Leben der religiösen Elite in moralischer und ethischer Hinsicht nicht von der römischen Kultur, in der sie lebten.

Mitten in den Wirren gesellschaftlicher Hoffnungslosigkeit gab es eine kleine Gruppe von Männern und Frauen, die einen Silberstreif am Horizont sahen: ihren Messias, dem sie in der Hoffnung nachfolgten, er würde ihr Volk aus der Tyrannei in ein neues Königreich führen, in dem Gerechtigkeit und Herrlichkeit regieren. Diese Nachfolger Jesu sahen in ihm den Schlüssel für ihre gegenwärtigen Alltagsprobleme. Sie begleiteten ihn und wurden Zeugen seiner Lehren, seiner Heilungen, der Speisungen und der Fürsorge für die Bedürfnisse der Menschen. Doch währenddessen fieberten sie dem Startschuss für die Rekrutierung der Armee entgegen, mit der Jesus die römischen Machthaber bezwingen und ein neues Reich aufrichten würde, in dem Wohlstand und Freiheit herrschten.

Doch zu ihrem maßlosen Entsetzen wurde ihr Meister stattdessen verhaftet, musste das Spießrutenlaufen eines gnadenlosen Prozesses über sich ergehen lassen und wurde schließlich am Kreuz hingerichtet. Sie waren wie gelähmt. Ihre Hoffnung auf Befreiung vom Joch der römischen Besatzung zerbarst, und in ihrer Verzweiflung ergriffen sie die Flucht und versanken in Hoffnungslosigkeit. Doch dann, am ersten Tag der darauf folgenden Woche, trauten sie Augen und Ohren nicht, als das Unmögliche offensichtlich geschehen war: Jesus war von den Toten auferstanden. Die kleine Schar schöpfte neuen Mut, und neue Hoffnung keimte auf, dass das versprochene Königreich am Ende doch noch entstehen könnte. Ein besseres Aushängeschild für eine siegreiche Armee als einen Führer, der sogar den Tod bezwungen hatte, konnte es doch gar nicht geben! Sie waren bereit. Sie waren begeistert. Und sie konnten es kaum abwarten.

Nach der Auferstehung hatten sie des Öfteren Gemeinschaft mit Jesus, und immer thematisierte dieser das kommende Reich. Schließlich fragten sie ihn: *„Herr, stellst du in dieser Zeit für Israel das Reich wieder her?“* (Apg 1,6).

Welche Antwort gab Jesus den Jüngern auf diese Frage? (Apg 1,7)

Er entgegnete, dass es allein Sache des Vaters sei, solche Dinge festzulegen und die Jünger es gar nicht wissen müssten. Darüber hinaus kündigte er ihnen an, dass er sie erneut verlassen werde. Doch er versprach ihnen, den Heiligen Geist zu senden, der sie mit Kraft ausrüsten und befähigen würde, seine Botschaft auszubreiten.

Lesen Sie Apostelgeschichte 1,8. Wie verlief die „Marschroute“ der Jünger?

Zweifellos haben solche Antworten die Jünger noch mehr verwirrt. Warum wollte Jesus nicht selbst das Königreich aufrichten und dessen Herrscher sein? Warum wollte er sie nun in diesem Augenblick des Triumphes wieder im Stich lassen? Und wie sollten sie dieses Reich nun gründen ohne ihn als König? Dann entschwand Jesus tatsächlich vor ihren Augen und fuhr gen Himmel. So wie er in den Wolken verschwand, schwand auch ihre Hoffnung. Wir können ihre Verwirrung nur ansatzweise nachfühlen, als sie nun langsam den Ölberg hinabstiegen und niedergeschlagen in Richtung Jerusalem trotteten.

Wahrscheinlich gingen sie lange schweigend nebeneinander her, jeder von ihnen versunken in seiner persönlichen Verzweiflung. Stellen wir uns einmal vor, dass

Philippus das Schweigen schließlich brach: „Ich verstehe das einfach nicht, Petrus! Ich dachte, er würde unser Königreich wieder aufrichten!"

„Ich verstehe es auch nicht", entgegnete Petrus kopfschüttelnd. „Praktisch alles, was er uns lehrte, drehte sich doch um eben dieses Reich, und jedes einzelne Wort darüber habe ich förmlich verschlungen. Immerhin war ich bereit, mein Fischereigewerbe aufzugeben, um ihm mit Haut und Haaren nachzufolgen, weil ich mich berufen fühlte, da mitzumachen."

„Ich auch", schaltete sich nun Jakobus ein. „Ich habe noch nie jemanden erlebt, der so treffend auf die Missstände und Nöte hinwies und ihnen begegnete, wie Jesus es tat. Er heilte die Menschen, er liebte sie, er predigte die radikale Umkehr, er gab den Hungrigen zu essen. Meine Güte, und wie er mit den religiösen Führern umsprang! ... Er wusste eben, dass sie der leidenden Welt nichts zu bieten hatten. Sie sind genau das, als was er sie einmal bezeichnete: weißgetünchte Gräber. Er war unsere Hoffnung. Ich dachte wirklich, er würde eine große Bewegung gründen und anführen, die alles verändern würde!"[1]

In der Tat war Jesus der Führer eines Königreiches, das alles verändern sollte. Doch Jesu Vorstellung von einem Königreich war nicht zu vergleichen mit der seiner Jünger und der restlichen Weltbevölkerung. Was war denn nun dieses „Reich", das er ankündigte?

Der römische Befehlshaber Pontius Pilatus hatte versucht, etwas Klarheit hinsichtlich dieser Frage zu erlangen, als Jesus vor ihn gebracht wurde. Er fragte Jesus ganz direkt, ob er der König der Juden sei. Er wollte seine politischen Ambitionen ausloten.

Lesen Sie Johannes 18,36. Welche Information gibt Jesus hier über sein Reich?

____

____

Das verwirrte Pilatus nur noch mehr. Das Reich Jesu war nicht von dieser Welt? *Doch was für ein Reich mag das denn dann sein?*, hat sich der Machthaber wahrscheinlich gefragt. *Ein König und ein Reich nicht von dieser Welt? Wie seltsam.*

Es ist auch seltsam, wenn man mit Jesu Vorstellung von einem Königreich nicht vertraut ist. Jesus ging es nicht darum, das Römische Reich zu bezwingen. Seine Gegner waren weder die Römer noch die jüdische Führungselite. Sein Gegner war Luzifer, sein Erzfeind. Als Adam und Eva sündigten, hielt Satan Einzug in diese Welt und machte sie zu seinem Reich – das Reich der Finsternis. Jesu Augenmerk war also nicht auf menschliche Regierungen gerichtet; es war auf Satans Weltordnung gerichtet. Jesus kam auf die Erde, um den Anspruch an seiner verlorenen Schöpfung geltend zu machen und den Beziehungskreislauf zwischen dem dreieinen Gott und den Menschen wiederherzustellen. Das Reich Gottes sieht ein vollkommenes Beziehungsgeflecht vor, in dem Gottes Kinder ihren Herrn lieben und ihn anbeten und gemeinsam in den Genuss der Herrlichkeit kommen, die ihnen sein unbegrenztes Herrschaftsgebiet zu bieten hat.

Genau das hatte Gott ursprünglich mit Adam und Eva geplant. Die sichtbare Umgebung, in die er das erste Menschenpaar platziert hatte, sollte das Reich sein, das er ihnen zum Erbteil geben wollte. Die treibende Kraft dieses Gottesreichs auf Erden sollte die unangefochtene und ungetrübte Gemeinschaft zwischen Gott und seinen Menschen sein. Er, die Quelle allen Lebens, aller Liebe und Güte, hätte dieses irdische Reich zu seinem Reich gemacht – einem ewigen Reich.

Doch die Sünde zerstörte diese Beziehung zwischen Gott und Mensch. Bevor aus dem irdischen Reich das Reich Gottes werden konnte, übernahm Satan das Ruder.

Lesen Sie 1. Johannes 5,19. Welche Aussage macht Johannes hier über die Welt?

Satan entriss den Kindern Gottes das Reich ihres Vaters. Seitdem existieren zwei Reiche: das Reich dieser Welt, dessen König Satan ist; und das Reich der Himmel, das von Gott regiert wird. Das bedeutet auch, dass wir inmitten eines Machtkampfes zwischen zwei Königreichen stehen, die sich im Kriegszustand befinden.

Der Konflikt ist also nicht so sehr politischer Natur, wie Pilatus es annahm. Es dreht sich auch nicht um kulturelle Streitpunkte. Die Feindesseite besteht nicht in erster Linie aus feindlich gesinnten Menschen oder vom Bösen durchdrungenen Machtapparaten dieser Welt. Der Krieg wird zwischen Gott und Satan ausgefochten. Und wir als Nachfolger Christi stehen in diesem Kampf an der Seite Christi.

Lesen Sie Epheser 6,12. Wogegen richtet sich unser Kampf als Nachfolger Jesu?

Und wenn wir Jesu Sicht der Welt zu unserer eigenen machen und sie umsetzen wollen, sind wir automatisch an diesem Konflikt beteiligt, in dem es darum geht, Satans Reich zu bezwingen – das Reich dieser Welt, damit Christi Reich seine Stelle annehmen kann.

Als Gott diese Erde vor 2000 Jahren betrat, ließ er Satan wissen, dass sein Reich dem Ende zugeht und der Sieg des himmlischen Reiches bevorsteht. Jesus betrachtete diese Welt als ein gestohlenes Reich, das der vorübergehenden Herrschaft des Feindes unterstand, die sich ihrem Ende zuneigte. C.S. Lewis hat es so formuliert, dass Christen auf dieser Erde in einem „feindlich besetzten Gebiet" leben. Ihre Loyalität gehört jedoch ihrem Befehlshaber Jesus, dem Anführer der geistlichen Widerstandsbewegung, der sie aus der Macht des feindlichen Gewaltherrschers befreit.

Unterschiedliche „Weltanschauungen"

Eines Tages wird Jesus als siegreicher König zurückkehren und sein ewiges Reich aufrichten. Doch bis zu diesem Tag werden wir ausgerüstet mit der Kraft des Heiligen Geistes den Kampf weiterkämpfen. Es ist ein geistlicher Kampf zwischen zwei unterschiedlichen Herrschaftskonzepten oder Weltanschauungen. Jesus ist immer noch König und kein irdischer Herrscher auf politischem Parkett.

Er ist der Herrscher eines Königreiches, das auf ganz anderen Grundannahmen aufgebaut ist – Grundannahmen, die auf Wahrheit basieren und völlig andere Prioritäten, Werte und Verhaltensmuster zur Folge haben. Kurz vor seiner Kreuzigung brachte er gegenüber Pilatus ganz klar zum Ausdruck, dass er wirklich ein Königreich befehligte.

Lesen Sie Johannes 18,37. Wie beschreibt Jesus seine Sendung in die Welt?

Und diese Wahrheit steht in krassem Widerspruch zu den Grundannahmen der Welt um uns herum.

Lesen Sie Matthäus 4,17.23. Was war der Inhalt von Jesu Predigt und Dienst?

Die von Jesus proklamierte Wahrheit über das Reich hatte nichts mit Macht oder Politik zu tun, nichts mit irdischen Autoritäten oder Königsthronen, nichts mit Hoheitsgebieten oder besetzten Zonen. Seine Wahrheit handelte vom menschlichen Herzen und der sündigen Natur, von Einstellungen und vom menschlichen Verhalten, von Liebe und Beziehungen. Seine Botschaft forderte eine komplette Veränderung des persönlichen Lebens. Und diese Veränderung war radikal.

Die Menschen damals hatten noch nie etwas Vergleichbares gehört. Das jüdische Gesetz verbot die Tötung eines Menschen. Doch Jesus sagte, dass der Hass gegen einen Menschen gleichzusetzen sei mit Mord. Das jüdische Gesetz verbot den Ehebruch. Doch Jesus sagte, dass derjenige, der eine Frau ansah und begehrte, in seinem Herzen bereits ein Ehebrecher sei. Die jüdischen Führer lehrten, dass man „seinen Nächsten lieben und seinen Feind hassen“ solle. Jesus gebot, die Feinde zu lieben. Jesus lehrte, man müsse sterben, um zu leben, geben, um zu empfangen, sich beugen, um erhöht zu werden und Letzter sein, um Erster zu werden. Damals begriffen es die Menschen nicht wirklich, und heute ist es immer noch ähnlich. Das ist eines der Kennzeichen des neuen Königreiches, das Jesus uns vorstellt: Es eröffnet eine neue Sichtweise auf Gott und auf uns selbst, auf das Leben und unsere Beziehungen. Es ist eine Weltanschauung, die von Gott und seinem Wort durchdrungen ist. Und auch nur diejenigen, die geistliche Umkehr und Veränderung erlebt haben und ein neues Leben in einer lebendigen Beziehung mit Gott führen, können es begreifen.

Lesen Sie 1. Korinther 2,12-14. Was ist die Quelle der Weltanschauung Jesu? Worauf gründet sich die Weltanschauung ohne Gott?

Jesu Weltanschauung verdeutlicht, was Sünde und die Trennung von Gott aus den Menschen und der gesamten Schöpfung gemacht haben. Das Dilemma, in dem sich das jüdische Volk damals und auch wir heute befinden, ist nicht in erster Linie ein materielles, politisches oder physisches, das sich mit materiellen, politischen oder physischen Mitteln lösen lässt. Natürlich haben wir heutzutage auch mit physischen, wirtschaftlichen, sozialen, moralischen, ethischen und umwelttechnischen Problemen zu kämpfen. Gleichwohl hat Jesus gesagt, dass alle unsere Probleme einer geistlichen Lösung bedürfen. Und diese geistliche Lösung *„ist Torheit“* in den Augen der meisten Menschen.

Lesen Sie 1. Korinther 1,18. Was ist Gottes Lösung für diese Welt in den Augen vieler Menschen?

Auch den Jüngern Jesu leuchtete es damals nicht ein, weil es ihre Prioritäten auf den Kopf stellte. Sie hatten sich die Weltanschauung des Reiches Gottes noch nicht zu Eigen gemacht. Doch als der Heilige Geist sie erfüllt hatte, betrachteten sie das Leben und den Tod aus einem anderen Blickwinkel. Jetzt erkannten sie, dass Jesus sein Reich in Wahrheit schon aufgerichtet hatte – denn seine Herrschaft begann überall dort, wo er tief im Herzen derer einzog, die sich ihm anvertrauten. Das Reich blieb fortan nicht länger ein Konzept oder eine Art zu denken. Es wurde vielmehr ein Weg, um in Kontakt mit Gott zu treten und in seiner Welt zu leben. Und heute ist es nicht mehr nur die eine Person Jesus, die die Bewegung des Reiches Gottes vorantreibt, sondern es sind Tausende von Christen, die die Botschaft verkündigen durch die Art und Weise, wie sie ihr Leben gestalten. Dank des Todes und der Auferstehung Christi sowie der innewohnenden Gegenwart des Heiligen Geistes kann der Anführer dieser Bewegung nun durch seine Nachfolger wirken und so die Wahrheit des Reiches Gottes leben und verkündigen.

Wir glauben an die Wahrheit, dass Jesu Leben und Botschaft, die das Reich Gottes verkündigten, entscheidend für unsere biblische Sicht aller Dinge ist. Es ist diese biblische Sicht der Dinge, die uns nicht nur ein realistisches Bild von Gott, von der Geschichte des Menschen, vom Leben, von Beziehungen, vom Tod und von der zukünftigen Welt vermittelt, sondern auch davon, wie man in dieser Welt mit Bezug zum Übernatürlichen leben und existieren kann.

Die Weltanschauung des himmlischen Reiches – der Weg des Christus – mag zwar eine geistliche Sicht der Dinge sein, aber betrifft jeden einzelnen Bereich des Lebens. Jesu Sicht der Dinge begründet einen ganz bestimmten Lebensstil und einen Blick für das, was wirklich wahr ist, für die Art und Weise, wie Gott sich den Menschen ursprünglich gedacht hat und für die Kraft zum Leben, die aus der Beziehung zu Gott hervorgeht. Wenn wir die Dinge aus Gottes Blickwinkel betrachten und in Angriff nehmen, wirken wir der Dunkelheit, der Ungerechtigkeit und dem Bösen in unserer Welt entgegen. Und das wiederum trägt zur Lösung der physischen, wirtschaftlichen, sozialen, moralischen, ethischen und umwelttechnischen Probleme des Lebens bei. Wie bereits schon erwähnt, wird Gottes neue Weltordnung, die Jesus in seine Nachfolger bereits hineingelegt hat, eines Tages zu einer ewig gültigen und alles durchdringenden Weltordnung werden, die in einem neuen Himmel und einer neuen Erde Gültigkeit hat, wo es weder Sünde, noch Schmerz, weder Leid noch Tod geben wird. Doch solange dieses endgültige und ewig währende Reich des Himmels das irdische Reich noch nicht abgelöst hat, sollen wir seine Zeugen sein, seine Mitstreiter im Kampf gegen die Finsternis und die Botschafter der Weltanschauung Jesu, die wir für alle sichtbar ausleben sollen.

Was sollen wir tun, um eine neue Weltsicht zu bekommen?

Römer 12,2: __________

____

2. Korinther 5,10: __________

____

Daher gilt Folgendes:

In dem gesamten Kurs haben wir damit begonnen, die Wahrheiten eines biblischen Weltbildes zu betrachten, die wir verinnerlichen und in die Tat umsetzen sollen. Und obwohl diese Wahrheiten in erster Linie geistlicher Natur sind, haben sie doch ganz erheblichen Einfluss auf unsere Art zu leben und Beziehungen zu gestalten. Deshalb sollte eine auf Gottes Reich basierende Sicht der Dinge unsere Umgebung nachhaltig positiv beeinflussen. Und das ist auch tatsächlich der Fall.

Kapitel 10.2

Der Einfluss des Reiches Gottes auf die Welt

„Religion vergiftet alles“[1] – dieser Satz stammt von dem zeitgenössischen Atheisten Christopher Hitchens. Und Friedrich Nietzsche, ein Atheist und Philosoph des 19. Jahrhunderts, schrieb in seinem Werk *Der Antichrist* Folgendes:

> *Ich verurteile die Christenheit. Ich bringe die schlimmste aller Anklagen gegenüber der christlichen Kirche vor, die ein Ankläger jemals in den Mund genommen hat. Für mich ist sie der größte überhaupt denkbare Betrug. Ihr betrügerisches Ansinnen will in alle Winkel vordringen und alles mit ihrer Lasterhaftigkeit durchwirken. Jeden Wert hat sie in Wertlosigkeit verkehrt, jede Wahrheit in eine Lüge, und alle Integrität in eine bodenlose Niederträchtigkeit der Seele.*[2]

Für manchen stellt sich die Christenheit als ein durchtriebener Herrscher dar, der dem Menschen seinen Willen aufzwingen will und die freie Entfaltung der Menschheit zu behindern droht. Zwar hat es in der Geschichte tatsächlich solche Fälle gegeben, in denen Menschen unter dem Deckmantel des Christentums Kriege angezettelt, Menschen versklavt und dem Namen Christi Unehre bereitet haben. Doch solche Beispiele sind nur ein kleiner, trauriger Teil eines großen Ganzen. Gleichwohl kann man beobachten, dass die Weltanschauung des Reiches Gottes positivere und förderlichere Beiträge zum gesellschaftlichen Wohlergehen beigesteuert hat als jede andere Bewegung in der Geschichte der Menschheit. Greift man einige dieser Aspekte positiver Einflussnahme einmal exemplarisch heraus, sind sicherlich folgende Bereiche dabei:

- die hohe Wertschätzung des menschlichen Lebens
- Fürsorge für die Kranken durch die Gründung von Krankenhäusern
- Alphabetisierung und Bildung für alle Gesellschaftsschichten
- Abschaffung der Sklaverei in der westlichen Welt
- Gleichstellung der Frau
- Etablierung hoher Standards im Justizwesen und im Bereich der Bürgerrechte
- Gründung von Mildtätigkeits- und Wohlfahrtseinrichtungen
- Förderung von Kunst und Musik
- Motivation und Grundlage für die moderne Wissenschaft

Atheisten und andere Kritiker des Christentums schweigen sich darüber aus, dass es die menschliche Neigung zum Egoismus ist, die so viel Leid und Unheil über die Menschheit gebracht hat. Das Christentum ist vielmehr das Gegengift zur Behandlung dieser schädlichen Neigung, denn die Botschaft und auch die Kraft Christi richten sich gegen genau dieses zentrale Problem der Ich-Bezogenheit.

Ich-Bezogenheit oder ein leidenschaftliches Herz für den Nächsten?

Habgier, Korruption, Machtmissbrauch und eine grundlegende Gleichgültigkeit gegenüber anderen wurzeln alle in dem Phänomen der Ich-Bezogenheit. Lässt man die menschliche Natur gewähren, wird sie immer wieder Wege suchen, die auf Kosten anderer zu ihrem eigenen Vorteil führen. Auf der anderen Seite der Gleichung steht die Gleichsetzung der Bedürfnisse und Nöte der anderen mit den eigenen, woraus Wohlwollen, Harmonie und Fürsorge für den Nächsten folgen. Dies ist das Zentrum der Verkündigung Jesu gewesen – offensichtlich also ein Punkt, der Gott sehr am Herzen liegt.

Jesus hatte ein liebendes Herz, das ihn dazu drängte, dem Nächsten den Vorrang zu geben, und eben dieses christusähnliche Herz hat seine Nachfolger dazu befähigt, Gutes in der Welt zu bewirken.

Lesen Sie Matthäus 7,12. Welches Prinzip für den Umgang mit anderen nennt Jesus hier?

____

____

Der Fokus auf die Interessen der Mitmenschen, speziell der Bedürftigen, ist eines der Herzstücke der christlichen Weltanschauung. *„Er wurde innerlich bewegt“* – diesen Ausdruck gebraucht die Bibel sehr häufig, um die liebende und mitfühlende Gemütsregung Jesu zu beschreiben.

Lesen Sie die folgenden Bibelstellen und notieren Sie, worüber Jesus *innerlich bewegt* war.

Matthäus 9,36:

Matthäus 14,14:

Matthäus 15,32:

Matthäus 20,34:

Markus 1,41:

Markus 6,34:

Markus 8,2:

Jesus hatte ein liebendes Herz, das ihn dazu drängte, dem Nächsten den Vorrang zu geben. Und eben dieses christusähnliche Herz hat seine Nachfolger dazu befähigt, Gutes in der Welt zu bewirken.

Der Kern des biblischen Weltbilds betrifft die Sorge um die Bedürfnisse des Nächsten.

Lesen Sie Philipper 2,3-4. Welche Anweisung gibt Paulus hier für den Umgang miteinander?

Diese Leidenschaft für den Nächsten ist nicht nur heutzutage eine sehr außergewöhnliche Botschaft, sondern sorgte auch zu Lebzeiten Jesu für Aufruhr. Im Römischen Reich des ersten Jahrhunderts war Sklaverei an der Tagesordnung. Die Abtreibungsrate stieg. Eltern entledigten sich der Babys, die irgendwelche Missbildungen aufwiesen. Frauen hatten keine Rechte und wurden als Leibeigentum ihrer Männer betrachtet.

Lesen Sie Jakobus 1,27. Was ist die Antwort der Christen auf die Praxis der damaligen Zeit?

Die ersten Christen wehrten sich gegen die übliche Praxis, dass man ausgesetzte Neugeborene und Waisenkinder auf den Straßen umkommen ließ. Dementsprechend lasen sie die Kinder auf und zogen sie zu Hause wie ihre eigenen auf. Warum taten sie das? Es war das christusähnliche Herz, das *„innerlich bewegt"* und in ihrem Leben sichtbar wurde. Die ersten Christen waren davon überzeugt, dass jeder – auch die Armen, Obdachlosen, Kranken und Behinderten – als Ebenbild Gottes geschaffen wurde und daher einen unschätzbaren Wert und eine unantastbare Würde besaß. Schon im dritten und vierten Jahrhundert war dieser Einfluss der Weltanschauung Jesu sehr verbreitet. Sherwood Wirt, der Autor des Buches *The Social Conscience of the Evangelical* (Das soziale Gewissen des evangelischen Christen), dokumentierte den Einfluss des Christentums um 500 n. Chr.:

> Sowohl Kaiser Konstantin (280-337) als auch Kaiser Justinian (483-565) setzten viele Gesetzesreformen durch, die dem Einfluss des Christentums zu verdanken sind. Zügellosen und grausamen Sportarten wurde Einhalt geboten; neue Gesetze zum Schutz der Sklaven, Gefangenen, verkrüppelten Männer und ausgestoßenen Frauen traten in Kraft. Kinder bekamen grundlegende Rechte zugesprochen. Das Aussetzen von Kindern wurde verboten. Der Status der Rechtlosigkeit von Frauen wurde zugunsten der Einführung einer gesicherten Rechtsposition abgeschafft. Krankenhäuser und Waisenhäuser wurden errichtet und nahmen sich der Findelkinder an. Persönliche Fehden und private Kriegsführung wurden eingedämmt ... Das Brandmarken von Sklaven wurde unterbunden.[3]

Lesen Sie Lukas 10,30-37. Wo erkennen Sie im Verhalten des Samariters ein christusähnliches Herz?

Es waren Christen mit einem mitfühlenden, christusähnlichen Herzen, die sich um Menschen kümmerten, die die Gesellschaft vergessen hatte. Es waren Christen, die hinausgingen zu den Blinden, den Lahmen, den Gebrechlichen, den psychisch Kranken und den Benachteiligten, obwohl kein anderer es tat. Und diese Bemühungen haben Auswirkungen bis auf den heutigen Tag.

Oftmals gehen große Taten der Nächstenliebe und Fürsorge für andere auf die Hingabe und das Opfer eines einzelnen Nachfolgers Jesu zurück.

Basilius von Caesarea war Bischof in Klein-Asien im 4. Jahrhundert. Er schrieb: „Ich hatte so viel Zeit mit Nichtigkeiten und meine ganze Jugend mit eitlen Beschäftigungen verschwendet ... Plötzlich erwachte ich wie aus einem tiefen Schlaf. Das wunderbare Licht der Wahrheit des Evangeliums stand mir klar vor Augen, und ich erkannte die Nichtigkeit der Weisheit der Mächtigen dieser Welt."[4] Aufgrund dieser vom Reich Gottes ausgehenden Sichtweise wurde Basilius zum Streiter für die gesellschaftlich Ausgestoßenen und zum Helfer für die Armen, Kranken und Prostituierten. Er schuf einen großen Komplex vor den Toren Caesareas, der aus einem Armenhaus, einem Hospiz und einem Krankenhaus bestand. Das mitfühlende, christusähnliche Herz des Basilius und sein unermüdliches, aufopferndes Wirken waren weithin bekannt.

William Booth kam 1865 als Wanderprediger in die Slums des Londoner East Ends. Zu dieser Zeit lebten Tausende auf der Straße und schliefen dort, wo sie Unterschlupf finden konnten. Essen war Mangelware, und so prostituierten sich um die 80.000 junge Frauen, um überhaupt überleben zu können.[5] William und Catherine Booth gründeten daraufhin die Heilsarmee, „um die lebende Hölle der Heimatlosen zu Gemeinschaften von selbsthilfefähigen Familien zu machen, die für ihren eigenen Unterhalt sorgen können."[6]

Wo finden Sie in diesem Dienst Christusähnlichkeit?

Matthäus 9,11: ______________________________

____

Lukas 15,1: ______________________________

____

Heute arbeitet und wirkt die Heilsarmee in 118 Ländern und bietet Programme in 175 Sprachen an. Es ist die größte unpolitische Organisation in Großbritannien, die sich um sozial Bedürftige kümmert, und eine der größten sozialen Organisationen der Welt, die mehr als 32 Millionen Menschen allein in den USA unterstützt. Die mitfühlende, christusähnliche Bewegtheit eines einzelnen Ehepaares hat eine Bewegung hervorgebracht, in der über 4,5 Millionen ehrenamtliche Mitarbeiter im Dienst der Bedürftigen dieser Welt stehen.[7]

Jean-Henri Dunant wurde 1828 in Genf in der Schweiz als Kind hingegebener christlicher Eltern geboren. Schon als Kind begleitete er seine Mutter, wenn diese die Bedürftigen und Kranken in den Vororten von Genf besuchte. Bereits in so jungen

Jahren wurde er Zeuge schwerer menschlicher Schicksale und bitterer Armut. Diese Erfahrungen hinterließen einen tiefen Eindruck bei dem jungen Henri.

Im Jahre 1859 reiste er nach Italien und erlebte dort die Schlacht von Solferino mit. Er sah, wie fast 40.000 verwundete Soldaten auf dem Schlachtfeld um Hilfe flehten. Im Herzen tief bewegt überredete er die Militärführer, so viel medizinisches Personal wie nur möglich zu rekrutieren, um den Verwundeten zu helfen – ob Freund oder Feind. Kirchen und Privathäuser wurden zu provisorischen Lazaretten umfunktioniert. Dunant setzte alles daran, formale Richtlinien hinsichtlich der medizinischen Versorgung der Verletzten für die Dauer des gesamten Konflikts mit dem Militär auszuhandeln.

Seine Bemühungen mündeten in die Gründung einer nationalen Rote-Kreuz-Organisation und im Abschluss der Genfer Konvention, die festlegte, wie Armeen im Kriegszustand mit verletzten Soldaten umzugehen hatten. Heute ist das Internationale Rote Kreuz die größte humanitäre Organisation mit weltweit 186 nationalen Mitgliedsorganisationen.[8] Jesus wurde „innerlich bewegt", und über Jahrhunderte hinweg sorgte er dafür, dass auch seine Nachfolger innerlich bewegt waren und aus dieser Haltung heraus das Leid der Verwundeten und Sterbenden linderten.

Fallen Ihnen Menschen ein, vielleicht Menschen aus Ihrer Umgebung, die auch „innerlich bewegt" sind und anderen dienen?

Es gibt auch nicht den Hauch eines Zweifels daran, dass das Christentum eine mächtige Kraft des Guten in unserer Welt darstellt. Die Weltanschauung Jesu war es, die viele seiner Nachfolger dazu bewegte, sich für den Schutz der Kinder und der Ungeborenen, für Gesetze gegen Kinderarbeit, für die Trennung von Staat und Kirche, für Freiheit und Gerechtigkeit, für die Bedürftigen, für die Abschaffung der Sklaverei in der westlichen Welt und für die moderne Wissenschaft einzusetzen. Sie bauten Universitäten und Krankenhäuser, warteten mit musikalischen Neuerungen auf und waren federführend in der Förderung der Schriftsprache.[9]

Während die Errungenschaften solcher diakonischer Berühmtheiten wie Basilius von Caesarea, William Booth, Henri Dunant und vieler anderer natürlich spektakulär sind, stellen sie lediglich ein Beispiel der unzähligen Menschen dar, die das Leben auf dieser Erde mit ihren Taten der Nächstenliebe positiv beeinflusst haben. Heute gehen viele christliche Organisationen hinaus in die Welt, um Menschen Hoffnung und Heilung zu bringen. Ich selbst (Sean) machte meine ersten diesbezüglichen Erfahrungen durch Einsätze in der ehemaligen Sowjetunion mit *Operation*

Carelift. Diese Organisation wurde von meinem Vater (Josh) gegründet; sie hielt medizinische Hilfe für Bedürftige bereit und versorgte diese Menschen mit ausreichend Kleidung. Ich habe an mehreren Hilfseinsätzen teilgenommen und selbst erlebt, was in die Tat umgesetzte Liebe Christi im Leben von Menschen bewirken kann.

Es sind eben diese Nachfolger Jesu, die so enormen positiven Einfluss auf ihre Umgebung haben, obwohl die Gesellschaft ihnen meistens keine Beachtung schenkt. Die in die Tat umgesetzte Weltanschauung Jesu Christi in Ihrem und meinem Alltag ist es, die den Unterschied ausmacht. Durch jeden von uns, der sich Jesus Christus zur Verfügung stellt und sein Leben nach Gottes Vorstellungen gestaltet, kann er mächtig wirken.

Kapitel 10.3

Die Welt mit Jesu Augen sehen

„Ich kann es kaum fassen! Was für Frechheiten sich dieser Kerl herausnimmt!" Marks Stimme klang scharf.

„Welcher Kerl denn?", wollte Chris wissen und lehnte sich neugierig vor.

„Na – dieser Erik, dieses neue mustergültige Modell in der Marketingabteilung!" Marks Tonfall wurde zunehmend sarkastisch. „Wenn er denkt, er kommt damit durch, dann hat er sich aber gewaltig geschnitten."

„Womit kommt er durch?", fragte Chris ungeduldig. „Worum geht es überhaupt?"

„Letzte Woche wollte er ein paar Ideen für die neue Produktlinie von mir haben", berichtete Mark nun bitter. „Er wusste genau, dass ich viel Zeit und Kreativität in die Vorschläge gesteckt hatte. Und was tut er? Präsentiert der Chefetage meine Vorschläge und heimst den ganzen Beifall dafür ein!"

„Das ist natürlich extrem unfair", pflichtet Chris ihm bei.

„Aber glaub bloß nicht, dass er damit durchkommt", schnaubte Mark. „Ich werde persönlich dafür sorgen, dass er mit Pauken und Trompeten untergeht!"

Jeder von uns hat schon einmal Situationen erlebt, in denen er ungerecht behandelt wurde. Täglich geschieht es, dass Menschen sich auf Kosten anderer Vorteile verschaffen. Wir leben in einer Ellenbogengesellschaft, in der „der Mensch dem Menschen ein Wolf" ist. Und es ist auch natürlich, dass wir ein inneres Bedürfnis nach Vergeltung haben. Doch die Gerechtigkeit nach den Maßstäben dieser Welt unterscheidet sich grundlegend von der des Reiches Gottes. Beim genaueren Hinsehen gibt es noch nicht einmal Überschneidungen.

Lesen Sie Johannes 17,14-16. Worum betet Jesus für seine Jünger?

Jesus betete für uns, dass wir, obwohl wir in der Welt leben, nicht nach ihren Spielregeln verfahren. Damit wir zu einer solchen Unterscheidung überhaupt fähig sind, bedarf es einiger Veränderungen. Wir sollen uns nicht mehr länger von den Ansichten und Wertvorstellungen dieser Welt abhängig machen, sondern einzig und allein von Christus. Und auf der Grundlage dieser Beziehung zu Christus übernehmen wir seine Lehre und sein Wertesystem. Und aus diesem komplett anderen Wertesystem folgt ein dementsprechend anderes Handeln. Anstatt also wie beispielsweise in Marks Fall nach Vergeltung zu trachten, verhalten wir uns so, wie Jesus es uns am Kreuz vorlebte.

Lesen Sie 1. Petrus 2,23. Wie verhielt Jesus sich, als er am Kreuz hing?

Wie Mark oder auch wir in solchen Situationen reagieren, hängt ganz von einigen Grundannahmen bezüglich des menschlichen Zusammenlebens ab. Marks Einstellung, die Vergeltung verlangte, hat ihren ganz konkreten Ursprung. Verständlicherweise fühlte er sich übervorteilt und ausgenutzt, weil sein Kollege die Lorbeeren für seine Arbeit erntete. Doch warum wollte Mark sich dafür rächen? Was führte zu diesem konkreten Entschluss? Die Entscheidungen, die wir treffen, unsere Lebensansichten und unsere Reaktionen auf konkrete Situationen beruhen auf einigen Grundannahmen hinsichtlich des menschlichen Miteinanders. Und diese Grundannahmen bestimmen auch unsere Weltanschauung.

Warum unsere Weltanschauung eine wichtige Rolle spielt

Jeder von uns hat bestimmte Grundannahmen bezüglich Gott, bezüglich sich selbst und bezüglich des Lebens im Allgemeinen, die sich mit der Zeit vor dem Hintergrund unserer bisherigen Erfahrungen und unserer Beziehungen gebildet haben.

Wir alle haben eine ganz bestimmte Weltanschauung – bewusst oder unbewusst –, weil alles, was wir tun und denken, durch den Filter unserer Sicht der Dinge geht.

Diese Grundannahmen bilden sich durch verschiedene Stadien hindurch und führen zuletzt dann zu einem ganz bestimmten Verhalten. Zunächst entspringt alles, was wir gelernt haben und wissen – ja selbst die Art und Weise, wie wir es gelernt haben –, einer Beziehung zu einer Person oder einer Sache. Da wir Beziehungswesen sind, ist unser Sein ein unmittelbares Resultat dessen, mit wem oder was wir in Beziehung standen und von welcher Qualität diese Beziehung war. Darüber hinaus entwickeln wir aus diesen Beziehungen heraus unsere Überzeugungen. Beziehungen sind der Nährboden für die Einstellung eines Menschen. Diese Überzeugungen erfahren dann ihre Korrektur durch unser Wertesystem, und unsere Werte bestimmen dann letztendlich unser Handeln (siehe Diagramm).

Wenden wir uns noch einmal Marks Beispiel zu. Mark kommt aus einem Elternhaus, in dem wenig Wertschätzung gelebt wurde. Sein Vater war oft nicht präsent, doch wenn er einmal da war, verhielt er sich gemein gegenüber Mark. Mit 16 Jahren drehte Mark den Spieß um, weil er es nicht mehr aushielt. Er zog von zu Hause aus und machte seinen Schulabschluss. Heute ist er verheiratet und sitzt beruflich fest im Sattel. Ab und zu besucht er seine Eltern, zu denen er allerdings keine enge Bindung hat.

„Unsere Einstellungen und Verhaltensprinzipien durchlaufen ausnahmslos diesen Prozess von der Beziehungsebene durch die Überzeugungs- und Werteebene bis hin zur Handlungsebene."

Aus dieser ungesunden Beziehung zu seinem Vater heraus entwickelte Mark seine Einstellung zu seiner Umwelt. Im Zusammenleben mit seinem Vater kam er zu der Grundannahme, dass Menschen sich nur um sich selbst kümmern und jeden verletzen, der ihnen dabei im Weg ist. Aus dieser Überzeugung entsprangen dann die Werte, die sein Leben prägten: Das eigene Vorankommen und die eigenen Errungenschaften haben höchste Priorität. Diese Werte führten schließlich zu einem ganz bestimmten Verhaltensmuster des Selbstschutzes nach dem Motto „fressen oder gefressen werden". Dementsprechend verfuhr Mark mit solchen Menschen wie seinem Kollegen Erik nach dem Vergeltungsprinzip.

Lesen Sie Markus 3,14. Was war der erste Schritt Jesu, um seine Jünger zu prägen?

____

____

Unsere Einstellungen und Verhaltensprinzipien durchlaufen ausnahmslos diesen Prozess von der Beziehungsebene durch die Überzeugungs- und Werteebene bis hin zur Handlungsebene. Wenn Sie Ihre prägenden Jahre in einer Atmosphäre positiver und von Gott geprägter Beziehungen verbracht haben, werden Sie viel eher biblisch orientierte Werte entwickelt haben. Unsere Weltanschauung wurde maßgeblich von unseren Beziehungen beeinflusst und entwickelt sich auch heute immer noch weiter. Sie sollte sich in dem Maße weiterentwickeln, in dem wir Gott besser kennenlernen und die Beziehung zu ihm intensivieren. Wenn unsere Einstellungen und Werte mit Gottes Wort übereinstimmen, wird sich das in unserer inneren Haltung und unserem Verhalten nach außen niederschlagen.

Lesen Sie Epheser 4,22-23. In welchem Bereich sollen wir uns erneuern lassen?

Welche Menschen haben Ihre Überzeugungen und Werte geprägt? Können Sie mindestens drei Menschen nennen?

Die meisten Theologen würden der Grundannahme zustimmen, dass unsere Weltanschauung das Resultat unserer Beziehungen, Einstellungen und Werte ist. Doch das sagt nicht viel darüber aus, was eine Weltanschauung letztlich ausmacht. Der Theologe und Philosoph Dr. James Sire liefert uns in seinem Buch *The Universe Next Door* eine klare und griffige Definition des Begriffs „Weltanschauung":

> Eine Einstellung, eine grundlegende Haltung des Herzens, die als Geschichte oder als Aneinanderreihung von Grundannahmen dargestellt werden kann (Annahmen, die entweder wahr, teilweise wahr oder komplett falsch sein können), von denen wir (bewusst oder unbewusst, ständig oder vorübergehend) ausgehen und anhand derer wir die Wirklichkeit messen und die die Grundlage unseres Lebens, Handelns und Seins bildet.[1]

Die Wenigsten machen sich die Existenz und die Ausprägung ihrer Weltanschauung wirklich bewusst. Gleichwohl stellt Dr. Sire acht elementare Fragen bzw. Themen zusammen, anhand derer wir unsere Grundhaltung hinsichtlich „unseres Lebens, Handelns und Seins" ausmachen können.

Sie und ich haben die Fragen wahrscheinlich für uns selbst schon bewusst oder unbewusst beantwortet. Sie betreffen unser Realitätsverständnis, das Wesen des Universums, das Wesen des Menschen, den Themenbereich menschlichen Wissens,

Moralverständnisses und menschlicher Werte, Fragen bezüglich unseres Todes, die Bedeutung unserer Geschichte und unsere Grundüberzeugungen.

Versuchen Sie einmal, auf Grundlage der Themen, die Sie in diesem Kurs schon behandelt haben, die folgenden Fragen zu beantworten. Ich gebe zu, dass diese Übung nicht ganz einfach ist, aber sie ist der Mühe wert.

1. Was ist Realität? Mit anderen Worten: Was halte ich für absolut wahr? (Ps 119,16a)

____

____

____

Die Realität spiegelt das Wesen eines auf Beziehung ausgerichteten Gottes wider, der mich als Beziehungswesen geschaffen hat und der sich mir in seinem Wort offenbart. Dieser Gott bestimmt durch sein Wort meine Realität.

2. Wie kam es zur Existenz dieser Welt? (1Mo 1,1)

____

____

____

Ich glaube, dass der persönliche und allmächtige Gott durch ein Wort alles schuf, was existiert. Er ist der Schöpfergott, der die Welt um mich herum und alles Reale ins Leben gerufen hat.

3. Was macht das Wesen des Menschen aus? (1Mo 1,27)

____

____

____

____

Menschen sind das persönliche Werk unseres Gottes – ihm zum Ebenbild geschaffen und mit Würde und Wert ausgestattet. Weil Gott drei Personen in einem ist, die in vollkommener Liebe und Beziehung zueinander existieren, wurde ich für den Zweck geschaffen, in einer liebenden Beziehung mit Gott, mit mir selbst, mit meinen Mitmenschen und der sichtbaren Welt um mich herum zu leben.

4. Woher kommt unsere Erkenntnis? (1Kor 2,11-12)

____

____

____

Der allwissende Gott hat mir als seinem Geschöpf die Fähigkeit gegeben, Wissen und Erkenntnis zu erlangen und selbst Gegenstand von Erkenntnis zu sein. Er ist die Quelle allen Wissens und führt mich durch seinen Geist in dieses Wissen ein. Die Ewigkeit reicht nicht aus, um erschöpfende Erkenntnis über Gott und seine Schöpfung zu erlangen. Ich werde immer nur an der Oberfläche bleiben können.

5. Wie kann ich Richtig und Falsch unterscheiden? (Röm 12,2)

____

____

____

Das Wesen Gottes ist absolut gut, vollkommen und heilig. Alles, was gut und vollkommen und heilig ist, entspringt seinem Wesen und seiner Natur – und nur daraus. Um zu entscheiden, was moralisch und ethisch korrekt ist, muss ich an Gott und seinem Wort als dem ultimativen Standard für Richtig und Falsch Maß nehmen.

6. Was wird mir im Tod begegnen? (Joh 5,24)

____

____

____

Zunächst einmal muss ich sterben, weil die Sünde die Menschheit verseucht und mich von Gott, dem Lebensspender, getrennt hat. Doch weil Gott ein liebender und gnädiger Gott ist, hat er einen Weg geschaffen, durch den meine Beziehung zu ihm wiederhergestellt werden kann. Dadurch, dass ich seine Vorgaben (Jesu Tod am Kreuz) für mich akzeptiert habe und mich auf sie berufe, werde ich mit dem physischen Tod in die Ewigkeit hinübergehen, wo ich mit ihm leben werde. Auf diejenigen, für die das nicht zutrifft, wartet die ewige Trennung von Gott – die Hölle.

7. Welche Bedeutung hat die Menschheitsgeschichte?

Geschichte besitzt eine lineare Struktur und enthält eine bedeutungsvolle Abfolge von Ereignissen, die Gott miteinander verwebt und die er gebraucht, um die Geschichte des Menschen vom Anfang bis zum Ende zu schreiben. Gott ist ebenfalls der Schöpfer der Zeit, mit Hilfe derer die Ereignisse der Menschheitsgeschichte in einer chronologischen Reihenfolge angeordnet sind. Mit Beginn der Zeit schuf Gott die Welt und alles, was existiert. Die Sünde kam in die Welt und bewirkte die Trennung des Menschen von Gott und den Tod des Menschen. Dann kam Gott in die Welt in Gestalt eines Menschen, um Erlösung anzubieten. Im Verlauf der gesamten Geschichte, beginnend mit dem Fall des Menschen, ist Gott dabei, den ursprünglichen Zustand aller Dinge wiederherzustellen. Sünde und Tod werden nicht mehr sein, und die erlösten Menschen werden ewig und in vollkommen wiederhergestellter Beziehung mit Gott leben, um ihn zu verherrlichen. Die Bedeutung der Menschheitsgeschichte ist ein Spiegel der Verwirklichung der göttlichen Absichten mit dieser Welt einschließlich seiner Absichten für mein Leben, das in einem ewigen Leben mit ihm münden wird.

8. Was ist Gottes Wille für all mein Handeln? (Mt 22,36-40)

Ich bin verpflichtet, Gott mit meinem ganzen Herzen, mit meiner Seele und meinem Verstand zu lieben und anzubeten und meinen Nächsten wie mich selbst zu lieben. Das bedeutet meine Verpflichtung, mich mit Gott und seinem Wesen bis ins Kleinste vertraut zu machen, meinen Allernächsten (meine Familie), diejenigen, die zum Leib Christi gehören, und die Menschen in meiner Umgebung zu lieben und mich missionarisch dafür einzusetzen, dass die Unerlösten die Botschaft des Evangeliums hören, bis sein Reich kommt.

Die Antworten auf die oben genannten acht Fragen verschmelzen zu einer biblisch orientierten Weltanschauung, die auf den acht Wahrheiten basiert, die wir in diesem Buch bisher behandelt haben. Wir glauben, dass diese Sicht der Dinge allumfassend ist – auch angesichts all der Verunsicherung, des Chaos und all der Tragödien, die tagtäglich um uns herum zu beobachten sind. Indem wir diese Wahrheiten für uns anwenden und unserem Leben zugrunde legen, definieren wir unsere eigene Weltanschauung. Und im nächsten Kapitel werden wir uns ansehen, wer unser biblisches Weltbild bestimmt, wer wir sind, warum wir leben und wohin wir gehen.

Kapitel 10.4

Die Konsequenzen unserer Weltanschauung

Kann man in Rom leben, ohne sich der Lebensweise der Römer anzupassen? Kann man unter Sündern leben, ohne selbst in Sünde zu leben? Kann man in der Welt leben, ohne ein Teil der Welt zu sein?

Ja, man kann, und viele Nachfolger Christi haben es uns im Laufe der Jahrhunderte bereits vorgelebt. Voraussetzung dafür ist, dass unser Denken und unser Verhalten einer intakten Beziehung mit Gott entspringen. Aus dieser Beziehung beziehen Sie als Kind Gottes tragfähige Einsichten über Gott, über sich selbst und über Ihre Umgebung. Diese Einsichten verfestigen sich zu konkreten Wertvorstellungen, die wir verinnerlichen. Und diese Wertvorstellungen werden in Ihren Ansichten und in Ihrem Verhalten sichtbar. Das ist der Prozess, durch den ein biblisches Weltbild entsteht und nach außen dringt. Und nur so werden wir tiefen Frieden und Freude in unserem Alltag erleben.

Vor diesem Hintergrund wollen wir den Zusammenhang zwischen diesem Prozess und den neun bisher betrachteten Wahrheiten dieses Buches untersuchen. Darauf folgt eine beispielhafte Betrachtung der vielen Möglichkeiten, wie unser Leben eine biblische Weltanschauung widerspiegelt. Wir werden jede einzelne Wahrheit, die wir bisher herausgearbeitet haben, gesondert ansprechen und unter dem Gesichtspunkt des vorerwähnten Prozesses betrachten. Diese Vorgehensweise wird uns verdeutlichen, welche grundlegende Bedeutung die elementaren christlichen Wahrheiten für unsere Beziehungen, unsere Überzeugungen, unsere Wertvorstellungen und unser Handeln haben.

1. Der Schöpfergott existiert

Die Wahrheit: Ein auf Beziehung ausgerichteter Gott existiert und schuf Menschen nach seinem Ebenbild.

Unsere Beziehung: Gott ist ein auf Beziehung ausgerichteter Gott, der uns die Würde der Entscheidungsfreiheit verleiht, dank derer wir ein Leben mit ihm und nach seinen Maßstäben wählen können. Er ist ein Gott, der unsere Kreativität und unser Verantwortungsbewusstsein wertschätzt. Er hat uns Beziehungen zu anderen Menschen und der Welt geschenkt, für die wir Sorge zu tragen haben. Er ist ein Gott, der uns liebt und die Fähigkeit in uns hineingelegt hat, ihn und unsere Mitmenschen zu lieben.

Unsere Überzeugung: Wir sind davon überzeugt, dass unser Schöpfergott unsere ungeteilte Hingabe und Ehrerbietung verdient und dass wir ihn verherrlichen sollen, indem wir ihn lieben mit unserem ganzen Herzen, mit unserer ganzen Seele und mit unserer ganzen Kraft. Ausgehend von dieser Liebe zu Gott sollen wir auch einander und die Welt lieben, in die er uns hineingestellt hat.

Unsere Werte: Wir wertschätzen Gott als den Schöpfer des Lebens und der intakten Beziehungen. Als sein Tempel sorgen wir für unsere physische, geistliche und beziehungsbezogene Gesundheit. Wir wertschätzen diesen Planeten, den Gott uns zur Verfügung gestellt hat, und wir bemühen uns, ihn zu pflegen und zu schützen.

Unser Handeln: Wir trachten danach, Gott mit unserem Leben anzubeten und ihm den ersten Platz einzuräumen, indem wir seine Prioritäten zu unseren Prioritäten machen.

Wir trachten danach, uns in körperlicher und emotionaler Hinsicht sowie auf der Beziehungsebene von sexueller Unmoral fernzuhalten, unserem Ehepartner treu zu bleiben und Dingen wie Suchtmitteln und allem aus dem Weg zu gehen, was dem Tempel Gottes Schaden zufügen oder Gott auf andere Weise Unehre bereiten könnte.

Wir trachten danach, unseren Nächsten zu lieben, indem wir zur sozialen Gerechtigkeit beitragen, uns der Kranken und Bedürftigen annehmen, die Gott gegebenen

Rechte der Mitmenschen und das Leben als solches schützen und den Frieden und die Einheit unter den Menschen fördern.

Wir trachten danach, alles in unseren Kräften Stehende zu tun, um gute Verwalter der uns anvertrauten Gaben und Talente zu sein, einschließlich der Gabe unseres Planeten, den Gott uns als Heimat zur Verfügung gestellt hat.

Was wird heute in Schule oder Universität gelehrt? Welches Bild vermitteln die Medien?

2. Gott gab uns sein Wort

Die Wahrheit: Gott hat sich uns in seinem vertrauenswürdigen Wort, der Bibel, offenbart.

Unsere Beziehung: Unser Gott, der selbst auf Beziehung ausgelegt ist, kennt uns durch und durch und möchte, dass auch wir eine tiefe Erkenntnis seines Wesens erlangen.

Unsere Überzeugung: Wir glauben an die Wahrheit, dass die Bibel als Gottes Selbstoffenbarung uns dazu dient, dass wir in seine Fußstapfen treten können, um ihm ähnlicher zu werden und die Segnungen einer intakten Beziehung mit ihm zu genießen.

Unsere Werte: Wir wertschätzen Gottes Wort als ein Mittel, um ihn kennenzulernen. Wir wertschätzen den Gehorsam gegenüber Gottes Wort, weil es uns den Segen zeigt, der aus dem Gehorsam gegenüber Gott entspringt. Außerdem lässt es uns nicht im Unklaren über die Konsequenzen, die ein Verlassen der liebevoll gesteckten Grenzen Gottes für unser Leben hat.

Unser Handeln: Wir trachten danach, uns regelmäßig mit Gottes Wort zu beschäftigen, um ihn und seine Absichten für uns besser kennenzulernen. Wir bemühen uns, auf seinen Wegen zu wandeln, indem wir ihn lieben mit unserem ganzen Herzen, mit ganzer Seele und mit all unserer Kraft und unseren Nächsten wie uns selbst und so seine Gebote halten.

Was wird heute in Schule oder Universität gelehrt? Welches Bild vermitteln die Medien?

3. Die Sünde brachte den Tod

Die Wahrheit: Durch Adams und Evas Ungehorsam fand die vertraute Beziehung zwischen Gott und den Menschen ein jähes Ende.

Unsere Beziehung: Als Adams und Evas Ungehorsam die vertraute Beziehung zwischen Gott und Mensch beendete, kamen der Tod und die Trennung von Gott über die gesamte Menschheit.

Unsere Überzeugung: Wir glauben an die Wahrheit, dass das selbstbestimmte Leben und Entscheiden darüber, was Falsch und Richtig für uns ist, anstatt Gott als den einzigen Richter über Gut und Böse zu akzeptieren, letzten Endes ins Verderben führt – in den Zustand des Getrenntseins aller Menschen von Gott. Aus dieser Trennung resultieren alles Leid und alle Schmerzen, die die Menschheit erdulden muss.

Unsere Werte: Wir wertschätzen Gott und sein vertrauenswürdiges Wort als den absoluten Maßstab für Richtigkeit. Das Wesen des göttlichen Charakters definiert, was richtig, vollkommen, heilig und gut ist.

Unser Handeln: Wir trachten danach, uns vor Gott zu demütigen, dem selbstbestimmten Lebensstil den Rücken zu kehren und uns ganz auf Gottes Wege zu verlassen. Wir entscheiden zwischen Richtig und Falsch, indem wir unsere innere Haltung und unser Handeln nach Gottes Maßstab ausrichten und auf seinen Wegen gehen. So kommen wir in den Genuss seiner Fürsorge und seines Schutzes.

Was wird heute in Schule oder Universität gelehrt? Welches Bild vermitteln die Medien?

____

____

____

4. Gott kam auf unsere Erde

Die Wahrheit: In der Person Jesu Christi nahm Gott Menschengestalt an, um uns zu erlösen.

Unsere Beziehung: Weil Gott *„ein eifersüchtiger Gott ist“* (2Mo 34,14), sandte er seinen Sohn, um für uns zu sterben.

Unsere Überzeugung: Wir glauben an die Wahrheit, dass Gott in Jesus Christus Mensch wurde. Er wurde von der Jungfrau Maria geboren, um uns zu erlösen und unsere Beziehung zu Gott wiederherzustellen.

Unsere Werte: Wir wertschätzen die bedingungslose Liebe und Annahme, weil Gott uns seine bedingungslose Liebe und Annahme zeigte, indem er auf diese Erde kam, um uns zu erlösen. Wir wertschätzen mitfühlendes Verständnis, weil Jesus uns Verständnis entgegenbringt. Denn er hat Freude und Leid durchlebt, gleich wie wir Menschen es durchleben.

Unser Handeln: Wir trachten danach, andere bedingungslos anzunehmen, indem wir für sie da sind, an ihrem Leben teilhaben und sie ungeachtet ihrer Fehler lieben. Auf diese Weise spiegelt unser Handeln die bedingungslose Liebe und Annahmebereitschaft unseres Gottes wider, der uns mit eben dieser Liebe überhäuft.

Was wird heute in Schule oder Universität gelehrt? Welches Bild vermitteln die Medien?

5. Jesus büßt für unsere Sünde

Die Wahrheit: Jesus ließ sein Leben als Opfer für unsere Sünden.

Unsere Beziehung: Gottes Beziehung zu uns ist von Opferbereitschaft und Hingabe gekennzeichnet. Gott vergibt uns, obwohl wir keine Vergebung verdient haben.

Unsere Überzeugung: Wir glauben an die Wahrheit, dass Jesus als der sündlose Sohn Gottes durch seinen Tod am Kreuz für unsere Sünden gebüßt hat. Die Hingabe seines Blutes als ein Opfer für unsere Schuld ermöglicht dem heiligen und gerechten Gott, uns zu vergeben.

Unsere Werte: Wir wertschätzen Gerechtigkeit und anerkennen die Gesetzmäßigkeit, dass jemand verletzt wird, wo immer Unrecht geschieht. Wir wertschätzen Vergebung und erkennen die Tatsache an, dass es keine Vergebung ohne Opfer gibt.

Unser Handeln: Unsere Liebe zu Gott wegen seines eigenen Opfers zeigt sich darin, dass wir bereit sind, unsere eigene Bequemlichkeit, unsere Zeit, unser Hab und Gut für andere zu opfern und denen zu vergeben, die uns Unrecht tun.

Was wird heute in Schule oder Universität gelehrt? Welches Bild vermitteln die Medien?

6. Wir sind durch Gnade gerechtfertigt

Die Wahrheit: Keiner von uns hat die Vergebung seiner Schuld verdient. Gott rechtfertigt uns allein durch Gnade.

Unsere Beziehung: Es gibt nichts, was wir tun oder Gott anbieten könnten, um uns die Beziehung zu ihm zu verdienen oder zu erkaufen. Er liebte uns, als wir noch seine Feinde waren. Der Beginn unserer Beziehung war streng einseitig – er liebte uns, als wir ihn noch nicht liebten.

Unsere Überzeugung: Wir glauben an die Wahrheit, dass die Rechtfertigung vor Gott, die Vergebung unserer Schuld und unsere Gotteskindschaft eine Folge der Gnade ist, die uns allein durch den Glauben an das stellvertretende Opfer Jesu am Kreuz zuteil wird.

Unsere Werte: Wir wertschätzen die Gnade – die unverdiente Liebe, die liebt, ohne wiedergeliebt zu werden. Wir wertschätzen den Glauben und setzen unser Vertrauen in Jesus, der sein Leben für uns geopfert hat. Wir wertschätzen die Liebe, die sich aufgemacht hat, um eine Beziehung wiederherzustellen, weil wir ohne Gott verloren und völlig ohne Hoffnung waren.

Unser Handeln: Gottes wunderbare Liebe und Gnade befähigen uns zu glauben, dass Jesus uns erlöst und unsere Beziehung zu Gott wiederhergestellt hat. Wir demütigen uns, kehren unseren eigenen Wegen der Selbstbestimmung den Rücken zu und verlassen uns ganz auf das Opfer Christi zur Vergebung unserer Schuld. Wir nehmen die Vergebung mit dankbarem Herzen aus Gottes Hand an und widmen unser Leben der bedingungslosen Liebe zu Gott. Wir freuen uns an der Zugehörigkeit zur Familie Gottes.

Was wird heute in Schule oder Universität gelehrt? Welches Bild vermitteln die Medien?

7. Unser Leben wurde verändert

Die Wahrheit: Unser Leben befindet sich in einem Prozess stetiger Veränderung mit dem Ziel der Christusähnlichkeit.

Unsere Beziehung: Gott legt seine göttliche Natur – eine göttliche DNA sozusagen – in uns hinein, die uns zum Leben in einer Beziehung zu ihm und zur Ausstrahlung seiner Ebenbildlichkeit in unserer Umgebung befähigt.

Unsere Überzeugung: Wir glauben an die Wahrheit, dass ein Nachfolger Christi dazu bestimmt ist, mehr und mehr Christus ähnlicher zu werden.

Unsere Werte: Wir wertschätzen die Merkmale der Christusähnlichkeit – Liebe zu Gott, Hingabe an ihn, Selbstverleugnung und Liebe zu anderen Menschen.

Unser Handeln: Menschen, die nach Christusähnlichkeit streben, lieben Gott. Sie trachten auch danach, wie Jesus motiviert zu sein, zu denken und zu leben – andere wie uns selbst zu lieben, indem wir die Sicherheit, das Glück und das Wohlergehen anderer so hoch halten, als wären wir selbst betroffen. Wir trachten danach, die „einander"-Stellen der Heiligen Schrift zu beherzigen.

Was wird heute in Schule oder Universität gelehrt? Welches Bild vermitteln die Medien?

---

8. Jesus stand von den Toten auf

Die Wahrheit: Unser Glaube ist nicht umsonst, weil Jesus von den Toten auferstanden ist.

Unsere Beziehung: Unsere Beziehung beruht nicht auf einer Philosophie oder auf einem bloßen Lebensmotto. Wir leben in einer Beziehung mit dem lebendigen Christus, der von den Toten auferstanden ist und uns ebenfalls ewiges Leben mit ihm verheißen hat.

Unsere Überzeugung: Wir glauben an die Wahrheit, dass Jesus starb und wieder auferstand, um uns zu erlösen und uns das ewige Leben in einem neuen Himmel und auf einer neuen Erde zu erwerben.

Unsere Werte: Wir wertschätzen unsere Hoffnung auf ein ewiges Leben. Wir wertschätzen das sichere Wissen durch unseren Glauben, dass wir in Ewigkeit bei Gott sein werden ebenso wie all diejenigen Menschen, die ihr Leben ebenfalls Christus anvertraut haben.

Unser Handeln: Wir leben in einer hoffnungsvollen Erwartung dessen, was uns in unserem neuen Leben begegnen wird. Wir fürchten den Tod nicht, weil wir ihm nicht allein entgegengehen müssen: Gott wird bei uns sein. Wir verzweifeln nicht am Leben, wenn ein geliebter Mensch stirbt, der ebenfalls zu Jesus gehört hat. Wir leben nicht um dieser vergänglichen Welt willen, weshalb wir nicht darauf aus sind, uns hier Schätze zu sammeln. Stattdessen trachten wir danach, uns Schätze im Himmel zu sammeln, indem wir ein Leben führen, das Gott wohlgefällt und ihn ehrt.

Was wird heute in Schule oder Universität gelehrt? Welches Bild vermitteln die Medien?

Gott ist einer in drei Personen

Die Wahrheit: Gott ist Vater, Sohn und Heiliger Geist in vollkommener Einheit.

Unsere Beziehung: Gott hat sich im Werk seiner Schöpfung und in Menschengestalt in Jesus Christus offenbart und tritt nun in der Gestalt des Heiligen Geistes in unser persönliches Leben. Die innewohnende Gegenwart des Heiligen Geistes verleiht unserer Beziehung zu Gott eine Intensität, die keine andere Beziehung besitzen kann.

Unsere Überzeugung: Wir glauben an die Wahrheit, dass Gott Vater, Sohn und Heiliger Geist ist – drei Personen, die in einer Einheit leben, die von vollkommener, inniger Liebe zueinander geprägt ist. Wir glauben, dass wir dieser dreieinen Gottesbeziehung durch die innewohnende Kraft des Heiligen Geistes teilhaftig geworden sind.

Unsere Werte: Wir wertschätzen vollkommene Einheit – ein ungebrochenes Beziehungsgeflecht zwischen Gott, uns selbst und anderen. Wir wertschätzen die in der Heiligen Schrift bezeugte Einheit und die Verbundenheit zwischen dem Vater, dem Sohn und dem Heiligen Geist und haben den Wunsch, daran teilzuhaben und sie in unsere menschlichen Beziehungen hineinzutragen. Wir wertschätzen den Heiligen Geist Gottes, der in unserem Leben und durch unser Leben am Werk ist und der uns befähigt, wie Jesus motiviert zu sein, wie er zu denken und wie er zu leben.

Unser Handeln: Wir trachten danach, uns von eigenwilligen und selbstbestimmten Wegen abzukehren und uns dem Heiligen Geist unterzuordnen, der in uns lebt. Wir versuchen nicht mehr, aus eigener Kraft zu leben wie Jesus, sondern geben dem Heiligen Geist Raum, damit er uns näher zu Gott bringen, Jesus ähnlicher machen, uns in alle Wahrheit leiten, uns für den Dienst ausrüsten und unserem Leben einen wahren Sinn geben kann. Täglich trachten wir danach, Gott unsere Schuld zu bekennen und dem Heiligen Geist Raum in unserem Leben zu geben.

Was wird heute in Schule oder Universität gelehrt? Welches Bild vermitteln die Medien?

Wenn wir diese Wahrheiten verinnerlicht haben und uns bemühen, sie in unserem Alltag umzusetzen, haben wir eine biblische Weltanschauung. Selbstverständlich werden wir diese Grundsätze nie vollkommen in unser Leben übersetzen können, doch Gott ist beständig in und an uns am Werk, indem er seinen Willen in unserem Leben zur Vollendung bringen will. Die Umsetzung dieser biblischen Weltanschauung bewirkt Freude und Zufriedenheit in unserem Herzen, weil die biblische Sicht der Dinge die einzig befriedigenden Antworten auf die drei wichtigsten Fragen des Lebens beinhaltet.

Zufriedenstellende Antworten

Wer bin ich?

Sie sind ein menschliches Wesen, das in der Ebenbildlichkeit Gottes geschaffen wurde. Durch die Erbsünde ist Ihnen dieses Identitätsbewusstsein verloren gegangen, und Sie leben ohne eine Vater-Kind-Beziehung mit Gott. Aber Gott hat die Initiative ergriffen, um diese Beziehung wiederherzustellen. Und weil Sie seine Lösung dieses Problems – den stellvertretenden Opfertod Jesu Christi – für sich angenommen und akzeptiert haben, haben Sie Ihre Identität als verändertes, wiedergeborenes Gotteskind zurückerlangt. Die familiäre Bindung zu Ihrem himmlischen Vater lebte somit wieder auf.

Warum lebe ich?

Sie wurden durch Christus für die Gemeinschaft mit Gott zum Leben erweckt und genießen eine vollkommene Vater-Kind-Beziehung, die Sie dem Sohn Gottes Stück für Stück ähnlicher werden lässt. Ihre Absicht ist es, Ihren Gott zu verherrlichen und ihm Ehre zu bereiten. Sie leben zu seinem Wohlgefallen, und er gibt seine Freude in Ihr Herz.

Wohin gehe ich?

Sünde und Tod, Schmerz und Leid – damit sind wir immer noch vertraut. Doch Gott wird einst alles neu machen und in seinen ursprünglich gedachten Zustand zurückversetzen. Damit hat er bereits begonnen. Sie beteiligen sich an diesem Umwandlungsprozess, indem Sie die gute Nachricht vom kommenden Reich Gottes verbreiten. Eines Tages werden Sünde und Tod Vergangenheit sein. Ihre Bestimmung ist es, in Ewigkeit mit Gott und allen anderen Gläubigen einen neuen Himmel und eine neue Erde zu bewohnen.

Dank Ihrer biblischen Weltanschauung besitzen Sie eine klare Vorstellung Ihrer Identität, Ihres Daseinszwecks und Ihrer zukünftigen Bestimmung. Wenn Sie Ihre Weltanschauung mit Gottes Hilfe in Ihren Alltag projizieren, verändert er Sie, gibt Ihnen einen Lebenssinn und verleiht Ihnen eine hoffnungsvolle Erwartung der Zukunft in ewiger Herrlichkeit. Keine andere Weltsicht bringt so viel Freude hervor. Keine andere Weltsicht vermittelt uns so viel überwältigende Gewissheit in ihrer Vertrauenswürdigkeit. Und keine andere Weltsicht macht uns einer solch herrlichen Zukunft gewiss.

11. Wahrheit

Die Gemeinde

Kapitel 11.1

Was ist die Gemeinde?

Als ich (Josh) noch ein Kind war, leuchtete es mir nicht so richtig ein, warum man eine Gemeinde besuchen sollte. Das Einzige, was ich dem wöchentlichen Gemeindebesuch abgewinnen konnte, war, dass ich 50 Cent in den Klingelbeutel hineinlegte und dafür einen Dollar wieder herausnahm. Die Predigten langweilten mich. Ich empfand es als Zeitverschwendung, 45 Minuten lang herumzusitzen und mir die Ausführungen eines Predigers anzuhören, die nichts mit meinem Leben zu tun hatten.

Vielen Menschen geht es heutzutage ähnlich. Natürlich wäre das etwas ganz anderes, wenn Jesus selbst auf der Kanzel stünde. Wahrscheinlich würde er Kranke heilen, den Hungrigen zu essen geben und sein ewiges Königreich auf Erden aufrichten, um der Welt Frieden und Freude zu bringen. Wer würde da nicht gerne zur Gemeinde gehören? So ähnlich dachten die Jünger Jesu damals auch.

Gründung der Mega-Gemeinde „Jesu' Zentrales Königreich"?

Der Monat war absolut gut gelaufen. Die Menschen strömten in Massen herbei. Der Messias demonstrierte seine Macht und heilte viele Kranke.

Lesen Sie Matthäus 15,31. Wie reagierten die Menschen auf die Wunder Jesu?

Viertausend Männer – Frauen und Kinder nicht mitgezählt – hatten an einem drei Tage langen Gottesdienst teilgenommen und waren nun berechtigterweise hungrig. Jesus fragte die Jünger, wie viele Lebensmittel sie noch hatten. Die Antwort lautete: Sieben Brotlaibe und ein paar kleine Fische. Und wieder tat Jesus das scheinbar Unmögliche. Er betete und dankte für die sieben Brote und die paar Fische und wies seine Jünger an, alles an die Menge zu verteilen. Nachdem sich die Masse sattgegessen hatte, sammelten die Jünger die Reste zusammen – sieben große Körbe voll!

Jesus entließ die Menge mit vollen Bäuchen und fuhr mit seinem Dienst fort, indem er Kranke heilte und die Botschaft vom Reich Gottes weiter verbreitete. Als er mit der kleinen Schar seiner Jünger wieder allein war, stellte er ihnen folgende Frage: *„Was sagen die Menschen, wer der Sohn des Menschen ist?“* (Mt 16,13). Sie entgegneten, dass einige ihn für den Propheten Elia hielten, andere wiederum dachten, er sei Jeremia oder irgendein anderer Prophet. Und dann folgte die Frage, die wirklich durch und durch ging – die alles entscheidende Frage: *„Ihr aber, was sagt ihr, wer ich bin?“*

Lesen Sie Matthäus 16,15-18. Wie antwortet Petrus auf diese Frage?

Welches „Bauvorhaben“ hat Jesus?

Da war sie! Die Ankündigung, auf die die Jünger so lange gewartet hatten: Jesus sagte: *„Ich werde meine Gemeinde bauen.“* Jetzt würde es losgehen, und endlich würde er sein Königreich gründen. Wenn er weiter so fleißig die Kranken heilte und den Menschen zu essen gäbe, würden die Jünger sicherlich schon nach einer Woche Zeugen der Gründung einer Mega-Gemeinde. Sie waren begeistert. Ganze sechs Tage später machte Jesus mit Petrus, Jakobus und Johannes einen Ausflug auf einen Berg, der diesen Gemeindegedanken in ihnen weiter schürte.

Lesen Sie Matthäus 17,2. Wie sahen die Jünger den Herrn auf dem Berg?

Und zu ihrer Entzückung erschienen auch noch Mose und Elia und begannen, mit Jesus zu sprechen.

Ja, das musste es sein. Wer könnte sich noch etwas Besseres vorstellen? Jesus als königlicher Pastor einer großartigen Gemeinde auf diesem Berg mit Mose und Elia als hauptamtliche Mitarbeiter. Das wäre doch der perfekte Ort, um „Jesu zentrales Königreich" zu gründen!

Lesen Sie Matthäus 17,4. Welchen Plan hatte Petrus?

Doch kaum hatte Petrus diese Gedanken ausgesprochen, da erschien ein helles Licht und eine Stimme kam aus den Wolken.

Mit welcher Aufforderung antwortet Gott in Vers 5 darauf?

Die Jünger waren so geschockt, dass sie auf ihr Gesicht zu Boden fielen. Jesus ging zu ihnen und beruhigte sie mit den Worten, dass sie sich nicht fürchten müssten. Als sie wieder aufschauten, waren Mose und Elia verschwunden. Und um dem Ganzen noch die Krone aufzusetzen, beschwor Jesus sie, niemandem von dem zu erzählen, was sie gesehen hatten, *„bis der Sohn des Menschen aus den Toten auferweckt worden ist!"* (Mt 17,9).

Mit Jesus als Haupt seiner Gemeinde sollte sich das Reich Gottes schnell ausbreiten – durch die Kraft des Heiligen Geistes, der in der Gemeinschaft der Gläubigen und in jedem seiner Nachfolger wohnte – und so würde die Botschaft des Evangeliums schließlich bis an die Enden der Erde vordringen.

Wie sieht die Gemeinde aus?

Das muss ein frustrierendes Erlebnis für Petrus, Jakobus und Johannes gewesen sein, das sie obendrein noch entsetzlich verwirrt hat. Wenn Jesus schon nicht die Römer besiegen und die Regierung des Landes übernehmen würde, könnte er doch wenigstens nach seiner Auferstehung bei ihnen bleiben, um die Leitung der Königreich-Gemeinde auf dem Berg zu übernehmen. Gäbe es eine bessere Möglichkeit, die Weltanschauung des Reiches Gottes zu verbreiten, als jeden Sonntag eine Predigt von ihm als „Pastor" anzubieten? Und wenn das Zeitalter der neuen Technologien erst einmal angebrochen ist, könnte man die Predigten bis an die Enden der Erde übertragen, ein Facebook-Account für Jesus einrichten und alle Fragen und Probleme online beantworten und lösen.

Doch es gab noch einen besseren Weg – und es gibt ihn immer noch. Jesu Vorstellung von Gemeinde hatte nichts mit der Gründung einer Mega-Gemeinde namens „Jesu zentrales Königreich" gemein. Zwar teilte Jesus Petrus mit, dass er seine Gemeinde auf dem Bekenntnis gründen würde, dass er der Messias, der wahre Sohn des lebendigen Gottes ist. Doch als er von „Gemeinde" sprach, meinte er mitnichten ein Gebäude. Er wählte das Wort *ekklesia*, das auf eine Versammlung von Menschen hindeutet. In der damaligen Kultur beschrieb der Begriff *ekklesia* eine öffentliche Bürgerversammlung. Die hebräische Entsprechung bezeichnete eine Versammlung vor dem Herrn. Sowohl in der griechischen als auch in der hebräischen Sprache bezog sich der Begriff *Gemeinde* also auf „das Volk Gottes" und nicht auf ein Gebäude.

In unserer heutigen Kultur denkt man eher an ein Gebäude oder eine Organisation, wenn man das Wort *Gemeinde* oder *Kirche* hört. Doch das ist weit von dem entfernt, was die Jünger und die Apostel seit Pfingsten darunter verstanden hatten. Als der Heilige Geist sie erfüllte, begriffen sie das Konzept des Ganzen – die Gemeinde war das Volk Gottes. Die Gemeinde war das Werkzeug Christi, mit dessen Hilfe er die Botschaft des Reiches Gottes ausbreitete. Und die Gemeinde war letztendlich die sichtbare Offenbarung des Christus.

Lesen Sie Matthäus 28,19. Welchen Auftrag gab Jesus den Jüngern?

Als Jesus seine Jünger mit dem Missionsbefehl aussandte, ging sein Befehl an sein Volk, die Gemeinde, deren Entstehung unmittelbar bevorstand. Diese Gemeinde erhielt einen Auftrag, der Teil eines umfassenden Erlösungs- und Wiederherstellungsplans der Schöpfung war. Der erste Schritt, den Jesus Christus dazu tat, war die Hingabe seines Lebens als ein Lösegeld. Vollendet wurde es durch seinen Tod am Kreuz, doch die übrigen Schritte dieser Mission sollten anders genommen werden. Mit Jesus als Haupt seiner Gemeinde sollte sich das Reich Gottes schnell ausbreiten – durch die Kraft des Heiligen Geistes, der in der Gemeinschaft der Gläubigen und in jedem seiner Nachfolger wohnte – , und so würde die Botschaft des Evangeliums schließlich bis an die Enden der Erde vordringen.

Die Gemeinde Jesu wäre somit keine statische Organisation, sondern ein lebendiger Organismus. Es sollte nicht darum gehen, eine Institution zu gründen oder ein Andenken zu bewahren, sondern darum, die Botschaft zu verkündigen, damit die Herzen der Menschen verändert wurden. Das Neue Testament bedient sich mindestens sechs verschiedener Bilder, um die Gemeinde zu beschreiben, und bei keiner dieser Illustrationen geht es um Organisationen, Institutionen oder Gebäude.

Die Gemeinde ist das neue Volk Gottes. Der Apostel Paulus erläuterte gegenüber den Christen in Galatien, dass es keine Rolle mehr spiele, ob man das jüdische Gesetz der Beschneidung praktiziere oder nicht.

Was gilt laut Galater 6,15 als einziges Kriterium der Zugehörigkeit zur Gemeinde?

Gott hatte sich das jüdische Volk in der Vergangenheit zum Volk seines Eigentums erwählt.

Wer soll laut Epheser 3,6 jetzt auch zu Gottes Volk gehören?

Jesus bildete seine Gemeinde als Gemeinschaft der Hoffnung, für alle Nationen der Erde zugänglich.

Die Gemeinde ist Gottes Familie.

Was waren laut Epheser 2,19-20 die Heiden im Vergleich zum Volk Gottes früher, was sind sie heute?

früher: ______________________________

heute: ______________________________

Als Christen sind wir adoptierte Mitglieder der Familie Gottes, seiner Gemeinde. Wir sind seine Kinder geworden – Söhne und Töchter des lebendigen Gottes (Röm 8,15-17).

Die Gemeinde ist der Leib Christi.

Welche Bilder gebrauchen folgende Bibelstellen für die Gemeinde?

Epheser 1,22-23

Christus: ______________________________

Gemeinde: ______________________________

Römer 12,4-5

Einzelne Gläubige: ______________________________

Die Gemeinde ist ein heiliger Tempel, in dem Gott wohnt.

Woraus wird dieser Tempel nach Epheser 2,21-22 erbaut?

Wie wohnt Gott laut 1. Korinther 3,16 in der Gemeinde?

Die Gemeinde ist die reine Braut Christi.

Paulus befiehlt den Ehemännern, ihre Frauen zu lieben, wie Christus die Gemeinde geliebt hat.

Wie hat sich laut Epheser 5,25-27 die Liebe Jesu zur Gemeinde gezeigt?

Wir glauben an die Wahrheit, dass die Gemeinde Christus auf Erden repräsentiert – ein Leib, wobei jeder wiedergeborene Nachfolger Jesu ein Glied daran ist. Gott gebraucht jedes einzelne Glied sowie die Gemeinde als Ganzes, um seinen Erlösungsplan zur endgültigen Vollendung zu bringen.

Die Gemeinde ist das Werkzeug Christi, durch das er seinen Rettungsplan mit den Verlorenen verwirklichen möchte.

Welche Aufgabe hat die Gemeinde laut 2. Korinther 5,18.20?

Was soll sie verkündigen?

Als Jünger und Nachfolger Jesu haben wir nicht nur eine persönliche Zweierbeziehung zu Jesus. Jeder von uns ist automatisch ein Teil der Gemeinschaft der Nachfolger Jesu geworden – ein Teil der Familie, ein Teil des Leibes Christi, ein heiliger Tempel, in dem der Heilige Geist Wohnung bezogen hat, ein Teil der Braut Christi und ein Werkzeug, durch das Christus die verlorene Welt erreichen möchte.

Lesen Sie Epheser 4,4-6. Was haben die Glieder der Gemeinde gemeinsam?

Wir, die Gemeinde, haben *„einen Geist, wie ihr auch berufen worden seid in einer Hoffnung eurer Berufung! Ein Herr, ein Glaube, eine Taufe, ein Gott und Vater aller, der über allen und durch alle und in allen ist“* (Eph 4,4-6). Wir sind Teil seiner Gemeinde, und diese Gemeinde ist auch im 21. Jahrhundert noch wohlauf und lebendig.

Kapitel 11.2

Gottes wahre Gemeinde ist lebendig und gesund

Die Kirche unten an der Ecke Marienstraße – Bartholdyweg ist ein weißes Gebäude mit einem spitzen, emporragenden Turm. Stadtauswärts an der Umgehungsstraße prangt ein domähnliches Kirchengebäude, in dem so ungefähr 5000 Menschen Platz haben. Und die kleine Gemeinde in der Orpingstraße trifft sich in einem ehemaligen Kinosaal. Kurz gesagt –*die* durchschnittliche Gemeinde gibt es einfach nicht. Vielmehr gibt es hunderttausende unterschiedlicher Kirchengebäude auf der Welt, die wöchentlich von mehreren Millionen Menschen besucht werden. Angesichts dieser Tatsache fällt es scheinbar nicht schwer, an die Existenz von Gemeinde zu glauben. Doch Kirchengebäude mit Gottesdienstbesuchern haben nicht notwendigerweise etwas mit der wahren Gemeinde Jesu Christi zu tun.

Die wahre Gemeinde ist dort, wo Gott wohnt, wirkt und zu seinem Ziel kommt.

Die Gemeinde ist die Gemeinschaft von Gläubigen, deren Haupt Christus ist, *„der über allen und durch alle und in allen ist“* (Eph 4,6).

Lesen Sie Matthäus 18,19-20. Was hat Jesus denen zugesagt, die um seinetwillen zusammenkommen?

Die wahre Gemeinde ist dort, wo Gott wohnt, wirkt und zu seinem Ziel kommt. Doch ist die Gemeinde, die damals zu Pfingsten entstand, heute wirklich noch lebendig? Gibt es Hinweise, dass Christus im 21. Jahrhundert durch seine Gemeinde immer noch am Werk ist? Und wenn seine Gemeinde noch existiert, was macht sie dann konkret aus?

Lesen Sie Johannes 13,34-35. Wie sollen die Gläubigen einander lieben?

Diese Aussage Jesu beschreibt das Charakteristische der Gemeinde – seine Liebe lebt in seinen Kindern und durch sie.

Lesen Sie Matthäus 5,13-16. Wie bezeichnet Jesus die Menschen, die seine Liebe ausstrahlen?

Diese Gemeinschaft derjenigen, die die Liebe Jesu in sich tragen und ausstrahlen, bezeichnet Jesus als *„das Salz der Erde“* und *„das Licht der Welt“*, deren gute Werke von anderen gesehen werden, die den Vater im Himmel dafür preisen (siehe Mt 5,13-16).

Die wahre Gemeinde ist diese von der Liebe Jesu geprägte Gemeinschaft, die als „Salz und Licht“ Auswirkung auf ihre Umgebung hat. Genau das war auch das Geheimnis der Urgemeinde. Manche Leute bemängeln, dass die Gemeinde des 21. Jahrhunderts ihre Relevanz eingebüßt hat und nur noch ein schemenhafter Hinweis auf den unsichtbaren Gott ist. Der christliche Autor und Historiker Dr. Robert Webber stellte daher folgende Behauptung auf:

- Die Gemeinde begann als eine Missionsbewegung in Jerusalem.
- Sie kam nach Rom und wurde zur Institution.
- Sie erreichte ganz Europa und wurde eine Kultur.
- Sie überquerte den Atlantik, kam nach Amerika und wurde zum ganz großen Geschäft.[1]

Obwohl an diesem Zitat sicherlich ein Fünkchen Wahrheit ist, ist die wahre Gemeinde Jesu Christi immer noch lebendig und gesund. Natürlich gibt es im Zusammenhang mit kirchlichen Organisationen und Institutionen immer wieder Enttäuschungen, und vieles davon hat auch nichts mehr mit dem lebendigen Gott zu tun. Doch bei genauerem Hinsehen ist die Gemeinde durchaus noch aktiv und relevant für diese Welt. Bob Roberts Jr., Pastor einer großen Gemeinde in den USA, meinte einmal, er habe um den halben Globus reisen müssen, um wirklich zu erleben, was die Gemeinde eigentlich ausmacht. Er berichtet Folgendes:

> Ich habe nicht einmal gemerkt, wie sehr ich auf dem Holzweg war, bis ich mit eigenen Augen sah, worum es bei Gemeinde eigentlich geht. Zunächst erkannte ich es noch nicht einmal, und dann brauchte ich ein wenig, um es verstandesmäßig zu erfassen. Ich musste um den halben Globus reisen, bis ich endlich fündig wurde – in der verfolgten Untergrundkirche in Asien. Ich hatte zwar schon Geschichten davon gehört und auch Statistiken gesehen, aber war noch nie jemandem von Angesicht zu Angesicht begegnet. Sie waren völlig anders als ich. Sie waren anders als jeder andere Gläubige, den ich bis dahin getroffen hatte. Sowohl kulturell als auch geistlich waren sie mir meilenweit voraus. Ihre Theologie ist manchmal vielleicht nicht ganz astrein, und viele von ihnen besitzen noch nicht einmal eine vollständige Bibel, sondern nur ein Buch oder Teile davon. Doch ihre Erkenntnis Gottes war von solch beeindruckender Tiefe, wie ich es zuvor noch bei niemand anderem erlebt hatte.
>
> Auf der anderen Seite unseres Planeten sieht Anbetung ganz anders aus. Keine technische Ausstattung, keine eleganten Übergänge – nur schweißdurchnässte Gläubige, die in winzigen Räumen beengt beieinander hocken und vom Heiligen Geist getrieben Tränen über Tränen vergießen. Ich weiß noch nicht einmal, ob man sie nun als charismatisch bezeichnen würde oder nicht (ich weiß nur, dass sie nicht meine Sprache sprachen), doch das spielt auch keine Rolle. Keiner bereichert sich, und Gerangel um Ämter, Positionen und Einfluss gibt es auch nicht. Wenn es eine bevorzugte Position gibt, dann ist es das Privileg, als Erster sterben zu dürfen. Wenn man so am Rande lebt wie sie, bleibt kein Raum mehr für Unaufrichtigkeit und Selbstdarstellung. Diese Menschen lebten das aus, wie die Gemeinde den Erzählungen aus meiner Kindheit nach zu urteilen wirklich sein sollte.
>
> Obwohl solche Gemeinden nur kleine, im Untergrund arbeitende Hausgemeinschaften sind, haben sie trotzdem verändernde Wirkung auf Menschen und die Gesellschaft. Sie sind nicht aufzuhalten. Es gibt einfach zu viele, und täglich werden es mehr. Und das Ungewöhnlichste ist: Es sind alles Laien, die diese Bewegungen ins Leben rufen, keine Hauptamtlichen, zum vollzeitlichen Dienst Berufenen ... Gemeindegründung ist hier die Ausprägung eines Lebens, in das Christus verändernd eingegriffen hat und nicht ein Ergebnis einer großartigen Strategie, obwohl die Strategie wahrhaftig großartig ist.[2]

Die verändernde Dynamik der Gemeinde

Die Gemeinde Jesu existiert heute genau wie damals im ersten Jahrhundert. Die Art und Weise sowie der Grund ihrer Verbreitung sind immer noch identisch: Die rettende Kraft Christi wird in Menschenleben wirksam und verändert; und diese Menschen bilden dann eine von Hoffnung, Liebe und gegenseitiger Fürsorge geprägte Gemeinschaft. Und ganz automatisch werden sie dann auch zu Botschaftern an Christi Statt, um sein Reich und die Botschaft der Liebe und Versöhnung in ihrer Umgebung zu verkünden.

Zur Aufgabe und Bestimmung der Gemeinde wurden bereits zahlreiche Bücher geschrieben. Auch wenn die nun folgende Liste nicht vollständig ist, habe ich versucht, die Schriftstellen aufzulisten, die beschreiben, was Gemeinde wirklich ausmacht.

Die Gemeinde verkörpert eine Gemeinschaft erlöster Menschen. Jesus gebot uns, dass wir einander lieben sollen, damit die Menschen um uns herum erkennen, *„dass ihr meine Jünger seid“* (Joh 13,35).

Was kennzeichnet(e) die Gemeinde laut der folgenden Verse außerdem?

Apostelgeschichte 2,44: ______

Römer 12,5: ______

Römer 12,15: ______

1. Korinther 12,25: ______

1. Korinther 12,26: ______

2. Petrus 3,14: ______

In der Gemeinde Jesu sieht die heutige Welt ein heiliges Volk (2Petr 3,14), ein Volk, das in Einigkeit lebt (1Kor 12,25), ein Volk, das in Abhängigkeit voneinander lebt (Röm 12,5) und ein Volk, das Fürsorge füreinander praktiziert (Röm 12,15).

Lesen Sie Apostelgeschichte 4,32. Was kennzeichnete die ersten Christen?

______

______

______

Die Gemeinde ist ein Abbild des dreieinen Gottes, der wiederum die vollkommene Liebe in vollkommener Eintracht in sich vereint. Die Gemeinde ist eine sichtbare Verkörperung des unsichtbaren Gottes und verleiht ihm ein Gesicht, in das unsere Umgebung hineinschauen kann.

Die Gemeinde ist eine mitfühlende und heilende Hilfe für die Bedürftigen.

Wie sah in der ersten Gemeinde die Hilfe für Notleidende aus?

Apostelgeschichte 2,45:

Jakobus 1,27:

Ebenso wie Jesus, ihr Haupt, ist die Gemeinde mitfühlend, und zu ihren Aufgaben gehört es, den Bedürftigen etwas zu geben und sich der Schwachen anzunehmen (Apg 20,25; Eph 4,28)

Lesen Sie folgende Stellen. Was fordert Gott von uns?

Jakobus 2,15-16:

Jakobus 4,13:

Steve Baughan aus Branson, Missouri, ist der Leiter einer missionarischen Arbeit speziell unter Drogenabhängigen und Obdachlosen. Manchmal wird er von Christen kritisiert, weil er den Bedürftigen das Evangelium nicht predigt, bevor er ihnen nicht zu essen, Kleidung und ein Dach über dem Kopf besorgt hat. Steves Reaktion auf diese Einwände sieht so aus:

Die Weitergabe der christlichen Botschaft erschöpft sich nicht im Zitieren von Schriftstellen oder im gemeinsamen Durcharbeiten von Glaubensgrundkursen. Manche Menschen plagen sich mit solch schweren Problemen herum, dass ein paar ausgewählte Bibelstellen ihre Situation nicht in der Tiefe erfassen würden. Ich stelle einfach mal folgende Frage: „Angenommen, Ihr Haus brennt. Wen möchten Sie dann auf Ihrem Grundstück sehen? Einen Geistlichen, der Bibelstellen vorliest, oder einen Feuerwehrmann, der mit seinem Schlauch umgehen kann?"

Tief verletzte Menschen können manchmal unser Reden nicht verstehen, weil das Getöse ihres Lebens, das gerade in Flammen aufgeht, alles übertönt. Was sie in einer solchen Situation brauchen, ist ein Feuerwehrschlauch, der ihren Problemen Hoffnung, Liebe und Mitgefühl zum Anfassen entgegenschleudert. Das geschieht dann in Form einer warmen Mahlzeit, eines Schlafplatzes und der Bereitschaft, sie in allem zu begleiten – vorzugsweise durch eine Person, die sich in ihre Situation hineinversetzen kann.

Ich habe schon erlebt, wie Menschen zu Abhängigen sagten: „Dein Problem sind Alkohol und Drogen." Dabei sind Drogen und Alkohol in Wahrheit ihre „Lösung". Ihr Problem ist, dass sie einsam oder verletzt oder haltlos sind und keine Perspektive für einen Sinn in ihrem Leben haben. Drogen und Alkohol sind ein verzweifelter Versuch, den Schmerz hinunterzuspülen oder was auch immer ihr eigentliches Problem sein mag. Thomas von Aquin schrieb einmal: „In jeder Seele wohnt ein Verlangen nach Glück und Lebenssinn." Ein Abhängiger versucht, dieses Verlangen nach Glück und Lebenssinn mit Hilfe der Flasche, der Tablette oder der Nadel zu stillen.

Die Botschaft Jesu, die wir ihnen bringen, beginnt mit dem Angebot, dass eine Problemlösung zunächst mit einer Beziehung zu mir beginnen kann – ich bin dein Freund. Ich bin für dich da, um deine Einsamkeit zu vertreiben, dich zu trösten und dir zu helfen, deine Last zu tragen. Ich werde dir zu essen geben, werde mich um dich kümmern und dich wie ein Familienmitglied annehmen. So machte es Jesus auch mit der Samariterin, mit dem Zöllner und mit der Ehebrecherin. Und so machte er es auch mit jedem von uns. Wenn wir im Namen Jesu zu denen gehen, die nach Erfüllung hungern, werden sie unser verändertes Herz in Aktion erleben. Das Licht unserer Botschaft wird umso heller strahlen. Das Evangelium besteht nicht nur aus Worten der Wahrheit. Es verpflichtet auch, diese Wahrheit wirklich auszuleben und Liebe und Mitgefühl gegenüber anderen zu zeigen.[3]

Wozu fordert der Apostel Johannes in 1. Johannes 3,18-19 auf?

Die Gemeinde ist Gottes Versöhnungsgehilfe und Botschafter der Guten Nachricht vom Reich Gottes.

Welchen Auftrag hat die Gemeinde laut 2. Korinther 5,20?

Die Gemeinde ist Gottes Werkzeug, um eine verlorene Welt mit sich zu versöhnen (siehe 2Kor 5,16-21). Der Puls der Gemeinde schlägt synchron mit dem Herzen Gottes, das auf Beziehung ausgelegt ist. Dieses Herz Gottes ist es auch, das dafür schlägt, die Einsamen und Verlorenen zu erlösen und wieder zurechtzubringen. Evangelisation kümmert sich nicht um Gemeindewachstumsstatistiken oder Organisationsgründung, sondern führt Menschen in eine lebendige Beziehung mit dem lebendigen Gott.

Die Gemeinde ist Gottes Ausrüstungsgehilfe, um Jünger zu machen, die wiederum Jünger machen.

Welchen Auftrag gibt Jesus in Matthäus 28,19a?

___

Bevor Jesus in den Himmel auffuhr, sagte er zu seinen Jüngern: *„Macht … zu Jüngern!"* In diesem Gebot heißt es nicht: „Geht und gründet Gemeinden." Bob Roberts jr. weist in seinem Buch *The Multiplying Church* auf die gängigen Missverständnisse im Zusammenhang mit Gemeindegründung hin:

> Ich habe eine Vision und einen Traum: Lasst uns innerhalb der nächsten zehn Jahre tausend neue Gemeinden mit jeweils zweitausend Gläubigen gründen, und das Evangelium wird unser Land in zehn Jahren völlig umkrempeln! Würde das funktionieren? Eben nicht – genau diese Situation hatten wir in den vergangenen zehn Jahren, und mit welchem Ergebnis? Es besuchen weniger Menschen die Gemeinde als vorher. Wie kommt das? Wie kann es sein, dass Milliarden ausgegeben werden, um riesige Gemeindehäuser zu bauen und am Ende weniger Menschen sich einer Gemeinde anschließen und die Gemeinden immer mehr ins gesellschaftliche Abseits geraten?

Die Antwort ist die: Es geht nicht darum, Gemeinden zu gründen, um Evangelisation zu betreiben, deren Aufgabe mit der Bekehrung verlorener Menschen aufhört. Bücher über Gemeindegründung gehen häufig von der Prämisse aus, dass Gemeindegründung die beste Evangelisationsmethode ist. Das mag zwar stimmen – aber als Motivation für Gemeindegründung reicht das eben nicht aus. Alle Untersuchungen hinsichtlich der Gemeindeentwicklung in den USA sprechen deutlich von Wachstumsrückgang und Gemeindeverfall.[4]

Lesen Sie Lukas 12,32. Wie bezeichnet Jesus die Gruppe seiner Jünger?

___

___

___

Das Gebot der ersten Stunde ist nicht die Förderung und Erhöhung der Gemeindebesuchszahlen. Jesus befahl uns, Jünger zu machen – nehmen wir dieses Gebot ernst, so setzt das den Gemeindewachstumsprozess von selbst in Gang.

Lesen Sie Epheser 4,12-13. Welche Aufgabe kommt danach der Gemeindeleitung zu?

Das Jüngermachen ist eine Art Fortpflanzungsprozess. Wenn Jünger Jesu geformt und geistlich zugerüstet werden, beginnen sie, ihre Geistesgaben zu entdecken und einzusetzen, und es geschieht Fortpflanzung: Neue Kinder Gottes werden geboren.

Lesen Sie 2. Timotheus 2,2. Welchen Auftrag gibt Paulus an Timotheus weiter?

Die Ähnlichkeit mit unserem körperlichen Fortpflanzungsprozess ist auffallend: Aus der liebevollen und vertrauten Beziehung eines Ehepaares folgt die Empfängnis und Geburt eines Neugeborenen. Dank der äußerlichen und emotionalen Fürsorge und der ethischen Prägung durch die Eltern wächst das Kind zu einem reifen Erwachsenen heran, heiratet und gründet ebenfalls eine Familie. Und dieser Prozess setzt sich Generation um Generation so fort.

Die erste Gemeinde wuchs infolge eines geistlichen Prozesses der Jüngerschulung, wodurch Generation um Generation neue Gläubige hinzugetan wurden. Und das war eben nicht das Ergebnis einer Multiplikationsstrategie professioneller Prediger und Theologen, die neue Mitglieder für ein imposantes Gemeindegebäude gewann, sondern ein Multiplikationsprozess, in dem theologische Laien als Jünger Jesu andere Jünger prägten, die dann wiederum Jünger prägten und so weiter.

Robert Webber hat es einmal so ausgedrückt:

> Jüngerschaft ist keine Berufung, die nur Predigern oder Theologen im vollzeitlichen Gemeindedienst vorbehalten ist. Jüngerschaft ist die Vollzeitberufung für das gesamte Volk Gottes. Die Phase der Jüngerschulung ist die Zeit, in der dem gläubig gewordenen Menschen seine Berufung in Jesus Christus bewusst wird – die Berufung, zu jeder Zeit und an jedem Ort als Jünger Jesu zu leben. ... (Und) wenn der junge Gläubige heranreifen soll, braucht er diese „mutterleibsähnliche" Zeit des Lernens und Geprägtwerdens in der geschützten Umgebung einer Gemeinde.[5]

Lesen Sie folgende Stellen. Wie beschreibt Paulus seinen Dienst?

1. Thessalonicher 2,7:

1. Thessalonicher 2,11-12:

Diese mütterlich/väterliche Atmosphäre des Mentoring und der Jüngerschaft ist ein geistlicher Wachstums- und Lernprozess, der auch die Vermittlung der eigenen Berufung zur Jüngerprägung umfasst. Die Gemeinde trägt die Verantwortung, die ihr anvertrauten Gläubigen zuzurüsten, bis sie zur vollständigen Reife gelangt sind (siehe Eph 4,11-16). Jahrhunderte lang hat die Gemeinde diese Verantwortung auch wahrgenommen, indem reife Gläubige junge Gläubige in ihrem Wandel begleitet und ihnen Folgendes nahegebracht und vorgelebt haben:

- ein Leben im Glauben
- ein Leben in der Anbetung
- ein Leben mit Gebet
- ein Leben der Verwandlung in das Ebenbild Jesu
- ein Leben im Widerstand gegen die sündige Natur
- ein Leben im Streben nach geistlichen Entscheidungen
- ein Leben mit dem Blick für geistliche Fortpflanzung

Der Prozess der Jüngerschaft machte die erste Gemeinde aus, die dadurch zügig und auf natürliche Weise wuchs. Und dieses Wachstumsprinzip gilt auch noch für die Gemeinden heute. Dabei handelt es sich um eine beziehungsintensive Arbeit, wo reifere Christen als Mentoren in die neue Generation von Nachfolgern investieren. Und diese Arbeit ist nicht einseitig, sondern besteht aus einem Geben und Nehmen: Die ältere Generation wird zum Vorbild für die jüngere Generation und investiert ihr Leben in deren Prägung; und die neue Generation bekommt einen wertschätzenden Blick für die geistliche Vorbildfunktion der älteren Generation. Die ältere, reifere Generation gibt ihren Erfahrungsschatz an die Jüngeren weiter, und die jungen Gläubigen nehmen den weisen Rat der älteren Mentoren gerne an. Alles in allem bildet die Gemeinde die Gläubigen zu Jüngern heran, die wiederum andere Geschwister prägen und zu Jüngern machen.

Anhand biblischer Prinzipien haben wir in den letzten beiden Kapiteln die Merkmale einer Gemeinde herausgearbeitet, die Einfluss auf ihre Umgebung und auf das Leben von Menschen haben wird. Die Umgebung reagiert auf Gemeinden, die ein Herz für Mission haben und in denen die Liebe Christi authentisch gelebt wird. Sehen Sie sich einmal aufmerksam um. Mit Sicherheit werden Sie Menschen entdecken, die zur wahren Gemeinde Jesu gehören. Vielleicht gehören Sie auch selbst zu einer solchen Versammlung. Die Gemeinde Jesu ist lebendig und erfüllt ihre Aufgabe – dass Christen einander Liebe erweisen und Außenstehende mit Hoffnung, Liebe, Fürsorge und Erlösung für eine verlorene, bedürftige Welt erreichen.

Immer wenn wir Menschen beobachten, die **1)** das Beispiel erlöster Menschen verkörpern, **2)** die sich der Bedürftigen aus ihrer Umgebung annehmen, **3)** die die Verlorenen mit Gottes Versöhnung bekannt machen, **4)** die junge Geschwister für die Jüngerschaftsschulung Neubekehrter zurüsten, dann sehen wir den Beweis dafür, dass die Gemeinde Jesu lebendig und gesund ist. Selbst wenn diese Geschwister nicht alle diese Voraussetzungen bis zur Perfektion erfüllen, kann man doch anhand dieser Eigenschaften sehen, wie Christus in ihnen lebt und durch sie wirkt. Die Gemeinde ist das neue Volk Gottes, der Leib Christi, die Familie Gottes – der Ort, an dem Gott in seinem Volk Wohnung nimmt. Ein Volk, das seine Braut und sein Werkzeug ist, um mit dieser Welt an sein Ziel zu kommen. Das ist die Gemeinde Jesu Christi, und sie ist sehr lebendig und gesund – hier und überall auf der Welt.

Kapitel 11.3

Die Priorität der Gemeinde

In meiner Kindheit und Jugend hatte ich (Josh) kein sonderliches Interesse an Gemeinde. Das lag vermutlich daran, dass das, was die Gemeinde bot, nichts mit meinem Leben zu tun hatte. Das dachte ich jedenfalls. Ich war beliebt und fühlte mich deshalb akzeptiert. Ich war ein guter Sportler und bekam deshalb auch viel Lob. Ich hatte eine Menge Freunde und fühlte mich dadurch wertgeschätzt. Und weil ich überhaupt nicht religiös veranlagt war, war für mich klar, dass ich so etwas wie Gemeinde nicht brauchte.

Doch in Wahrheit war ich ein einsamer Mensch. Natürlich lebte ich so, als ob jeder mein bester Freund wäre und ich keine Sorgen hätte. Doch die Freundschaften, die ich hatte, waren zwar meilenweit gesät, aber höchstens einen halben Zentimeter tief. Tief innen fühlte ich mich einsam. Ich hatte nicht verstanden, dass Jesus und sein Leib, die Gemeinde, dafür da war, mir den Weg zu Gott zu zeigen und meine menschliche und geistliche Einsamkeit zu beseitigen.

Das Gefühl der Einsamkeit ist nicht unbedingt ein Indikator für Sünde oder für zwischenmenschliche Unfähigkeit. Einsamkeit ist ein Warnsignal Gottes, das uns auf die Notwendigkeit einer Beziehung zu ihm und zu anderen, einschließlich seiner Gemeinde, aufmerksam machen soll. Gott hat in unserem Herzen eine Art Zielsuchautomatik platziert, die nach Beziehungen Ausschau hält, wenn wir beginnen, uns allein zu fühlen. Und obwohl die Sünde uns daran hindert, die Beziehungen einzugehen, die unser Alleinsein beseitigen, ist die Sünde nicht der *Grund* für unsere Einsamkeit.

Aufgrund der in uns wohnenden Erbsünde kamen wir alle in verlorenem Zustand auf diese Welt – getrennt von Gott. Durch Christus können wir diese ursprünglich bestehende Beziehung zu Gott wieder aufnehmen, die durch die Sünde abgebrochen war. Deshalb glauben manche, dass Gott alles ist, was sie brauchen, um ihre Einsamkeit abzustellen. Doch das stimmt nicht ganz.

Lesen Sie 1. Mose 2,18. War es Gottes Absicht, dass der Mensch ganz allein in der Beziehung zu seinem Schöpfer lebt? Wie sieht Gottes Plan aus?

Adam lebte in einer vollkommenen und sündlosen Umgebung, und trotzdem sagte Gott, dass das Alleinsein nicht gut ist. Ganz offensichtlich war Gott mit seiner ganzen Liebe für sein Geschöpf da. Und trotzdem wusste er, dass Adam auch einer Beziehung zu seinesgleichen bedurfte. Deshalb schuf Gott einen zweiten Menschen, der ebenfalls Teil des von Liebe geprägten Beziehungsgeflechts zwischen dem Vater, dem Sohn, dem Heiligen Geist und Adam wurde. Gott hätte auch sagen können, dass er alles sei, was Adam brauche, doch er hat es eben nicht gesagt. Er schuf die Frau, um Adams Einsamkeit entgegenzuwirken.

Daran können wir sehen, dass Gott es beabsichtigte, sowohl die Beziehung zu ihm als auch die Beziehung zu Menschen in unserer Familie als Mittel gegen unsere Einsamkeit einzusetzen. Und er hat noch ein weiteres Mittel geschaffen: Er hat seinen Kindern, seiner Gemeinde, das Vorrecht und die Aufgabe gegeben, in tiefer Beziehung zueinander zu leben, um der menschlichen Einsamkeit entgegenzutreten. Weil Gott diese drei Möglichkeiten der Beziehungspflege geschaffen hat – Beziehung zur Familie, zur Gemeinde und zu ihm selbst –, müssen wir nicht mehr einsam sein.

Gleichwohl gibt es immer noch Menschen, die sich dagegen wehren, dass wir außer Gott noch irgendjemanden nötig hätten. Der Gedanke, zusätzlich noch auf Menschen angewiesen zu sein, erscheint ihnen fast ein bisschen demütigend. Gott ist allmächtig und die Quelle all dessen, was im Himmel und auf der Erde ist. Wie kann man also auf die Idee kommen, dass wir noch irgendetwas außer ihm bräuchten? Zur Untermauerung ihrer These berufen sie sich auf den Apostel Paulus, der betont, dass er außer Christus nichts nötig habe: *„Alles vermag ich in dem, der mich kräftigt“* (Phil 4,13). Dieser Vers mache deutlich, dass Gott auch in Zeiten geistlicher Schwachheit das Einzige ist, was wir brauchen. Doch das ist nicht der Punkt, den Paulus hier anspricht.

Lesen Sie Philipper 4,14.16. Welchen Beitrag haben die Geschwister in den Notzeiten des Paulus geleistet?

Paulus' Botschaft ist also vielmehr folgende: „Ich bin alles durch Christus, und es gefällt ihm, euch an diesem Prozess zu beteiligen." Ganz sicher brauchen wir Gott, und Gott stellt klar, dass wir auch einander brauchen.

Gemeinsam einem ganz großen Ziel entgegen

Lesen Sie Römer 12,5. Was lehrt diese Stelle über die Gläubigen?

Gott hat uns so geschaffen, dass wir als Beziehungswesen aufeinander angewiesen sind. Deshalb hat er ein Beziehungsbedürfnis in uns hineingelegt, das sich nach ihm und nach einander sehnt. Ist dieses Bedürfnis gestillt, empfinden wir Freude und Erfüllung. Bleibt es dagegen unbefriedigt, fühlen wir uns einsam.

Doch es geht um weitaus mehr als um die Befriedigung unseres Bedürfnisses nach Gott und nach anderen Menschen. Vor unserer Tür liegt eine verlorene Welt, und unsere Aufgabe ist es, das Evangelium zu predigen und zu leben und auf Gott hinzuweisen. Das Mittel, das Gott wählt, um Menschen zu sich zu ziehen, ist dieselbe Zielsuchautomatik, die uns weg von unserer Einsamkeit führt – Beziehungen!

Wenn die Gemeinde Jesu in Einheit lebt und gegenseitige Liebe praktiziert, wird Jesus verherrlicht und Menschen werden von ihm angezogen.

Lesen Sie Johannes 13,35. Woran soll die Welt erkennen, dass wir Jünger Jesu sind?

Lesen Sie Johannes 17,21.23. Was erkennt die Welt an der Einheit der Christen?

Die Gemeinde wird so zum wahren *„Salz der Erde"* und zum *„Licht für die Welt"*, wenn die Gläubigen einander lieben, wie Christus jeden Einzelnen von ihnen geliebt hat. Die größte Plattform der Gemeinde Jesu zur Verkündigung des Evangeliums von Jesus Christus ist ein Leben, das von Liebe zueinander und der für jedermann sichtbaren Integrität gekennzeichnet ist.

Lesen Sie 2. Korinther 6,3. Warum sollen wir uns davor hüten, dass jemand uns etwas Schlechtes nachsagen kann?

Im Zustand der Sünde und im Getrenntsein von Gott empfinden die Menschen ihre Einsamkeit.

Lesen Sie Matthäus 11,28. Wozu lädt Jesus ein?

Die Gemeinde ist die sichtbare Verkörperung des unsichtbaren Christus. Und wenn sein Leib die Einheit mit Gott und untereinander lebt und bewahrt, werden verlorene Menschen gerettet werden.

Was hat Priorität: geistliche oder menschliche Bedürfnisse?

Da die Heilige Schrift sehr deutlich macht, dass wir durch die Beziehung zu Gott und zueinander unsere Bedürfnisse und die der anderen stillen, stellt sich sofort die Frage, worin genau unsere Bedürfnisse bestehen. Wenn Beziehungen unsere Einsamkeit beseitigen, welches Bedürfnis liegt dieser Situation dann zugrunde? Unsere Bedürfnisse lassen sich ganz grob in zwei Kategorien aufteilen: menschliche Bedürfnisse und geistliche Bedürfnisse. Menschliche Bedürfnisse betreffen die emotionale, physische, geistige und wirtschaftliche Ebene. Bei den geistlichen Bedürfnissen handelt es sich um das Bedürfnis nach Erlösung und Rechtfertigung aus Gnade durch den Glauben an Jesus, das Bedürfnis nach Gott, dem Heiligen Geist, und das Bedürfnis nach ständiger Erneuerung und Auferbauung durch das Gebet, die Heilige Schrift und so weiter.

Welche dieser beiden Bedürfniskategorien hat Ihrer Meinung nach Priorität – die menschliche oder die geistliche? Bevor Sie nun vorschnell zu einer der beiden Antworten greifen, lesen Sie zunächst die folgende Geschichte, die der frühere Pastor und Gemeindeexperte David Ferguson in seinem Buch *The Never Alone Church* erzählt:

Ihr Pastor hat erst vor zwei Minuten mit der Predigt begonnen, als plötzlich die Seitentür des Gottesdienstraumes aufgerissen wird. Alle Köpfe fahren rum und erblicken zwei Männer, die den Raum betreten – einer von ihnen ein ziemlich verwahrloster Mann von der Straße, der andere eine hagere Erscheinung mit tief in den Höhlen liegenden Augen, der sich nur mit Mühe auf seinen stöckerigen Beinen halten kann. Hinter ihnen huscht noch eine ärmlich gekleidete junge Frau mit zwei kleinen Kindern hinein. Allesamt steuern sie die erste Reihe an und machen es sich dort bequem. Das Haar und der lange Bart des einen Mannes sind so verfilzt, dass sie sein Gesicht wie eine Maske bedecken. Der andere Mann kann kaum aufrecht sitzen, und die junge Frau kämpft mit ihren Kindern, die Lärm machen und herumlaufen wollen.

Die Augen der übrigen Gottesdienstbesucher wandern nervös zwischen den Überraschungsbesuchern und ihrem Pastor hin und her. In der Luft hängt die eine unausgesprochene Frage: Wer sind diese Leute und was um alles in der Welt wollen sie hier? Wie sind sie bloß an dem Begrüßungsteam im Foyer vorbeigekommen? Sind sie betrunken oder auf Drogen? Werden sie den Gottesdienst stören? Hat jemand wohl schon daran gedacht, die Polizei zu rufen? Alle sitzen schweigend da.

Ihr Pastor tritt nun von der Bühne herunter und geht auf den Mann zu, der wie ein Obdachloser aussieht und sagt: „Nun, darf ich fragen, wer Sie sind?" Der Mann steht auf und antwortet, zur Gemeinde gewandt: „Ich bin bereits seit zwei Jahren arbeitslos. Ich lebe auf der Straße und verdiene mir meinen Lebensunterhalt mit Betteln und Stehlen von lebensnotwendigen Dingen."

Der Pastor wendet sich dem anderen Mann zu und fragt: „Und wer sind Sie?" Der kränklich aussehende Mann rappelt sich mit einiger Mühe auf und entgegnet mit gebrochener Stimme: „Ich nehme sehr starke Medikamente. Ich habe AIDS im Endstadium. Als Drogenabhängiger habe ich häufig gebrauchte Spritzen benutzt, und so hat es mich schließlich irgendwann erwischt."

Als Letztes wendet sich Ihr Pastor an die junge Frau und stellt ihr dieselbe Frage. „Und Sie? Was ist Ihre Geschichte?" Die junge Frau erhebt sich und dreht sich zu den Zuhörern: „Ich bin alleinerziehend, arbeitslos und lebe von Hartz IV. Die Väter meiner Kinder kenne ich nicht. Es käme ein ganzer Haufen Männer in Frage."

Während die junge Frau wieder Platz nimmt, sieht Ihr Pastor Sie und die anderen Gottesdienstbesucher an und fragt: „Welche eigentlichen Bedürfnisse stehen hinter den Geschichten dieser drei Menschen, und was können wir tun, um ihnen zu begegnen?"[1]

Was würden Sie auf diese Frage antworten?

Wie würde Ihre Gemeinde darauf reagieren?

Manche würden vielleicht sagen: „In erster Linie brauchen sie Gott. Sie haben ein geistliches Bedürfnis nach Sündenbekenntnis. Die Frau muss zusehen, dass sie unabhängig von Sozialleistungen leben kann, und alle drei müssen ihr Leben in Ordnung bringen." Eine andere Meinung könnte lauten: „Bevor wir irgendetwas anderes tun, brauchen diese Menschen zunächst einmal Hoffnung. Sie alle brauchen das Gefühl, bedingungslos angenommen zu sein. Sie brauchen Mitgefühl und sofortige Unterstützung. Der eine braucht Nahrung und ein Dach über dem Kopf, zwei brauchen einen Rechtsbeistand, um ihre Angelegenheiten zu ordnen, und einer hat Fürsorge und Trost in seinen letzten Lebensmonaten nötig. Sie haben viele menschliche Bedürfnisse, die wir stillen müssen." Die Frage lautet also: Soll die Gemeinde diesen Menschen Liebe erweisen, indem sie sich zunächst auf ihre geistlichen Bedürfnisse konzentriert, oder soll sie sich zuerst um ihre menschlichen Bedürfnisse kümmern?

Ist es wirklich eine Frage der Priorität?

Diese Frage wäre wahrscheinlich gar nicht aufgekommen, wenn zu Beginn des 20. Jahrhunderts nicht etwas ganz Bestimmtes geschehen wäre. Ehemals war die Kirche Vorreiter in Sachen Sozialreform und Wohlfahrtsfürsorge, ohne aber die geistlichen Bedürfnisse der Menschen aus dem Blick zu verlieren. Einige Theologen, die bestimmte biblische Grundsätze nicht mehr anerkennen wollten, begannen jedoch dementsprechend, das Evangelium auf die soziale Komponente zu reduzieren und vernachlässigten dabei die geistliche Dimension der Botschaft. Von konservativer Seite wurde diese Entwicklung der Überbetonung des sozialen Engagements auf Kosten der geistlichen Versorgung der Menschen als Verrat an der Wahrheit betrachtet.

Wie es dann oftmals der Fall ist, ruft eine einseitige Aktion eine Reaktion ins andere Extrem hervor. Nach 1925 zogen sich viele Gemeinden aus dem Bereich des sozialen Engagements zurück, um Position gegen liberale Strömungen in der Theologie zu beziehen und für die Wahrheit aufzustehen. „Dieser Umschwung wird *The Great*

Reversal genannt.“[2] Die Folgen dieser Gegenbewegung klingen bis heute noch nach, da es sogar heute noch konservative Gemeinden gibt, die klar zwischen menschlichen und geistlichen Bedürfnissen trennen und ihr Augenmerk bewusst auf die geistliche Komponente richten. Es ist vollkommen klar, dass ein Ungleichgewicht entstünde, wenn sich die Gemeinde nur noch um menschliche Bedürfnisse kümmern und die geistlichen Bedürfnisse außer Acht lassen würde. Doch die *Great Reversal*-Bewegung führte zu einem genau entgegengesetzten Missverhältnis.

Welcher Seite gibt die Bibel den Vorrang? Sollte sich die Gemeinde vorrangig um geistliche Belange kümmern und die menschlichen Bedürfnisse hinten anstellen? Oder sollen wir die geistlichen Bedürfnisse zuerst stillen und danach die menschlichen? Oder hat die menschliche Seite Vorrang in der Hoffnung, dass auch die geistlichen Bedürfnisse irgendwie mitgestillt werden? Oder ist die Sorge um das menschliche Wohl ein Weg, um einen Menschen auch geistlich zu erreichen?

Jesus beantwortet die Frage

Jesus, das Haupt der Gemeinde, liefert uns die Antwort. Die Wahrheit ist, dass Jesus niemals zwischen menschlichen und geistlichen Bedürfnissen unterschieden hat.

Lesen Sie Matthäus 22,37-40. Wie sollen wir nach Jesu Worten Gott und den Nächsten lieben?

Gott: __________

Nächsten: __________

Jesus begegnete den Menschen genau dort, wo sie gerade bedürftig waren, unabhängig davon, ob das Bedürfnis geistlicher oder menschlicher Natur war.

Jesus sagte damit, dass wir Gott mit unserem ganzen Sein lieben sollen – geistlich, emotional, geistig, physisch, wirtschaftlich und so weiter. Und wir sollen die anderen lieben, wie sie sind – geistlich, emotional, geistig, physisch, wirtschaftlich und so weiter. Er räumte weder den geistlichen Bedürfnissen den Vorrang vor den menschlichen Bedürfnissen ein noch umgekehrt.

Er gebot uns, ihn vor allem anderen zu lieben und zu ehren, und im Gegenzug versprach er, für alle unsere Bedürfnisse zu sorgen, seien sie geistlicher oder menschlicher Natur (siehe Mt 6,19-34 und Phil 4,18-20). Doch Jesus machte eben gerade keinen Unterschied zwischen menschlichen und geistlichen Bedürfnissen, indem er sagte: „Ich werde mich erst um das eine kümmern und dann um das andere ...“ Jesus begegnete den Menschen genau dort, wo sie gerade bedürftig waren, unabhängig davon, ob das Bedürfnis geistlicher oder menschlicher Natur war.

Lesen Sie folgende Stellen. Welchen Bedürfnissen begegnete Jesus hier?

Lukas 18,41: __________

Johannes 9,6: __________

Jesus sagte nicht zu dem Blinden: „Wenn du nicht an mich als Erlöser glaubst, werde ich dich nicht heilen." Noch sagte er zu dem Lahmen: „Ich schlage dir ein Tauschgeschäft vor: Ich werde deine Beine komplett heilen, wenn du eine Beziehung mit mir eingehst." Jesus war innerlich von den menschlichen und geistlichen Bedürfnissen dieser Menschen bewegt und kümmerte sich um beides gleichermaßen.

Die Heilige Schrift berichtet von einer Begegnung zwischen Jesus und einem Mann namens Zachäus (Lk 19,1-10). Obwohl dieser Mann Jude war, stand er im Dienst der verhassten römischen Besatzung. Er war ein Zöllner. Die Juden zahlten die römischen Steuern nur sehr widerwillig, und dementsprechend richtete sich ihr Hass auch gegen diejenigen, die sie im Namen der Römer einzogen. Oftmals nahmen diese Zöllner den Leuten zu viel Geld ab, um ihre eigenen Taschen damit zu füllen. Daher fühlte sich Zachäus zu Recht von seinen Nachbarn abgelehnt und ausgegrenzt und hatte möglicherweise sogar Angst vor Racheakten. Mit Sicherheit war er einsam. Als Sünder bedurfte er in geistlicher Hinsicht der Vergebung. Als von den Juden Verachteter brauchte er menschlich gesehen die Anerkennung anderer.

Lesen Sie Lukas 19,5. Was möchte Jesus an diesem Tag machen?

____

____

Was meinen Sie, warum Jesus bei Zachäus zu Gast sein wollte?

____

____

Jesus hätte nichts Passenderes sagen können, um seine bedingungslose Annahme dieses verachteten Zöllners zu demonstrieren, als laut und vernehmlich anzukündigen, dass er in seinem Hause zu Gast sein wollte. Mit jemandem zusammen zu essen, bedeutete damals die höchste Form der Anerkennung.

Lesen Sie Lukas 19,6-7. Wie reagieren die Pharisäer darauf?

____

____

Indem er mit diesem Sünder Gemeinschaft hatte, hat Jesus die Wahrheit mitnichten verraten. Er hielt nach wie vor an seiner Auffassung fest, dass Betrug und Diebstahl Sünde ist. Doch der Meister war offensichtlich nicht der Meinung, dass Zachäus bei ihrer ersten Begegnung eine Lektion über die Laster eines betrügerischen Zöllners brauchte. Vielmehr begegnete Jesus Zachäus genau dort, wo er in diesem Moment bedürftig war – er brauchte Akzeptanz.

Lesen Sie Lukas 19,8. Wie reagierte Zachäus darauf, dass Jesus sich ihm auf der menschlichen Ebene genähert hatte?

Die Reaktion des Zöllners geschah dann automatisch auf der anderen Ebene, indem er Buße über seine Sünden tat. Jesus näherte sich Zachäus sowohl auf der menschlichen als auch auf der geistlichen Ebene. Das ist eine der typischen Eigenschaften Jesu – er begegnet den Menschen exakt an dem Punkt ihrer Bedürftigkeit – sowohl menschlich als auch geistlich.

Diese Tatsache stellt den Zusammenhang her zwischen dem Doppelgebot der Liebe und dem Missionsbefehl Jesu aus Matthäus 28,19. Menschen sollen zu Jüngern werden, indem sie mit unserer Liebe zu Gott und zu anderen Menschen in Berührung kommen und indem wir uns um ihre geistlichen und menschlichen Bedürfnisse gleichermaßen kümmern. Unseren Bedürfnissen wird mit folgenden Worten begegnet: „Ich sorge mich um dich, egal wo der Schuh drückt. Meine Liebe für dich wird genau dort ansetzen, wo du bedürftig bist – auf emotionaler, körperlicher, geistlicher oder wirtschaftlicher und jeder anderen denkbaren Ebene." Das ist eine Liebe, die den ganzen Menschen sieht. Diese Art von Liebe meinte der Apostel Johannes, als er schrieb: *„Kinder, lasst uns nicht lieben mit Worten noch mit der Zunge, sondern in Tat und Wahrheit! Hieran werden wir erkennen, dass wir aus der Wahrheit sind"* (1Jo 3,18-19).

Kapitel 11.4

Die Beziehungen in der Gemeinde

Haben Sie ein Bedürfnis nach Anerkennung? Sehnen Sie sich danach, angenommen zu sein? Brauchen Sie Lob? Solange Ihr Puls noch schlägt, haben Sie diese Bedürfnisse. Sogar Ihr Hund hat diese Bedürfnisse – falls Sie einen haben. Doch handelt es sich bei den Bedürfnissen nach Anerkennung, Annahme, Lob und so weiter um menschliche oder geistliche Bedürfnisse?

Die Antwort lautet: Sie sind sowohl geistlicher als auch menschlicher Natur. Als Jesus Zachäus am Punkt seines Bedürfnisses nach Akzeptanz begegnete, stillte er sowohl ein menschliches als auch ein geistliches Bedürfnis. Die bedingungslose Annahme durch den Meister rief in Zachäus unermessliche Freude und Begeisterung hervor. Er fühlte sich von seinem jüdischen Bruder wertgeachtet. Wahrscheinlich zum ersten Mal in seiner Karriere als römischer Steuereintreiber hatte er den Eindruck, als Mensch etwas wert zu sein. Doch Zachäus brauchte mehr als nur die Akzeptanz seinesgleichen. Er hatte die Vergebung seines betrügerischen Verhaltens nötig. Und als Sohn Gottes hatte Jesus die Macht, seine Sünde zu vergeben. Die Tatsache, dass Jesus ihn bedingungslos annahm, rief in Zachäus eine bußfertige Haltung und Reaktion hervor, und so stillte Jesus auch sein geistliches Bedürfnis nach Vergebung.

Sowohl unsere menschlichen als auch die geistlichen Bedürfnisse können unter dem Oberbegriff der beziehungsrelevanten Bedürfnisse zusammengefasst werden. Wir haben das beziehungsrelevante Bedürfnis, von Gott angenommen zu sein – ein geistliches Bedürfnis –, als auch von anderen angenommen zu sein – ein menschliches Bedürfnis. Darüber hinaus haben wir ein beziehungsrelevantes Bedürfnis nach Sicherheit, Lob, Aufmerksamkeit und so weiter. Und jedes dieser Bedürfnisse hat sowohl eine menschliche als auch eine geistliche Dimension. Wenn wir Menschen dort begegnen, wo ihre beziehungsrelevanten Bedürfnisse am dringendsten sind, gebraucht Gott uns gerne, um sowohl ihren menschlichen als auch ihren geistlichen Bedürfnissen gerecht zu werden, ohne einem von beidem dabei den Vorzug zu geben.

Lesen Sie 1. Korinther 12,24-26. Welche unserer Bedürfnisse stillt die Gemeinde?

Diese Verse stellen klar, dass die Glieder einer Gemeinde sich in gegenseitiger Liebe umeinander kümmern, einander im Leid trösten und sich in guten Zeiten auch gemeinsam freuen sollen. Das vermittelt uns das Gefühl, gut aufgehoben zu sein. Darüber hinaus erzeugt ein solches Miteinander eine Einheit unter den Gemeindegliedern sowohl auf geistlicher als auch auf menschlicher Ebene.

Lesen Sie Epheser 2,21. Wie würden Sie die hier dargestellte Einheit beschreiben?

Paulus beschreibt hier eine Einheit, die weit über das Bemühen hinausgeht, Streitigkeiten und Spaltung zu vermeiden. Es geht um eine Einheit, die die geistlichen Gaben der einzelnen Glieder zu einem harmonischen Ganzen zusammenfügt, so unterschiedlich die Gaben auch sein mögen. In einem Zusammenleben nach biblischem Vorbild werden die Stärken des Einzelnen hervorgehoben, während seine Schwächen an Relevanz verlieren. Bei einem harmonischen Schulterschluss in der Gemeinde gleichen die Stärken der Glaubensgeschwister meine Schwächen aus und umgekehrt. Und genau das ist es, was unserem Bedürfnis nach Respekt, Unterstützung und Annahme entspricht und uns ein Gefühl von Vollständigkeit und Fähigkeit vermittelt, das wir allein niemals erfahren würden.

Wenn unterschiedliche Glieder des Leibes Christi nach genau diesem Modell zusammenwirken, kann Gott große Dinge durch sie tun. Wird die Geistesgabe der Ermahnung durch die geistliche Gabe der Lehre ergänzt, und wenn beide sich wiederum ihrerseits mit der Gabe der Gastfreundschaft verbinden, die Gabe der Leitung und die der Evangelisation noch hinzukommen, und so weiter, werden wir Zeugen des mächtigen Wirkens Gottes werden. Und wenn jeder von uns die Bedürfnisse des anderen im Blick hat und ihnen aktiv begegnet, wird auch keines der Gemeindeglieder nach vorne gehen und verkünden: „Ich bin derjenige, um den es hier geht", oder: „Ich sorge erst einmal dafür, dass hier wirklich etwas vorangeht." Steht uns die Tatsache vor Augen, dass wir nur in der Gesamtheit des Leibes Christi Ergänzung finden, lenkt das den Blick von uns selbst weg auf denjenigen, dem alle Aufmerksamkeit gebührt – Christus.

Den Menschen als ganze Person lieben

Wir haben bereits verschiedene beziehungsrelevante Bedürfnisse betrachtet, die sowohl die menschliche als auch die geistliche Ebene umfassen, wie zum Beispiel Annahme, Trost, Unterstützung, Respekt und Anerkennung. Die Bibel nimmt auf viele unterschiedliche Bedürfnisse Bezug. David Ferguson hat über 50 verschiedene beziehungsrelevante Bedürfnisse herausgearbeitet, die in der Heiligen Schrift thematisiert werden. Wir werden uns zehn davon herausgreifen, auf die er in seinem Buch *The Never Alone Church* besonders intensiv eingeht. Je genauer wir diese Bedürfnisse verstehen lernen, desto besser werden wir erkennen, wie unsere Reaktion auf die menschlichen und geistlichen Bedürfnisse der Menschen in unserer Umgebung nach Gottes Vorstellung aussehen soll. Durch die bedingungslose Liebe für den Einzelnen als ganze Person kann Gott unsere Gemeinde im Leben und zum Segen anderer gebrauchen.

„Daran werden alle erkennen, dass ihr meine Jünger seid, wenn ihr Liebe untereinander habt"
(Joh 13,35)

Die Liebe kümmert sich um das Bedürfnis nach Trost

Liebe tröstet, indem sie Hoffnung sät, Schmerz lindert, Trost spendet und sich der Verletzungen eines Menschen annimmt.

Lesen Sie 2. Korinther 1,3-4. Was empfangen wir von Gott? Wozu?

____

____

____

Jeder von uns hat dann und wann einmal mit körperlichen, seelischen oder geistlichen Schwierigkeiten zu kämpfen. Wenn jemand an einer Krankheit leidet und medikamentös behandelt wird, können wir für ihn da sein und ihn im Gebet unterstützen, seine Krankheit oder seine Schmerzen zu tragen. Darüber hinaus können wir Trost spenden.

Lesen Sie Römer 12,15. Wozu fordert Paulus uns auf?

Spenden wir Menschen Trost, werden sie durch mehr getröstet als durch unsere menschliche Zuwendung: Gott stellt sich dazu und wirkt durch uns, dass der Leidende durch ihn selbst getröstet wird. Wir, seine Gemeinde, sind der Kanal, durch den Gottes Trost und Heilung denen zufließt, die Leid tragen müssen. An diesem Punkt empfängt der Betroffene sowohl die geistliche Segnung der Trost spendenden Zuwendung des lebendigen Gottes als auch den menschlichen Trost, den Sie ihm geben.

Wie wir bereits im vorherigen Kapitel herausgearbeitet haben, geht es beim Dienst des Tröstens nicht darum, jemanden wieder „auf Spur“ zur bringen, ihn zu disziplinieren oder ihm eine Standpauke zu halten. Liebe, die tröstet, begleitet den anderen in seiner leidvollen Situation und macht deutlich, dass sie mit ihm mitleidet. Dabei kann es sich um körperlichen Schmerz, seelische Verletzungen oder geistliche Schwierigkeiten handeln.

Lesen Sie 2. Korinther 5,20. Was ist unsere Funktion beim Trösten?

Die Trost spendende Liebe richtet den Blick des anderen vorbei an ihren eigenen tröstenden Worten und Taten hin auf Gott selbst.

Wer aus Ihrer Umgebung braucht Trost? Wie könnten Sie ihm Trost vermitteln?

Die Liebe kümmert sich um das Bedürfnis nach Aufmerksamkeit (Fürsorge)

Liebe zeigt Aufmerksamkeit und Fürsorge, indem sie den anderen in Gedanken bewegt und dadurch Interesse beweist, dass sie sich auf die Welt des anderen einlässt.

Lesen Sie 1. Korinther 12,25. Wie sollen die Glieder miteinander umgehen?

Gott hat uns diese Liebe erwiesen, als er unsere Welt betrat und Menschengestalt annahm, um unseren menschlichen und geistlichen Bedürfnissen zu begegnen. Er bewies uns, dass wir ihm so sehr am Herzen liegen, dass er den Himmel verlassen und sich für uns geopfert hat. Unsere Christusliebe für andere kann dem anderen eben dort begegnen, wo er sich nach aufmerksamer Fürsorge sehnt, indem wir unsere Zeit und Kraft für ihn opfern. Diese Art von Fürsorge für die persönlichen Bedürfnisse eines Menschen ist es häufig, die dann sein Herz für Gottes geistliche Botschaft empfänglich macht.

Wem könnten Sie heute Aufmerksamkeit und Fürsorge zeigen? Wie?

Die Liebe kümmert sich um das Bedürfnis nach Annahme

Liebe nimmt den anderen bedingungslos an, indem sie den anderen liebt, wie er ist.

Lesen Sie Römer 15,7. Woran soll sich unsere gegenseitige Annahme orientieren?

Die annehmende Liebe Jesu kann zwischen unserer Person als solcher und unserem Handeln unterscheiden. Jesus konnte in dem betrügerischen Zöllner Zachäus auch den Mann sehen, der förmlich nach Liebe und Annahme schrie. Die Liebe Jesu erwies Zachäus einen zweifachen Dienst: Sie nahm sich des Mannes an, der mit Zurückweisung und Ablehnung kämpfte, und sie brachte Jesus dazu, sein Leben für diesen betrügerischen Sünder zu lassen. Nur diese bedingungslose Annahme war es, die Jesus dazu befähigte, für uns zu sterben, als wir noch Sünder waren. Wenn wir andere bedingungslos annehmen, zeigen wir ihnen, dass sie in unseren Augen und in Gottes Augen wertvoll sind. Wenn wir andere annehmen, ohne dabei auf ihre körperlichen Einschränkungen, Leiden oder Behinderungen zu sehen, vermitteln wir ihnen ein Gefühl der Zugehörigkeit. Und es kann ihr Herz bereit machen, Gott zu vertrauen, dass auch er sie annimmt.

Fällt es Ihnen bei einer bestimmten Person schwer, sie anzunehmen? Wie könnten Sie ihr Annahme zeigen?

Die Liebe kümmert sich um das Bedürfnis nach Wertschätzung

Liebe drückt ihre Wertschätzung durch Lob und Dankbarkeit in Wort und Tat aus.

Lesen Sie 1. Korinther 11,2. Wodurch drückt Paulus seinen Dank aus?

Gott hat uns so geschaffen, dass wir auf das Lob anderer angewiesen sind. Bringen wir gegenüber unserem Ehepartner, unserem Kind, einem Bruder oder einer Schwester, einem Freund oder einem Unbekannten Dankbarkeit zum Ausdruck, zeigen wir ihm Liebe, die seinem Bedürfnis nach Wertschätzung begegnet. Wenn Sie einem Menschen gegenüber äußern, dass sie zutiefst dankbar für das sind, was er ist oder was er getan hat, dann wirkt das wie ein Heilmittel gegen Einsamkeitsgefühle. Und Sie geben Gott die Möglichkeit, seine Liebe durch Sie zu offenbaren.

Wem können Sie heute eine Geste der Wertschätzung zeigen? Wie?

Die Liebe kümmert sich um das Bedürfnis nach Unterstützung

Liebe unterstützt den anderen, indem sie eine Wegstrecke mit ihm geht und ihm hilft, eine Last zu tragen oder ein Problem zu lösen.

Lesen Sie Galater 2,6. Was tue ich indem ich anderer Lasten trage?

Was ist wohl damit gemeint?

Menschen können sich mutterseelenallein fühlen, wenn sie überfordert, deprimiert oder körperlich, seelisch bzw. geistlich belastet sind. Gott kann mächtig durch uns wirken, wenn wir einen solchen Menschen auf einem Stück seines Weges begleiten und ihm helfen, seine Last zu tragen. Wir können ihm beispielsweise Besorgungsfahrten abnehmen, seinen Rasen mähen, Reparaturarbeiten erledigen, ihn finanziell unterstützen, mit ihm beten, bei den Hausaufgaben helfen oder irgendetwas anderes tun, um den Druck von ihm zu nehmen oder zu erleichtern. Wenn wir im Geiste Christi den menschlichen und geistlichen Bedürfnissen anderer durch Unterstützung begegnen, werden sie sowohl unsere Liebe als auch Gottes Herrlichkeit erkennen. *„Und* (wir) *werden so verwandelt in dasselbe Bild von Herrlichkeit zu Herrlichkeit, wie es vom Herrn, dem Geist, geschieht“* (2Kor 3,18).

Wer braucht Ihre Unterstützung? Wie könnten Sie helfen?

Die Liebe kümmert sich um das Bedürfnis nach Ermutigung

Liebe ermutigt, indem sie dem anderen Mut macht und ihn motiviert, auf positive Ziele zuzugehen.

Lesen Sie 1. Thessalonicher 5,11. Was hat ermahnen mit ermutigen zu tun?

Wir alle erleben Zeiten der Entmutigung. Manchmal rauben uns Enttäuschungen, Zurückweisung oder Niederlagen allen Mut. Als Botschafter, die die Liebe Christi in die Welt tragen, sollen wir Hoffnung vermitteln, die Niedergedrückten aufrichten, neuen Mut geben und andere motivieren, auf positive Ziele hinzuarbeiten. Die Liebe Christi, die durch uns fließt, hat immer ein freundliches Wort, schickt eine liebe Karte, spricht ein aufrichtendes Gebet oder schenkt auf sonstige Weise helle Momente ... Momente, die das Gemüt des Niedergedrückten wieder heben.

Wen könnten Sie ermutigen oder motivieren?

Die Liebe kümmert sich um das Bedürfnis nach warmherziger Zuwendung

Liebe wendet sich dem anderen zu, indem sie sich in aller Warmherzigkeit kümmert und dem Bedürftigen durch wohltuende Worte und angebrachte körperliche Nähe hilft.

Lesen Sie Römer 12,10. Woran erkennen Sie,dass es um mehr als reines Nettsein geht?

Wir sind schöpfungsmäßig mit dem beziehungsrelevanten Bedürfnis ausgestattet, mit anderen in Kontakt zu treten. Und herzliche Worte und angebrachte körperliche Zuwendung unter Freunden wirken Wunder auf Wegen der Einsamkeit, weil sie dem anderen signalisieren, dass er uns etwas bedeutet. Zuwendung ist nicht nur dort angebracht, wo jemand niedergedrückt oder deprimiert ist. Zuwendung ist notwendig, um einen Menschen körperlich, seelisch und geistlich gesund zu erhalten. Zuwendung vermittelt dem anderen, dass er liebenswert ist. Paulus gebot den Christen in Rom, einander mit *„heiligem Kuss“* zu grüßen (siehe Röm 16,6). In der Kultur des mittleren Ostens ist das heute noch so üblich. In der westlichen Welt wurde diese Geste durch einen Händedruck oder eine Umarmung ersetzt. Körperliche Zuwendung ist ein von Gott eingesetztes Mittel, um den Menschen durch uns zu zeigen, dass er sie liebt.

Lesen Sie 1. Johannes 4,12. Was ist das Resultat unserer Liebe?

Die Liebe kümmert sich um das Bedürfnis nach Anerkennung

Liebe vermittelt Anerkennung, indem sie zum Ausdruck bringt, dass sie mit einer Person zufrieden ist.

Lesen Sie Römer 14,18. Womit steht Anerkennung hier in Verbindung?

„Wenn du Christus so dienst, wirst du Gott Freude machen und die Anerkennung der Menschen gewinnen“ (Röm 14,18).

Wir alle müssen ab und zu einmal den Satz hören: „Ich bin mit dir zufrieden.“ Wenn wir anderen durch unsere Worte und unser Handeln diesen Eindruck vermitteln, begegnen wir ihnen in ihrem Bedürfnis nach Anerkennung. Anerkennung sollte sich eher auf den Wert eines Menschen beziehen als auf seine Errungenschaften oder Leistungen. So vermitteln wir der jeweiligen Person echte Wertschätzung, die sie zu erfolgreichem Handeln motiviert. Wenn wir unser Augenmerk auf Eigenschaften wie beispielsweise Beständigkeit, Kreativität, Fleiß und Entschlossenheit richten, gilt unsere Aufmerksamkeit eher der Person an sich als ihrer Leistung. Wir alle haben ein menschliches Bedürfnis nach Anerkennung. Darüber hinaus haben wir ebenso ein geistliches Bedürfnis nach Anerkennung. Schließlich möchten wir alle von anderen Menschen und von Gott gesagt bekommen: *„Recht so, du guter und treuer Knecht“* (Mt 25,21).

Wem könnten Sie ein anerkennendes Wort sagen? Welche Eigenschaft wollen Sie hervorheben?

Die Liebe kümmert sich um unser Bedürfnis nach Sicherheit

Liebe vermittelt Sicherheit, indem sie Gefahren aus dem Weg räumt und Verlassens- und Versagensängste nimmt.

Lesen Sie 1. Johannes 4,18. Warum schließen Liebe und Furcht einander aus?

„Furcht ist nicht in der Liebe, sondern die vollkommene Liebe treibt die Furcht aus“ (1Jo 4,18).

Wenn wir in Gottes liebender Fürsorge und unter seiner schützenden Hand zur Ruhe kommen, fühlen wir uns sicher und geborgen. Wir begegnen Menschen auf der Ebene ihres Bedürfnisses nach Sicherheit, wenn wir dazu beitragen, dass sie sich beschützt fühlen und sich unserer Hilfe auch in Zukunft gewiss sein können.

David Ferguson schreibt in seinem Buch *The Never Alone Church* Folgendes:

> Geliebte Menschen sind zufrieden, wenn ihre gegenwärtigen Bedürfnisse gestillt werden. Doch sie fühlen sich sicher, wenn sie wissen, dass auch für ihre zukünftigen Bedürfnisse Sorge getragen wird. Ihre Kinder sind zum Beispiel zufrieden, wenn sie eine schmackhaft zubereitete Mahlzeit verspeist haben. Doch sie fühlen sich sicher, wenn sie dank Ihrer Liebe und Fürsorge wissen dürfen, dass Sie sich auch um ihre zukünftigen Bedürfnisse kümmern und auch morgen, nächste Woche und nächsten Monat noch für sie da sein werden. Ihr Ehepartner ist zufrieden, wenn er ein gemütliches Heim und schöne Kleidung hat. Doch er fühlt sich sicher, wenn Sie in die Zukunft investieren und zu geistlichem Wachstum und ehelicher Harmonie beitragen. Eine Freundin ist zufrieden, wenn Sie sie bezüglich einer schwierigen Entscheidung im Gebet unterstützen. Doch sie fühlt sich sicher, wenn sie Ihre Bemühungen um eine tiefe und anhaltende Freundschaft wahrnimmt.[1]

Wenn wir andere durch christusähnliche Liebe erreichen, fühlen sie sich in unserer Beziehung sicher und geborgen. Wir alle haben das menschliche Bedürfnis nach Sicherheit, doch hinzu kommt noch unser geistliches Bedürfnis nach Sicherheit. Der Apostel Johannes sagt, dass *„die Liebe die Furcht austreibt"*.

Gottes Liebe ist in uns vollendet, wenn wir gerechtfertigt sind – dank des stellvertretenden Todes Jesu vor Gott für gerecht erklärt. Nur dann können wir uns in seiner Liebe vollkommen geborgen fühlen.

Lesen Sie Römer 8,38-39. Mit welchem Wort würden Sie Ihre Sicherheit in Christus beschreiben?

Die Liebe kümmert sich um das Bedürfnis nach Respekt

Liebe ist respektvoll, indem sie den Wert einer Person hoch schätzt und vermittelt, dass er oder sie wertvoll ist.

Lesen Sie 1. Petrus 2,17. Gibt es Menschen, auf die wir dieses Gebot nicht anzuwenden brauchen? Warum oder warum nicht?

Wenn wir anderen mit Respekt begegnen, geht es darum, ihnen Ehre zu erweisen. Die Heilige Schrift sagt, dass wir Gott, unsere Eltern, die Alten und die Regierung ehren sollen.

Lesen Sie Römer 12,10. Welche Kennzeichen soll die Bruderliebe haben?

Wenn wir die Ideen, Sichtweisen, Meinungen, Zeit, Wünsche und den Terminkalender unserer Mitmenschen respektieren, machen wir deutlich, dass wir sie wert achten. Stillen wir das Bedürfnis der anderen nach Respekt, fühlen sie sich wertgeschätzt, und es öffnet ihnen den Blick für die Tatsache, dass sie für Sie und für Gott wertvoll sind.[2]

Wir müssen niemals einsam sein

Christus hat uns seinen Leib, die Gemeinde, gegeben, um uns für den Dienst zuzurüsten und uns die Möglichkeit zu geben, anderen Menschen mit seiner Liebe zu dienen und ihren menschlichen und geistlichen Bedürfnissen zu begegnen. Sind wir ein Teil seiner Gemeinde, müssen wir niemals mehr einsam sein. Durch Gottes Heiligen Geist ist Christus in unserem Leben gegenwärtig, und die Glieder seines Leibes sind ebenfalls für mich da und bereit, mit mir durch dick und dünn zu gehen.

Gottes Gemeinde ist auch heute noch lebendig und gesund, um ihrer Umgebung Hoffnung zu spenden und ihr die Liebe Christi zu zeigen, die uns und einer bedürftigen Welt unter anderem Folgendes zuruft:

- Es gibt *Trost*, der Ihren körperlichen Schmerz lindert, Ihnen eine Schulter bietet, an der Sie sich ausweinen können und innere Heilung erfahren.
- Es gibt *aufmerksame Fürsorge*, die Ihnen deutlich macht, dass Sie Gott wichtig sind. So wichtig, dass er gestorben ist, um eine Beziehung zu Ihnen zu haben. Und seine Gemeinde ist für Sie da, um sich um Ihre menschlichen und geistlichen Bedürfnisse zu kümmern.
- Es gibt eine *Annahme*, die Ihnen zeigt, dass Sie um Ihrer selbst willen bedingungslos geliebt sind.
- Es gibt *Wertschätzung*, die ein Lob an Sie ausspricht – für das, was Sie sind und getan haben.
- Es gibt *Unterstützung*, wenn Sie eine helfende Hand oder eine Schulter brauchen, die Ihre Lasten mit trägt.
- Es gibt *Ermutigung* für Zeiten der Enttäuschung, des Versagens oder in Schwierigkeiten.
- Es gibt *warmherzige Zuwendung*, die Ihnen versichert, dass Sie trotz allem geliebt sind.
- Es gibt *Anerkennung*, die sagt: „Ich bin mit dir zufrieden."
- Es gibt *Sicherheit* auch in Zeiten, in denen Gefahr droht. Für Zukunftsängste ist dann kein Raum mehr.
- Es gibt *Respekt*, der das schätzt, was Sie denken und tun.

Die Gemeinde, der Leib Christ, ist lebendig und gesund,

„... zur Ausrüstung der Heiligen für das Werk des Dienstes, für die Erbauung des Leibes Christi, bis wir alle hingelangen zur Einheit des Glaubens und der Erkenntnis des Sohnes Gottes, zur vollen Mannesreife, zum Maß der vollen Reife Christi. Denn wir sollen nicht mehr Unmündige sein, hin- und hergeworfen und umhergetrieben von jedem Wind der Lehre durch die Betrügerei der Menschen, durch ihre Verschlagenheit zu listig ersonnenem Irrtum. Lasst uns aber die Wahrheit reden in Liebe und in allem hinwachsen zu ihm, der das Haupt ist, Christus" (Eph 4,12-15).

12. Wahrheit

Die Wiederkunft Jesu Christi

Kapitel 12.1

Unser neu gemachtes Zuhause: Der Himmel auf Erden

Das Dach der Scheune war zur Hälfte abgetragen. Einige Fensterscheiben waren zerbrochen. An der Giebelseite war offensichtlich einmal eine Wandverkleidung gewesen, von der nun nicht mehr viel übrig war, und das bisschen ausgeblichene Farbe an den Verkleidungsresten blätterte ab. Das Scheunentor hing schief in den Angeln, was auf einen instabilen Untergrund schließen ließ. Überall auf dem Grundstück schoss das Unkraut kniehoch aus dem Boden, und im Laufe der Jahre hatte sich totes Blattwerk und umherfliegender Müll darin gesammelt.

Ich (Sean) stand da und schaute mich in dieser Ruine um, während mein Vater mit seinem Arm einen großen Bogen beschrieb und meinen Schwestern und mir feierlich verkündete, dass wir uns nun auf dem 120 Hektar großen Anwesen vor den Toren von Union City, Michigan, befänden, wo er seine Kindheit und Jugend verbracht hatte. Das war also sein Zuhause gewesen. Mein Blick fiel wieder auf die baufällige Scheune, das Getreidesilo, das sich bedenklich stark seitwärts neigte, und die überwucherten Felder. Ich versuchte mir vorzustellen, wie es hier wohl in den 40er Jahren ausgesehen haben mochte.

Mein Vater erinnerte sich daran, wie es war, wenn seine älteste Schwester zu Besuch kam und er seiner Mutter dabei half, Eiskrem auf der Gartenveranda zu machen. Er meinte, seine Mutter habe den besten Sirup weit und breit hergestellt, den sie als Kinder literweise getrunken hätten. Es lag auf der Hand, dass Josh viel mehr in diesem Stück Land sah als meine Schwestern und ich. Wir sahen nur die Ruinen, doch er hatte dank der Brille der Erinnerung das Bild von damals vor Augen.

Als wir uns dem Getreidesilo näherten, war eine plötzliche Veränderung in Joshs Verhalten zu beobachten. Die schönen Gedanken an selbstgemachtes Eis und Sirup waren wie weggeblasen. Denn in Wirklichkeit waren die glücklichen Kindheitserinnerungen meines Vaters sehr dünn gesät. Kaum hatten wir uns ein paar Schritte von dem alten, desolaten Verschlag entfernt, blieb er wie angewurzelt stehen. Er starrte auf die wettergegerbte Fassade, und Tränen begannen, seine Wangen herunterzulaufen. Innerhalb weniger Sekunden wurde er so von seinen Gefühlen übermannt, dass es ihn regelrecht lähmte. Ihn lähmte die Erinnerung an jenen Tag, den er mit Gefühlen der Scham und des Verlassenseins verband. Wie ein Film lief dieser Tag noch einmal vor seinem inneren Auge ab, als ein kleiner, verängstigter elfjähriger Junge sich einsam und allein bis zum Hals im Getreide vergraben hatte, um sich vor der Erniedrigung durch seinen umherwütenden betrunkenen Vater zu schützen. Es überkam ihn so plötzlich und so heftig, dass er nicht mehr an sich halten konnte und bitterlich weinen musste. Meine Schwestern und ich legten unsere Arme um ihn und weinten mit.

Seit jenem Tag betrachtete ich meinen Vater noch einmal mit anderen Augen. Diese alte Farm, von der nur noch Ruinen übrig waren, war das Zuhause seiner Kindheit gewesen. Wie sehr wünschte er sich, es wäre ein Ort des Friedens und der Geborgenheit, der Freude und des Glücks gewesen. Doch davon war Joshs Zuhause weit entfernt gewesen. An jenem Tag begriff ich, wie schmerzvoll Joshs Kindheit für ihn gewesen sein musste – Ruinen einer Kindheit, die niemals so wiederhergestellt werden konnte, wie sie eigentlich hätte sein sollen.

Jesus wird wiederkommen, um wiederherzustellen, was in Trümmern liegt

Vor zweitausend Jahren sah Gott durch die Augen eines Menschen, wie die ganze Welt in Trümmern lag. Was einst ein Paradies gewesen war, in dem Frieden und Geborgenheit, Freude und Glück wohnten, war nun eine von Schmerz und Leiden, Mord und Zerstörung geschüttelte Welt. Der Sohn Gottes stand am Rande der Stadt, deren Bewohner ihn verworfen hatten, und trauerte.

Lesen Sie Matthäus 23,37-39. Wie zeigte sich die Abkehr von Gott im Volk Israel?

Israel hat Jesus als seinen Messias abgelehnt. Was aber wird in Zukunft einmal geschehen?

Ich (Josh) besaß nicht die Mittel, um das alte Anwesen der McDowells in seinen ursprünglichen Zustand zurückzuversetzen. Und selbst wenn ich es hätte renovieren können, hätte ich doch meine Mutter und meinen Vater nicht wiederbringen und die Zeit zurückdrehen können, um das Zuhause meiner Kindheit nachträglich zu einem Ort der Geborgenheit und der gegenseitigen Liebe zu machen. Das alles lag weit in der Vergangenheit, die wir nicht mehr ändern können.

Doch Gott hat andere Mittel als wir. Er kann aus Ruinen etwas völlig Neues machen. Das gilt sowohl für die gesamte Schöpfung als auch für unsere zerstörten Beziehungen. Dementsprechend schreibt Matthäus auch: *„Gepriesen sei, der da kommt im Namen des Herrn!“* (23,39). Denn Christus wird eines Tages wiederkommen und wird dieses irdische „Zuhause“, das jetzt noch „öde und leer“ ist, wiederherstellen.

Lesen Sie Römer 8,21-23. Was wird einmal alles wiederhergestellt werden?

Alles wird wiederhergestellt und die Herrlichkeit des Gartens Eden übertreffen.

Lesen Sie Römer 8,23. Was wird mit uns geschehen?

Gott wird nicht nur die Erde neu machen, sodass sie makellos und vollkommen ist. Er wird auch uns neu machen und vom Schmerz der Vergangenheit und dem Leid der Gegenwart befreien.

Jesus wird wiederkommen und es wird eine neue Erde geben

Der Psalmdichter David schreibt in Psalm 24,1: *„Des Herrn ist die Erde und ihre Fülle, die Welt und die darauf wohnen.“* Gott hat Himmel und Erde erschaffen, und seine Bewertung diesbezüglich lautete: „Sehr gut.“ Und bis heute hat er auf seinen Rechtsanspruch an seiner Schöpfung nicht verzichtet. Zwar liegt beides mittlerweile in Trümmern, doch er hat konkrete Pläne, etwas Neues zu machen.

Lesen Sie 2. Petrus 3,13. Welche Pläne hat Gott für die Zukunft?

Gott hat seinen ursprünglichen Plan nicht aufgegeben. Auch von seiner Vorstellung einer vollkommenen Erde ist er nicht abgerückt. Sein Plan, seine Kinder zukünftig in einer perfekten Umgebung leben zu lassen, steht felsenfest. Er wird einen neuen Himmel und eine neue Erde schaffen, die in einem vollkommenen Zustand sein und bleiben werden.

Lesen Sie Psalm 115,16. Was ist der von Gott bestimmte Lebensraum des Menschen?

Der Himmel ist Gottes Wohnstatt. Die Erde dagegen ist unser Zuhause, und das nicht nur jetzt, sondern für immer, so wie Gott es auch ursprünglich vorgesehen hatte. Und es ist Jesus, der uns in Ewigkeit mit Gott vereinigen und unser Zuhause mit dem seinen verbinden wird. In der Offenbarung berichtet Johannes davon, dass er die Heilige Stadt, das Neue Jerusalem, gesehen hat, das vom Himmel herabkam.

Lesen Sie Offenbarung 21,3. Was wird das Besondere auf der neuen Erde sein?

Der Theologe Randy Alcorn beschreibt das Neue in seinem Buch *Der Himmel* folgendermaßen:

> Es wird einen Kosmos geben, ein Universum – in Ewigkeit vereint unter der Herrschaft *eines* Herrn. Das ist der unabänderliche Plan Gottes. Darauf steuert die Geschichte zu. Als Gott mit Adam und Eva im Garten Eden wandelte, war die Erde der Garten des Himmels. Die Neue Erde wird mehr sein als das – sie wird der Himmel sein. Und diejenigen, die zu Jesus gehören, werden das Vorrecht haben, dort zu wohnen.[1]

Wenn Gottes Plan einmal vollendet sein wird, werden wir in den Genuss einer neuen Erde nach dem makellosen Vorbild des Gartens Eden kommen.

Lesen Sie Offenbarung 22,3. Was wird es auf der neuen Erde nicht mehr geben?

Es wird keine Dornen oder Disteln mehr geben, an denen wir uns stechen könnten. Kein „Recht des Stärkeren" mehr in der Tierwelt, denn auch die Tiere werden friedlich miteinander leben. Es wird keine Zwietracht, kein Gerangel und nichts Böses mehr geben, denn *„alles Unreine wird nicht in sie hineinkommen, noch derjenige, der Gräuel und Lüge tut, sondern nur die, welche geschrieben sind im Buch des Lebens des Lammes"* (Offb 21,27).

Jesus wird unseren Leib wiederherstellen

Als Gottes erlöste Kinder werden wir in Ewigkeit auf dieser vollkommenen Erde leben, wo weder *„Trauer, noch Geschrei noch Schmerz mehr"* sein wird (Offb 21,4).

Lesen Sie 1. Korinther 15,53-54. Was muss zuvor geschehen, damit wir auf dieser neuen Erde leben können?

Sowohl die Wiederherstellung unseres Leibes als auch die der Erde sind von der Wiederkunft Christi und der Vernichtung von Tod und Teufel abhängig. Zuerst jedoch musste Jesus zur Tilgung unserer Schuld sterben. Das hat er getan. Danach musste er den Tod durch seine Auferstehung besiegen, um unser Hoherpriester werden zu können. Auch das hat er getan. Und im Zuge seines zweiten Kommens wird er den Tod und den Bösen vernichten und alles neu machen.

Lesen Sie Hebräer 2,14. Warum musste Jesus Mensch werden?

Lesen Sie 1. Korinther 15,26. Welcher Feind wird als Letztes weggeschafft werden?

Wir glauben an die Wahrheit, dass Jesus einst wiederkommen wird, um unsere leblosen Leiber in ewig lebende Leiber zu verwandeln, um die Sünde wegzutun und schließlich mit uns auf einer neuen Erde bis in alle Ewigkeit zu wohnen.

Durch seine Auferstehung hat Jesus den Tod besiegt und wird eines Tages auf die Erde zurückkehren und seine Macht beweisen, indem er den Teufel, den Tod und das Grab in den Feuersee wirft. Das nennt die Bibel *„den zweiten Tod"* (siehe Offb 20,10-15). Jesu Auferstehung ist die notwendige Voraussetzung für seine Wiederkunft und die Schaffung eines neuen Himmels und einer neuen Erde. Christus hat uns versprochen, wiederzukommen und alles neu zu machen. Angesichts dieses Versprechens können wir getrost sein und Ruhe finden. Der Schreiber des Hebräerbriefes hat es so ausgedrückt: *„Es ist unmöglich für Gott zu lügen"* (Hebr 6,18).

Kapitel 12.2

Hinweise für ein Leben nach dem Tod

Vorfreude auf ein ewiges Leben auf einer neuen Erde in einem neuen Leib sagt viel über Ihren Glauben aus. Zunächst einmal gehen Sie fest davon aus, dass es ein Leben nach dem Tod gibt. Dieses Buch wurde unter anderem dafür geschrieben, um Ihnen verlässliches Material an die Hand zu geben und dadurch Ihren Glauben zu stärken. Wir haben verschiedenste Argumente für die Tatsachen angeführt, dass Jesus den Tod besiegte und versprach, dass auch Sie einmal von den Toten auferstehen werden. Auf das Versprechen Jesu können Sie sich getrost verlassen.

Doch dafür, dass Ihre unsterbliche Seele dieses zeitliche Leben überdauern wird, liefert uns die Heilige Schrift eine Menge Hinweise, sodass wir sicher wissen können, dass es ein Leben nach dem Tod gibt. Über dieses Thema wurden bereits stapelweise Bücher geschrieben. In meinem Buch *Is God Just a Human Invention?* (dt. etwa *Ist Gott nur eine menschliche Idee?*) habe ich (Sean) dieser Thematik ein eigenes Kapitel gewidmet. Für die Existenz eines Lebens nach dem Tod lassen sich viele Hinweise finden, auf die wir nun im Folgenden genauer eingehen werden.

Ewigkeit im Herzen des Menschen

Kürzlich berichtete mir eine ehemalige Studentin von einem Gespräch, das sie zu Beginn ihres Englischstudiums hatte. Der Lehrer begann den Unterricht mit dem Artikel eines Science-Fiction-Autors, der davon überzeugt war, dass man mittels modernster Computertechnologie Übermenschen konstruieren könne, die im Jahre 2030 die Weltherrschaft übernehmen könnten. Dieser Lehrer war nun der Hoffnung, dass es sich bei diesen Übermenschen um Umweltschützer handeln würde, denen der Erhalt unserer unterentwickelten Rasse irgendwie am Herzen liegt. Daraufhin meldete sich meine ehemalige Studentin und fragte: „Wie kann ein Stück Materie denn so etwas wie ein Bewusstsein entwickeln?“ Der Lehrer lachte nur und meinte: „Oh, dann gehe ich davon aus, dass Sie auch an die Existenz einer Seele glauben?“ Der ganze Kurs lachte sie daraufhin aus.

Es gibt nicht wenige Wissenschaftler und Pädagogen, die davon überzeugt sind, dass die sichtbare Welt alles ist, was existiert, und die deshalb auch nicht an die Existenz der Seele oder an ein Leben nach dem Tod glauben. Diese Sichtweise war in früheren Zeiten durchaus unüblich. Seit Beginn der Menschheitsgeschichte ist nahezu jede Kultur und jede Zivilisation selbstverständlich von einem Leben über das Grab hinaus ausgegangen und hat angenommen, dass die menschliche Seele über den körperlichen Tod hinaus existiert.

Lesen Sie 1. Thessalonicher 5,23. Wie teilt die Bibel den Menschen ein?

Es ist erstaunlich, dass sich der allgemeine Glaube an ein Leben nach dem Tod über die Jahrhunderte hindurch halten konnte, obwohl man kein empirisches Beweismaterial in den Händen hielt. Natürlich glauben Menschen auch Dinge, obwohl sie sie noch nicht selbst erfahren haben. Sie glauben zum Beispiel, dass es einen Mount Everest gibt, obwohl sie seinen Gipfel noch nie bestiegen haben. Sie glauben auch, dass es das *Great Barrier Reef* vor der Küste Australiens gibt, obwohl Sie dort noch nie nach Korallen getaucht haben. Ebenfalls ist allgemein bekannt, dass jedes Jahr Hunderte von Schwalben ihre knapp 20.000 Kilometer weite Rundreise zwischen Argentinien und San Juan Capistrano wie ein Uhrwerk absolvieren, obwohl die meisten Menschen dieses Schauspiel nie mit eigenen Augen gesehen haben. Auch wenn kaum jemand die vorbezeichneten Naturerscheinungen aus erster Hand kennt, kann man diese dennoch beobachten – teilweise schon seit Jahrzehnten oder gar seit Jahrhunderten. Es gibt Zeitungsberichte, Fotos und auch Dokumentationen, die uns solche Naturphänomene nahebringen. Also erscheint es gar nicht ungewöhnlich, ihre Existenz als gegeben hinzunehmen, weil es klar ist, dass man ihr Vorhandensein im Zweifelsfall empirisch nachweisen könnte.

Doch anders scheint es sich zu verhalten, wenn es um den bis heute existenten Glauben aller Kulturen an etwas geht, das sich scheinbar nicht beweisen oder erfahren lässt. Warum ist die Überzeugung, dass es ein Leben nach dem Tod gibt, so tief und einhellig in jeder Kultur vertreten, ohne dass empirisches Beweismaterial dies untermauern würde?

Lesen Sie Prediger 3,11. Woher stammt laut diesem Vers unsere Ahnung von einem Leben nach dem Tod?

Ganz offensichtlich wurde das Bewusstsein für die Existenz eines Lebens nach dem Tod tief in das menschliche Herz eingepflanzt. Obwohl die Menschen keinen Blick in das Kommende werfen können, glaubt die Mehrheit doch daran, dass es existiert, und das glaubt sie bereits von Anbeginn der Zeit.

Der freie Wille der Seele

In Kapitel 8 meines Buches über den „neuen Atheismus“, *Is God Just a Human Invention?*, befasse ich (Sean) mich mit der Frage des Zusammenhangs der Existenz der Seele und des freien Willens. Der nun folgende Text ist ein Auszug aus diesem Kapitel.

Der amerikanische Kulturkritiker Tom Wolfe brachte 1996 einen Artikel heraus, der mit der Frage „Es tut mir leid, aber Ihre Seele ist soeben gestorben“ überschrieben war. Darin besprach er eine neue Darstellungsmethode, mit Hilfe derer Neurobiologen das Gehirn eines Patienten während eines Gedankens oder eines Gefühls untersuchen können. Er behauptet: Wenn man davon ausgeht, dass das Bewusstsein und die Gedanken rein physikalische Erzeugnisse des Gehirns und des Nervensystems sind und das Gehirn von Geburt an fertig geprägt ist, dann kann man nicht davon ausgehen, dass wir einen freien Willen haben. Wo soll ein solcher denn herkommen?“[1] Die Schlussfolgerung, die Wolfe hier zieht, ist durchaus folgerichtig: Wenn es keine Seele gibt, haben wir auch keinen freien Willen.

Aus Sichtweise des Materialismus besteht der Mensch nur aus seinem Körper. Wenn wir lediglich ein materialistisches System sind, fehlt uns das innere Selbst und damit auch die Möglichkeit, frei zwischen zwei Alternativen zu wählen. Darüber hinaus haben wir dann kein Bewusstseinszentrum, um vernunftgesteuerte Entscheidungen zu treffen. Was uns wie ein bewusst gesteuerter Entscheidungsprozess erscheint, ist nicht mehr als ein Phantom als Produkt eines mechanischen Hirnprozesses, ausgelöst durch externe Stimuli. Unser gesamtes physikalisches System wird komplett von außen und nicht etwa durch interne Entscheidungsprozesse gesteuert. Folgt man dem Denkansatz des Materialismus konsequent bis zum Ende, fehlt uns die Fähigkeit, unser Handeln selbst zu bestimmen. Was wie ein

Handlungsentschluss aussieht, ist in Wirklichkeit durch mechanische und neurologische Prozesse und die naturgegebene Programmierung Ihres Gehirns festgelegt.

Lesen Sie 5. Mose 30,19-20. Wozu fordert Gott hier auf?

Was setzt das voraus?

Diese These von einem unfreien Willen widerspricht jedoch unserer alltäglichen Erfahrung und Wahrnehmung. In unserem Verhalten gehen wir davon aus, dass unser Denken frei gewählte Entscheidungen hervorbringt, die unser Gehirn dann schalttechnisch umsetzt. Wenn beispielsweise ein Fremder innehält, um uns die Tür aufzuhalten, dann würden wir seinen Gedankenprozess wahrscheinlich folgendermaßen beschreiben: „Dieser freundliche Mensch hat sich bewusst vorgenommen, einen Moment zu warten, um uns die Tür aufzuhalten." Wir würden wohl kaum auf die Idee kommen zu denken: „Aufgrund der Schaltvorgänge in seinem Gehirn wurde der Mann angehalten, sich umzudrehen und uns die Tür aufzuhalten." Wir nehmen natürlich an, dass es seine freie Entscheidung war, uns die Tür zu öffnen, weswegen wir uns wahrscheinlich ja auch bei ihm bedanken würden. Dankesbekundungen ob einer Geste der Freundlichkeit wären überflüssig, wenn beide lediglich mechanische Systeme wären, deren Handlungen durch die unbeeinflussbaren Schaltvorgänge des Gehirns bedingt wären.

Die Erfahrung, sein Handeln frei bestimmen zu können, ist so tief in unserem Erleben verankert, dass wir nicht so handeln könnten, als wäre das Ganze nur eine Täuschung. Der Philosoph John Searle gibt zu bedenken, dass wir auf die Frage eines Obers, ob wir denn lieber Schwein oder Rind essen wollten, nur schwerlich antworten könnten: „Mein lieber Freund, ich bin Determinist. Deshalb muss ich leider abwarten, zu welcher Bestellung es am Ende kommt."[2]

Verneint man die Existenz des freien Willens, hat das schwerwiegende Konsequenzen und wirft existenzielle Fragen auf. Wie kann Liebe überhaupt von Bedeutung sein, wenn sie nicht frei wählbar ist? Wie können wir den Menschen überhaupt moralisch für sein Handeln verantwortlich machen, wenn er keine Handlungsalternativen hat. Was hat Strafe dann noch für einen Sinn? Und welchen Sinn hat auf der anderen Seite dann so etwas wie Belohnung? Unsere Fähigkeit, frei zu entscheiden, ist ein klarer Hinweis auf die Existenz der menschlichen Seele.[3]

Fällt Ihnen ein anderes Beispiel aus dem Alltag ein, das man ohne die Voraussetzung eines freien Willens nicht erklären könnte oder dessen Erklärung dann absurd wäre?

Nahtoderlebnisse

Für Pam Reynolds gab es nicht mehr viele Optionen. Sie hatte ein Aneurysma am Hirnstamm, das mit Hilfe konventioneller Behandlungsmethoden nicht operabel war. Also stimmte sie einer experimentellen Methode zu, bei der die Chirurgen das Gehirn unter Vollnarkose in einen Ruhezustand versetzen, die Körpertemperatur auf 15,6 Grad Celsius absenken, das Herz stilllegen, um den Blutzufluss zum Gehirn zu stoppen und den Patienten insgesamt in einen klinisch toten Zustand versetzen.

Der Eingriff wurde durchgeführt. Die Chirurgen entfernten das Aneurysma aus Pams Gehirn und holten sie von der Schwelle des Todes zurück. Die Zeitung *USA Today* berichtete in ihrer Ausgabe vom 22. Juni 2009 von diesem spektakulären Eingriff und überschrieb den Artikel mit den Worten *The God Choice.*[4] In diesem Bericht wurde Pam zitiert, die davon erzählte, wie sie ihren Körper verlassen und die gesamte Operation aus der Vogelperspektive mitverfolgt habe. Sie konnte interne Details der Abläufe im Operationssaal wiedergeben einschließlich der individuellen Beteiligung der einzelnen Chirurgen und OP-Pfleger an ihrem Eingriff. Zutreffend beschrieb sie die Knochensäge, mit der man ihren Schädel geöffnet hatte sowie weitere Einzelheiten bezüglich der verwendeten Instrumente. Darüber hinaus konnte sie die Gesprächsinhalte der Operateure wiedergeben. All ihre Aussagen stimmten mit den Angaben in ihrer Krankenakte überein. Die Ärzte konnten sich Pams Zustand außerhalb ihres Körpers nicht erklären.

In seinem Buch *Life After Death: The Evidence* erfasst der Autor Dinesh D`Souza Tausende, seit 300 v.Chr. dokumentierter Nahtod-Berichte. Vor einiger Zeit wurde das *Netzwerk Nahtoderfahrung e.V.* gegründet – eine mit der *International Association for Near Death Studies* kooperierende Vereinigung, die dieses Phänomen näher untersucht und ein vielschichtiges Konvolut an Informationen zusammengestellt hat. „Nahtodforschung", so D´Souza, „erfordert einen prüfenden Vorstoß in unterschiedliche Bereiche der Nahtoderlebnisse – außerkörperliche Erfahrungen, der dunkle Tunnel, das helle Licht, das Empfinden von Liebe und Wärme, der Lebensfilm etc. Durch die Beschäftigung mit den verschiedenen Aspekten entsteht der Eindruck, dass diese Erfahrungen für die Betroffenen absolut lebendig und real sind."[5]

Das Entscheidende an den Nahtoderfahrungen sind nicht so sehr die reißerischen Details, die uns angebliche Informationen über Himmel und Hölle liefern. Entscheidend ist vielmehr die Tatsache, dass klinisch tote Menschen an Informationen gelangen, über die sie normalerweise gar nicht verfügen könnten. Diese Erfahrungen belegen, dass das Bewusstsein noch fortbesteht, während die Körperfunktionen bereits versagt haben. Das beweist zwar noch nicht, dass das Leben nach dem Tod ewig andauert, doch es lässt zumindest darauf schließen, dass das Bewusstsein nicht notwendigerweise an die Funktionsfähigkeit des Körpers gebunden ist.

Beschreiben Sie hier kurz, welche entscheidende Erkenntnis wir aus Nahtoderfahrungen gewinnen können. (Siehe S. 207 Text am Rand)

Atheisten, die größte Gruppe der Kritiker der Nahtoderfahrungsberichte, weisen grundsätzlich darauf hin, dass die Betroffenen noch nicht wirklich tot waren und der Inhalt ihrer Berichte dementsprechend bedeutungslos sei. Das mag insofern stimmen, als dass es sich nicht um Personen handelt, die bereits mehrere Tage tot waren und dann aus dem Grab auferstanden sind. Doch die Tatsache, dass jemand nicht endgültig tot war, schließt nicht notwendigerweise aus, dass er vorübergehend tot gewesen sein könnte. Einige dieser Patienten waren bereits medizinisch gesehen tot und konnten reanimiert werden. Die Beschäftigung mit Nahtoderfahrungsberichten ist eine Art der Auseinandersetzung mit der Frage, was nach dem Tod kommt. Und weil uns der Erfahrungsschatz derjenigen, die endgültig gestorben sind, verschlossen ist, liegt es nahe, diejenigen zu befragen, die an der Schwelle des Todes standen oder diese bereits vorübergehend überschritten hatten.

Natürlich müssen wir einräumen, dass die Nahtoderfahrungen die Behauptungen, nach dem Tod sei absolut nichts mehr, zwar erschüttern können. Doch eine empirische Beweisführung der Unsterblichkeit der Seele und der konkreten Ausprägung eines Lebens nach dem Tod wird durch die Nahtodforschung nicht gelingen. Es wird immer Menschen wie den Apostel Thomas geben, die zweifeln, bis sie wissenschaftliche Beweise für ein Leben nach dem Tod geliefert bekommen. Und glücklicherweise kann man starke Hinweise dafür bringen.

Die Realität der unsichtbaren Welt

Lesen Sie Epheser 6,12. Wen nennt Paulus hier als die Feinde des Menschen, besonders des Christen?

Paulus spricht hier von einer Geistwelt oder einer Dimension, die den Augen des Menschen verschlossen ist.

Nachdem Jesus gestorben und auferstanden war, machte er Gebrauch von der Möglichkeit, sich willentlich von der „sichtbaren Welt" in die „unsichtbare Welt" zu bewegen. Bedenken wir die Begegnung von Jesus mit den beiden Jüngern, die auf dem Weg nach Emmaus waren. Jesus ging und unterhielt sich mit ihnen, doch sie erkannten ihn nicht. Als sie zu Hause ankamen, luden sie den „Fremden" ein und baten ihn, den Abend mit ihnen zu verbringen. Und als sie gemeinsam essen wollten, erkannten sie, dass der „Fremde" in Wahrheit Jesus war. *„Und er wurde unsichtbar vor ihnen"*, heißt es dann in Lukas 24,31. Wohin war er verschwunden? Er war körperlich anwesend gewesen, und trotzdem verschwand er in eine „unsichtbare Welt."

Als die beiden Jünger den anderen Jüngern von ihrem Erlebnis berichteten, erschien Jesus mitten unter ihnen. Sie fürchteten sich und dachten, sie hätten einen Geist vor sich.

Lesen Sie Lukas 24,38-39. Beschreiben Sie den Körper, mit dem Jesus „zwischen den Welten" verkehrte.

Jesus hatte einen Leib, der sich von der körperlich-sichtbaren Dimension, in der auch wir leben, in eine körperlich-unsichtbare Dimension bewegen konnte – die „unsichtbare Welt" und das „Himmelreich", von dem Paulus spricht. Die Heilige Schrift zeugt glaubhaft von den Erlebnissen der Jünger und von dem Handeln Jesu nach seiner Auferstehung. Das allein gibt uns die Gewissheit, dass es ein Leben nach dem Tod gibt, wie Jesus es uns verheißen hat. Doch denen, die es interessiert, sei gesagt, dass man nun unabhängig von den biblischen Berichten auch wissenschaftliche Hinweise für die Tatsache gefunden hat, dass es außerhalb unserer menschlich-sichtbaren Realität eine andere körperlich existierende Dimension gibt.

Durch den Übergang von der klassischen zur modernen Physik an der Schwelle des zwanzigsten Jahrhunderts vollzog sich eine wissenschaftliche Revolution. Damit einher ging eine radikale Umstellung der Gesetze von Raum, Zeit und Materie. Maßgeblich beteiligt an diesem Umdenken waren Einsteins Relativitätstheorie und die Gesetzte der Quantenmechanik.

Kurz bevor diese neuen Erkenntnisse im Bereich der Physik gewonnen wurden, hatten sich Wissenschaftler wie beispielsweise der britische Philosoph und Mathematiker Bertrand Russell über die Theorie eines Lebens nach dem Tod mokiert. Er vertrat die Auffassung, dass die Materie ganz anders als die Dinge unserer sichtbaren Welt beschaffen sein müsse, um den Tod überdauern zu können. Und eben das hielt man für ausgeschlossen – das heißt, bis Einstein und die Quantenmechanik die Welt der Wissenschaft eines Besseren belehrten.

Vorher ging man davon aus, dass wir den Raum in drei Dimensionen wahrnehmen und die Zeit eine dieser drei Dimensionen darstelle. Einstein fasste diese Dimensionen zusammen und stellte die These auf, dass wir in einer vierdimensionalen, einheitlichen Raum-Zeit-Struktur leben (Raum-Zeit-Kontinuum). Und mit der Quantenmechanik folgte dann die Beobachtung, dass das Verhalten von Materie innerhalb dieser einheitlichen vierdimensionalen Raum-Zeit-Struktur sich keineswegs immer anhand von bestimmten Gesetzmäßigkeiten vollzieht und nachvollziehbare Ergebnisse liefert. Stattdessen nahm man an, dass wir Teil einer multidimensionalen Welt sind, die auch Dimensionen jenseits des für uns Sichtbaren und Erfahrbaren umfasst.

Dinesh D´Souza erläutert dieses Phänomen in Kapitel 5 seines Buches *Life After Death: The Evidence*:

> Die Vorstellung einer multidimensionalen Struktur entspringt einem Durchbruch auf dem Gebiet der Physik, den wir die *Stringtheorie* nennen ... Im Rahmen der M-Theorie, einer erweiterten und verallgemeinernden Form der Stringtheorie, geht die Wissenschaft davon aus, dass unsere Welt sich nicht in vier Dimensionen erschöpft, sondern vielmehr aus elf Dimensionen besteht – zehn räumlichen und einer zeitlichen. Wo aber sind die anderen Dimensionen? Die Vertreter der Stringtheorie gehen davon aus, dass es sich dabei um verborgene Dimensionen handelt, die für uns unsichtbar und unzugänglich gelagert sind. Obwohl wir sie nicht sehen können, helfen sie uns gleichwohl bei der Erklärung des für uns Sichtbaren. Die Physikerin Lisa Randall hat es so formuliert: „Wir Menschen laufen durchs dreidimensionale Flachland ... Unsere Welt bleibt in der Dreidimensionalität stecken, obwohl sie noch viele weitere Dimensionen hat. Wir leben also in einer kleinen dreidimensionalen Schicht eines vieldimensionalen Ganzen ...“[6]

Diese Aspekte untermauern einen durchdachten und nachvollziehbaren Glauben, der unsere geistlichen Augen auf das Versprechen Jesu richtet, dass wir mit einem neuen Leib auf einer neuen Erde in Ewigkeit mit ihm zusammen leben werden.

Wie erklären sich die Wissenschaftler die verborgenen Dimensionen, die für uns unsichtbar sind? Zunächst gehen die meisten von der Annahme aus, dass es sich bei dem größten Anteil der im Universum existierenden Materie um sogenannte „dunkle Materie“ und „dunkle Energie“ handelt.

Diese Begriffe bezeichnen die Materie oder Energie, die wir nicht sehen oder auf irgendeine andere Weise ausmachen können. Zu dieser Auffassung gelangen die Wissenschaftler deshalb, weil die Galaxien in Form von Galaxienhaufen auftreten und die Schwerkraft normaler Materie nicht ausreichen würde, um diese Galaxienhaufen zusammenzuhalten. Was bewirkt also, dass sie nicht auseinandergerissen werden? Man geht davon aus, dass die Schwerkraft der „dunklen Materie“ – also der für uns unsichtbaren Materie – dafür verantwortlich ist. Für die „dunkle Energie“ gilt Entsprechendes. Auf diese Kraft der für uns nicht wahrnehmbaren Energie wird auch die immer weiter fortschreitende Ausdehnung des Universums zurückgeführt.

Lesen Sie Hebräer 1,3. Welche Ursache wird hier für den Bestand und Erhalt des Universums genannt?

Heute gehen auch die Wissenschaftler davon aus, dass es eine übermächtige Energiequelle gibt, die unser Weltall zusammenhält. Auch sehen sie es als erwiesen an, dass es mehr Materie außerhalb als innerhalb der für uns sichtbaren Welt gibt – das, was Jesus und die Heilige Schrift schon immer gesagt haben. Jesus hat dort, wo er sich jetzt aufhält, eine Stätte für uns bereitet, und eines Tages werden wir mit ihm zusammen dort sein.

Interessant ist, dass die Physik sogar den Anteil der unsichtbaren Materie und Energie im Verhältnis zu dem der sichtbaren Größen errechnet hat:

> Der Anteil des für uns Unsichtbaren beträgt danach erstaunliche 95 Prozent! Der Anteil des Sichtbaren macht demnach nur 5 Prozent der Materie und Energie des gesamten Universums aus. Der größte Teil der insgesamt existierenden Materie und Energie kann also weder wahrgenommen noch irgendwie anders aufgespürt werden.[7]

Jesus sagt uns in der Bibel, dass es eine ewige Welt jenseits unserer Zeit gibt. Er verspricht uns, dass er uns die Heimat Gottes nahe bringen wird, die zur Zeit für uns unsichtbar und außerhalb unserer Dimension ist. Darüber hinaus stellte er die Tatsache seiner Auferstehung unter Beweis, indem er aus der für uns sichtbaren Dimension in die unsichtbare hinüberging. Heute legen die Lehre der Relativität, der Quantenmechanik, der dunklen Materie, der dunklen Energie und der multiplen Universen die Realität einer unisichtbaren Welt nahe – einer Welt, von der die Heilige Schrift immer schon gesprochen hat.

Dinesh D´Souza schlussfolgert daraus:

> Die moderne Physik hat unseren Horizont erweitert und eine Möglichkeit aufgezeigt, wie ein Leben nach dem Tod auch neben einem festen Gefüge sichtbarer Realitäten existieren kann. Die materialistische Sichtweise der Dinge hat sich als Irrweg erwiesen. Sogar die moderne Physik bringt das Weltbild des Materialismus ins Wanken. Für eine der entscheidenden Fragen hat sich die moderne Wissenschaft nicht als ein Feind der Gläubigen, sondern als ein unerwarteter Durchgang entpuppt – zugegebenermaßen auch manchmal entgegen dem Willen der Wissenschaftler.[8]

Es gibt einschlägige Hinweise für ein Leben nach dem Tod. Der historische Jesus hat gelebt, ist gestorben und auferstanden. Wir alle spüren, so wie jede andere Kultur im Laufe der gesamten Menschheitsgeschichte es auch getan hat, dass eine Seele in uns lebt. Die Existenz unseres freien Willens weist auf die Existenz einer körperlosen Seele hin. Nahtoderfahrungen zeugen davon, dass Bewusstsein und Empfindungen auch außerhalb des Körpers bestehen können. Und die moderne Physik beweist, dass das Leben jenseits der uns sichtbaren Dimensionen eine berechenbare Realität ist.

Diese Aspekte untermauern einen durchdachten und nachvollziehbaren Glauben, der unsere geistlichen Augen auf das Versprechen Jesu richtet, dass wir mit einem neuen Leib auf einer neuen Erde in Ewigkeit mit ihm zusammen leben werden.

Lesen Sie Johannes 14,1-3. Wo ist Jesus jetzt, und was verspricht er uns?

Kapitel 12.3

Ewige Freude

Unser neues Zuhause war einfach überwältigend. Der Geruch frischer Farbe lag noch in der Luft. Nicht ein einziger Flecken war auf dem Teppich zu sehen. Die Wohnung war nagelneu, und Stephanie und ich (Sean) konnten es gar nicht erwarten einzuziehen. Und dann war es endlich so weit. Ich genoss das Neue, das Frische und die Makellosigkeit unseres neuen Heims, aber ich sehnte mich ebenso sehr nach dem Vertrauten. Es gibt einfach Dinge, die zu mir und meiner Art passen und auf die ich trotz all der Aufregung und der Freude, die das neue Zuhause mit sich brachte, nicht hätte verzichten wollen. Ich wollte, dass mein Schreibtisch genau da steht, wo er in der alten Wohnung gestanden hatte. Unsere alte, urgemütliche Sofagarnitur war mir in unserem neuen Wohnzimmer äußerst willkommen. Ich liebte das Neue, doch ebenso schätzte ich das Vertraute.

Das Zuhause, das Gott für Sie in Ewigkeit vorgesehen hat, wird absolut großartig und unfassbar schön sein, und doch wird es auch Züge von Vertrautem tragen, das Ihnen so liebgeworden ist. Sie werden Bekanntes wiederentdecken, aber er wird es von Narben, Macken und Fehlfunktion befreien, unter denen es bedingt durch den Sündenfall leidet. Wir werden die Schönheit der neuen Erde genießen dürfen, darüber staunen und allesamt in Frieden miteinander leben.

Kein Fluch wird mehr auf der neuen Erde lasten, und die Vollkommenheit, die Gott ursprünglich im Sinn hatte, wird sich in vollem und herrlichem Ausmaß entfalten.

Listen Sie einige Folgen der Sünde auf, die es auf der neuen Erde nicht mehr geben wird.

Obwohl alles neu und unberührt sein wird, wird es doch etwas Vertrautes für uns haben. Wir werden den Ort als die Welt erkennen, in der wir eigentlich von Anfang an hätten leben sollen – eine Welt, in die wir vollkommen hineinpassen und die die Züge unserer innigsten Vorlieben trägt. Genauso hat Gott es bereitet (siehe Offb 21-22).

Warum, denken Sie, wird die neue Erde der alten in vielem ähnlich sein? Berücksichtigen Sie bei Ihrer Antwort 1. Mose 1,31.

Doch darüber hinaus wird Ihr zukünftiges Zuhause auch ein Ort sein, an dem Sie mit den Menschen Gemeinschaft haben, die Sie lieben. Beziehungen werden dort eine ganz neue Dimension bekommen. Unsere irdischen Freunde können ja schon großartig sein, aber manchmal haben wir unsere Freunde und unsere Familie auch mal satt. Doch in unserem zukünftigen Zuhause wird es keine Beziehungsmakel mehr geben – genauso wie unsere gesamte Umgebung makellos sein wird. Die Menschen werden so miteinander umgehen, wie es immer schon hätte sein sollen. Jeder Winkel unseres Lebens wird mit Glückseligkeit ausgefüllt sein, weil wir uns dauerhaft in der Gegenwart der reinen, heiligen und vollkommenen Freude Gottes befinden werden.

Es ist der Beginn einer ganz neuen Ära der Bedeutsamkeit und des Sinngehalts unseres Lebens.

In der Freude des Herrn leben

Jesus gebot seinen Nachfolgern, in seiner Liebe zu bleiben, und er nannte ihnen außerdem einen Grund für dieses Gebot.

Lesen Sie Johannes 15,11. Was erwartet die Nachfolger, wenn sie sich an dieses Gebot halten?

In unserem neuen Zuhause werden wir in Gottes Freude buchstäblich Einzug halten (vgl. auch Mt 25,23). Wie wird das konkret aussehen, in Gottes Freude Wohnung zu beziehen? Einen kleinen Vorgeschmack liefern uns die Erlebnisse mit unseren eigenen Kindern.

Vor einiger Zeit fuhren Stephanie und ich (Sean) mit den Kindern in einen riesigen Wasserfreizeitpark. Um uns herum wimmelte es nur so von kurvenreichen Rutschen, Wellenbecken und bunt beleuchteten Höhlen. Ich muss zugeben, dass bei diesem Anblick plötzlich das Kind in mir zum Vorschein kam. Stephanie und ich spielten mit Scottie im Wellenbad, und es war einfach überwältigend, die Freude dieses kleinen Jungen mit anzusehen. Doch Scottie war etwas zurückhaltend, was die übrigen Angebote dieser Poollandschaft anging. Also ging ich mit gutem Beispiel voran und jagte zunächst die Looping-Rutsche hinunter und anschließend die Wildwasserbahn, bevor ich dann eine illuminierte Höhle nach der anderen erforschte. Stephanie und Scottie blieben auf der sicheren Seite der Welt der Wasserfreuden und sahen mir von dort aus zu.

Irgendwann ging ich zu Scottie und rief: „Hey, mein Junge, du musst unbedingt mitkommen und das alles mit mir ausprobieren. Es macht unglaublich Spaß! Ich will dir zeigen, wie toll das alles ist!“ Er war zwar immer noch ein wenig zögerlich, doch mein Gesichtsausdruck und meine Stimme haben ihm offenbar vermittelt: „Komm doch bitte mit mir mit, ja?“ Meine Botschaft lautete also: „Nimm teil an der Freude deines Vaters.“ Und als er zusammen mit mir die Rutsche hinabschoss, konnte sich der kleine Mann vor Begeisterung kaum halten. Als Scotties liebender Vater hat mich die Freude meines Sohnes unendlich glücklich gemacht.

Gott ist unendlich glücklich darüber, dass wir so viel Freude erleben dürfen. Unsere größte Freude wird sein, wenn wir ihm von Angesicht zu Angesicht gegenüberstehen – ein Zustand unbeschreiblicher Glückseligkeit. Der Apostel Johannes beschrieb seine leibhaftige Begegnung mit dem verherrlichten Gottessohn.

Lesen Sie Offenbarung 1,16-17.

Wie reagiert Johannes auf den Anblick Jesu?

____

Wie antwortet Jesus darauf?

____

Mit unserem neuen, verherrlichten Körper werden wir unseren verherrlichten Herrn schauen. Und das Erste, was wir sehen werden, ist der Ausdruck unbeschreiblicher Freude auf seinem Gesicht. Die Gegenwart unseres Gottes und Erlösers und der Anblick seines Angesichts werden zweifellos die großartigsten Erlebnisse sein, die wir jemals haben werden.

So mancher wird sich jetzt fragen, warum ein Blick ins Angesicht Gottes eine so überwältigende Erfahrung sein sollte. Natürlich kann man die damit verbundene Freude nicht bis ins Letzte erklären, doch in Gottes zukünftigem Reich wird ihr eine grundlegende Bedeutung zukommen.

Ohne Zweifel hat jeder männliche Leser schon einmal einen Blick in das Gesicht einer Frau erhascht, das ihm den Atem geraubt hat. Und jede Leserin ist beim Anblick des Gesichts eines Mannes sicherlich auch schon einmal dahingeschmolzen. Diesem Gefühl der Ehrfurcht in Gegenwart überwältigender Schönheit tragen wir Rechnung, indem wir solche Gesichter mit dem Prädikat „atemberaubend" belegen. Jetzt fügen Sie in Gedanken noch den Aspekt der Beziehungsebene dazu. Haben Sie jemals in Gegenwart einer bestimmten Person den Eindruck gehabt, noch nie etwas so Herrliches gesehen zu haben? Der Atem geht tiefer, das Herz schlägt schneller nur beim Gedanken daran, eine Beziehung mit solch einer großartigen Person haben zu dürfen.

Jetzt denken wir noch einen Schritt weiter. Stellen Sie sich nun eine junge Braut in all ihrer atemberaubenden Schönheit vor, wie sie im Foyer der Kirche auf die ersten Takte des Hochzeitsmarsches wartet, um ihrem zukünftigen Ehemann entgegengehen zu können. Unser Blick schwenkt nun zum Bräutigam hinüber, der am Altar steht und ungeduldig den langen Gang hinunter zur Eingangstür schaut und darauf hofft, dass sie endlich erscheint. Als die Musik erklingt, werden seine Knie ganz weich, denn nun schreitet sie auf ihn zu. Ihr Gesicht strahlt vor Schönheit und vor Liebe, die nur ihm allein gilt. Er ist restlos hingerissen und fühlt sich, als schwebte er vor Freude davon. Dieses wunderschöne Geschöpf liebt ihn so sehr, dass sie sich entschieden hat, den Rest ihres Lebens mit ihm zu verbringen. Ein solches Erlebnis ist unvergesslich und prägend.

Wie wendet die Bibel das Bild von Braut und Bräutigam auf Christus und die Gemeinde an?

2. Korinther 11,2: ______________________________

Epheser 5,25: ______________________________

Offenbarung 19,9: ______________________________

Offenbarung 22,7: ______________________________

Die Schönheit der wundervollsten Frau oder des bestaussehenden Mannes ist nichts als nur ein blasser Schatten, verglichen mit der Schönheit des Angesichts Gottes, der die Quelle aller Schönheit ist. Die Liebe im Gesicht einer Braut oder eines Bräutigams ist ein ganz schwaches Abbild der Liebe Gottes, der die Quelle der vollkommenen Liebe ist. Der Moment, in dem wir das Antlitz schauen werden, das die Quelle aller nur erdenklichen Schönheit und vollkommenen Liebe ist, geht weit über das hinaus, was uns an Schönheit und Liebe in dieser gefallenen Welt schon überwältigt und wird deshalb der herrlichste Moment sein, den wir je erleben werden. Es ist eine Erfahrung, die wir uns nur ansatzweise versuchen können vorzustellen, indem wir uns vergleichsweise schwache Beispiele von Liebe und Schönheit aus diesem von Sünde gezeichneten Leben vor Augen halten.

Die unaussprechliche Freude, die Gottes Antlitz in dem Moment Ihrer Ankunft in der himmlischen Heimat ausstrahlen wird, beruht unter anderem auf seinem Verständnis von Erfüllung. Als Gott die Welt schuf, war sie vollkommen, und er sah, *„dass es sehr gut war“*. Doch dann kam die Macht der Sünde und ruinierte sie. Nachdem Gott nun Tausende von Jahren zugesehen hat, wie seine Schöpfung Schmerz und Leid erdulden muss, erwartet ihn die Freude des Moments, in dem Sie als eines seiner erlösten Kinder endlich eine Welt betreten dürfen, wie er sie ursprünglich gedacht und auch gemacht hatte – ein Ort ohne Sünde, in dem Sie in Ewigkeit ungetrübte Gemeinschaft mit ihm haben werden. Es ist das Bild des Vaters, der seinen verlorenen Sohn wieder in die Arme schließt, nachdem dieser dem trostlosen Leben als Schweinehirt endlich den Rücken gekehrt hat. So wird es sein, wenn Ihnen der Klang der Stimme Gottes und seine folgenden Worte durch Mark und Bein gehen werden: *„Geh hinein zur Freude deines Herrn“* (Mt 25,23).

Die Freude Gottes an einer ungetrübten Beziehung

Wenn Gott Sie einlädt, in seine Freude Einzug zu halten, lässt er Sie an einer Beziehungserfahrung teilhaben, die weit außerhalb unseres natürlichen Vorstellungsvermögens liegt. So wie ich wusste, dass Scottie auf der Wasserrutsche außer sich vor Freude sein würde, weiß Gott auch ganz genau, was die vollkommene, von seiner tiefen Liebe geprägte Beziehung für Sie bedeuten wird, obwohl Sie das jetzt noch nicht begreifen können. Adam und Eva haben einen Augenblick lang einen Vorgeschmack kosten dürfen. Wenn Christus alles erneuert, wird Gott Sie in eine Beziehungssituation hineinführen, deren Herrlichkeit und Vollkommenheit kein irdischer Verstand erfassen kann. Doch ausgestattet mit einem neuen Leib und einer ganzen Ewigkeit vor Augen werden wir das alles endlos genießen können.

Lesen Sie Matthäus 25,21.23. Wodurch ist diese Gemeinschaft mit Gott gekennzeichnet?

Wer erlebt diese Freude?

Aber was genau macht diese Freude Gottes an einer Beziehung aus? Es geht dabei um die Teilhabe an der Quelle der Liebe, die das ganze Universum erfüllt. Der Vater hat den Sohn von Ewigkeit her geliebt. Der Sohn hat den Vater von Ewigkeit her geliebt. Der Heilige Geist hat den Vater und den Sohn von Ewigkeit her geliebt. Die göttliche Dreieinheit lebt von Ewigkeit her in einem von vollkommener gegenseitiger Liebe geprägten Beziehungsgeflecht. Und zur Teilhabe an dieser vollkommenen Beziehung lädt Gott uns ein. Die Schlichtheit und Reinheit einer sich immer tiefer entwickelnden Beziehung mit Gott ist etwas, was wir verstandesgemäß noch gar nicht bis ins Letzte erfassen können. Doch wir können versuchen, es uns vorzustellen.

Lesen Sie Johannes 17,3. Worin besteht danach die Herrlichkeit des ewigen Lebens?

____

____

Zunächst einmal besteht die Herrlichkeit des ewigen Lebens darin, Gott zu kennen. Bis in alle Ewigkeit wird unsere Erkenntnis und unsere Erfahrung Gottes immer mehr zunehmen, und unsere Liebe zu ihm wird entsprechend mitwachsen und das Erleben seines Wesens umschließen. Gottes Wesenszug der bedingungslosen Annahme wird uns unermessliche Liebe und Sicherheit vermitteln. Indem wir einen immer tieferen Einblick in seine grenzenlose Gnade gewinnen, werden wir die Macht und die vereinende Wirkung seiner Liebe begreifen. Und ein Blick in Gottes demütiges und dienstbereites Herz lehrt uns zu verstehen, was wahre Größe ausmacht. Die Erkenntnis des wahren Wesens Gottes mit all seiner vollendeten Hingabe, Treue, Güte und Heiligkeit lässt den Wunsch in uns wachsen, wie er zu lieben und seinem Beispiel zu folgen. Schon hier beginnt seine grenzenlose Freude, sich in unserem begrenzten Wesen vorzuarbeiten und ihre Vorschatten auf die Ewigkeit zu werfen. Es ist, als würde Gott uns zurufen: „Meine unendlich große Freude als Vater, Sohn und Heiliger Geist ruht nun auf dir, weil du in uns ruhst. Und deine Freude wird im Laufe der Zeit bis in alle Ewigkeit vollkommen gemacht werden.“ Das wird Wirklichkeit werden, wenn Christus wiederkommt und alles neu macht.

Die Freude Gottes an seinem schöpferischen Handeln

Mein kleiner Sohn Scottie konnte die Freude in meinem Gesicht ablesen, als er sich endlich darauf einließ, mit mir die Wasserrutsche hinunterzuflitzen. Doch auch er selbst erlebte den Spaß der Wasserrutschenabfahrt. Neben der Freude, die Gott an der Beziehung zu uns hat, haben wir auch Anteil an der Freude über die neue Erde, die Gott für uns bereitet hat.

Es ist für uns hier und jetzt nur schwer vorstellbar, wie sehr sich Gott danach sehnt, unser neues Zuhause mit uns zusammen zu genießen. Doch so ist es tatsächlich.

Lesen Sie 1. Timotheus 6,17. Was sollen wir mit den Dingen machen, die Gott uns schenkt?

Er hat diese Erde für uns zum Genießen geschaffen, doch die Sünde hat alles das zerstört. In unserem neuen Zuhause wird die Sünde ausgemerzt sein, und wir werden die wiederhergestellte Schöpfung Gottes mit Freuden genießen – bis in alle Ewigkeit.

Doch Gottes Einladung an uns, seine neue Erde zu genießen, beschränkt uns nicht auf eine bloße Zuschauerrolle. Wir werden nicht in einem ewigen Schaukelstuhl sitzen und das Werk der Hände Gottes nur passiv bestaunen. Wir werden durchaus etwas zu tun haben und Verantwortung übertragen bekommen. Randy Alcorn stellt es sich so vor:

> Gott bereitet uns für eine Leitungsaufgabe vor. Er beobachtet uns und schätzt den Grad unserer Treue ein. Sein Werkzeug ist ein Ausbildungsprogramm, das uns für den Himmel zurüstet. Christus bereitet nicht nur einen neuen Lebensraum für uns vor. Er trainiert uns auch für den neuen Lebensraum.[1]

Lesen Sie 1. Mose 1,28. Welche Aufgabe gab Gott Adam und Eva?

Gott hatte den ersten Menschen eine verantwortungsvolle Aufgabe zugedacht, und eine ebenso verantwortungsvolle Aufgabe hatte er auch schon für seine zukünftig erlösten Kinder im Sinn. In seiner Vision sah Johannes diejenigen, die ihre Gewänder im Blut des Lammes gewaschen hatten, an einem Ort, an dem *„der Thron Gottes"* ist, stehen.

Lesen Sie Offenbarung 7,15. Was tun die Erlösten am Thron Gottes?

Unsere gegenwärtige Treue wird also mit zukünftiger Leitungsverantwortung in unserem neuen Lebensraum belohnt werden. Auf den ersten Blick mag uns diese Aussicht nicht sonderlich motivierend erscheinen. Vielleicht denken Sie: Ich bin schon mit der Verantwortung überfordert, die hier auf der Erde auf mir lastet. Ich hatte eigentlich gehofft, dass das im Himmel endlich ein Ende hat.

Solche Bedenken zerstreut Randy Alcorn durch folgenden Einblick:

> Dienst ist eine Belohnung und ein Vorrecht, keineswegs eine Strafe. Diese Vorstellung mag für diejenigen wenig nachvollziehbar erscheinen, die mit ihrer Arbeit nicht zufrieden sind und nur darauf warten, bis sie endlich in den Ruhestand gehen können. Wir denken immer, dass treue Arbeit mit lebenslangen Ferien belohnt werden sollte. Doch Gott bietet uns etwas ganz anderes an: mehr Arbeit, mehr Verantwortung, bessere Möglichkeiten, aber auch mehr Fähigkeiten, Ressourcen, Weisheit und Kraft. Wir werden über einen scharfen Verstand und klare Zielvorstellungen verfügen, unverminderte Freude erleben und körperlich äußerst belastbar sein. Je mehr wir Christus hier und heute schon dienen, desto größer werden unsere Kapazitäten für unseren himmlischen Dienst sein.[2]

Es gibt Vieles bezüglich des neuen Himmels und der neuen Erde, was wir noch gar nicht wissen. Im Dunkeln bleibt zum Beispiel die Frage, mit welchen Tätigkeiten wir die gesamte Ewigkeit füllen werden. Dieses Geheimnis bleibt weiterhin im Verborgenen und wird erst gelüftet werden, wenn die Zeit gekommen ist. Doch das eine wissen wir: Welche Beschäftigung Gott auch immer für uns vorgesehen haben mag – sie wird perfekt auf uns zugeschnitten sein. Wenn er uns unsere Aufgaben zuteilt, werden wir begreifen, in welchem Maße unsere Gaben entwicklungsfähig waren. Es wird Ihr Traumjob sein – der Weg zur Erfüllung all Ihrer Ambitionen.

Der Ort, an dem wir momentan leben, ist nur unser vorübergehendes Zuhause. Gott bereitet uns ein neues, traumhaftes Zuhause, weil wir für immer und ewig in die Freude unseres Herrn eingehen werden – die Freude an der Beziehung mit uns und an seiner Schöpfung.

Lesen Sie Offenbarung 21,3-4. Was unternimmt Gott alles, damit unsere Freude in der Ewigkeit nicht beeinträchtigt wird?

Unsere zukünftige Heimat wird so sein, wie wir es uns immer erträumt haben – und noch viel gewaltiger.

Kapitel 12.4

Leben Sie Ihre Berufung

Haben Sie schon mal den Autoaufkleber gesehen mit der Aufschrift: „Folgen Sie mir bloß nicht – ich habe mich verfahren“? So mancher irrlichtert durch sein Leben, ohne genau zu wissen, wo es hingeht und worin genau seine Bestimmung liegt. Wenn jemals ein Mensch über diese Erde gegangen ist, der die Berufung seines Lebens klar und kontinuierlich vor Augen hatte, dann war es Jesus. Und diese Berufung hat er an jeden von uns weitergegeben. Jesus kam auf diese Erde, um sein Leben als Opfer für unsere Erlösung hinzugeben und uns zurück zu Gott zu bringen, um sein Reich mit ihm aufzurichten.

Lesen Sie Matthäus 4,17.23. Welches Thema hatte die Predigt Jesu?

Die Botschaft Jesu hatte ein Hauptthema: das kommende Reich Gottes. Praktisch alles, was Jesus sagte und tat, hob den Kontrast zwischen den beiden Herrschaftsbereichen hervor – dem Reich der Himmel und dem Reich dieser Welt.

Lesen Sie Johannes 17,14.16. Wohin gehören Jesu Nachfolger nicht?

Gegenüber seinem Vater bemerkte er, dass seine Nachfolger nicht von dieser Welt sind, wie auch er nicht. Unser wahres Zuhause ist nicht hier. Jesus möchte nicht, dass wir uns hier auf der Erde allzu gemütlich und häuslich einrichten.

Lesen Sie Matthäus 6,20. Was sollen wir auf der Erde mit Blick auf unser wahres Zuhause tun?

Jesus will, dass wir dieses Leben von der Ewigkeitsperspektive her betrachten. Der Apostel Paulus warnte vor denen, deren *„Gott der Bauch"* ist und die *„auf das Irdische sinnen"* – ihr Jagen nach irdischen Genüssen und Annehmlichkeiten.

Lesen Sie Philipper 3,19-20. Worauf sollen wir als Bürger der anderen Welt warten?

Es ist nicht leicht, als „Himmelsbürger" auf dieser Erde zu leben, insbesondere dann nicht, wenn uns die Stürme des Lebens, die Entmutigungen und Schwierigkeiten heimsuchen.

In dieser Welt zu leben, ohne ein Teil von ihr zu sein, bewahrt uns selbstverständlich nicht vor Schmerz und Leid. Wir erleben die Freude in Christus allerdings auch mitten in diesen Situationen, wo wir körperlichen Schmerz oder Krankheit, finanzielle Not durch Arbeitslosigkeit, eine Wirtschaftskrise, einen emotionalen Verlust durch eine gescheiterte Beziehung oder gar durch den Tod eines geliebten Menschen erdulden müssen.

Vielleicht glauben wir fest daran, dass Christus seine Bestimmung erfüllen wird, wenn er einst wiederkommt, um die Sünde und den Tod zu zerstören und einen neuen Himmel und eine neue Erde zu schaffen, doch dieser Glaube mag auch in Krisenzeiten ins Wanken geraten.

Lesen Sie Johannes 16,20.23. Worauf bereitete Jesus seine Jünger vor? Welchen Trost gibt er ihnen?

Jesus bereitete seine Jünger damals auf die bevorstehende Krise vor, die sein Sterben auslösen würde. Der schreckliche Tag von Golgatha war für Jesus keineswegs Überraschung. Er wusste, dass dieser Tag kommen würde. Und er wusste genau, was er tat, und er hatte alles unter Kontrolle. Deshalb konnte er zu seinen Jüngern sagen: *„Euer Herz werde nicht bestürzt. Ihr glaubt an Gott, glaubt auch an mich!“* (Joh 14,1). Ja, er wusste, dass sein Sterben kurz bevorstand, doch er wusste auch, dass der Tod keine Macht über ihn hatte. Er forderte seine Jünger auf, den Frieden in ihm zu suchen und ihre Nöte ihm zu überlassen. „Nehmt meinen Frieden“, sagte er. Mit anderen Worten: „Ihr sollt wissen, dass ich alles unter Kontrolle habe. Ich weiß, dass es nicht den Anschein haben wird, doch vertraut mir, egal was kommen mag. Denn ich werde alles zum Guten wenden – zu eurem Besten und zu meiner Ehre.“

Wohin gehe ich?

Aus der Rückschau ist uns sonnenklar, dass auch die Situation des Leidens und Sterbens Jesu seinem eigenen Willen und seiner Kontrolle unterlag. Seine Auferstehung war der endgültige Beweis dafür. In seinem qualvollen Tod können wir seinen Weg zur Erlösung der Menschheit erblicken. Wir sind immer schnell bei der Hand, wenn es darum geht, den Kopf über die Jünger zu schütteln, die nicht glauben konnten, dass Jesus wusste, was er tat und trotz allem die Oberhand behalten hatte. Doch wir haben bereits festgestellt, dass es inmitten von Anfechtungen und Krisen nicht so leicht ist, an diesem Vertrauen festzuhalten. Solche Situationen können wir nur dann mit einer inneren Haltung der Dankbarkeit, der Zuversicht und der Entschlossenheit meistern, wenn wir diese Welt mit ihren Problemen von der Ewigkeitsperspektive her betrachten.

In Römer 8 vermittelt uns der Apostel Paulus den Blick hinter den Vorhang der Ewigkeit.

Lesen Sie Römer 8,23. Wie beschreibt Paulus unser Leben hier?

Dieser Vers macht deutlich, dass es nicht die Verleugnung unseres gegenwärtigen Kampfes ist, die eine optimistische Haltung in uns bewirkt.

Lesen Sie Römer 8,26.28. Was gibt Paulus den Optimismus trotz Blick auf die Härten dieses Lebens?

Paulus liefert uns die Antwort: Wir können unser Vertrauen auf Gott setzen, weil er souverän ist und ganz offensichtlich weiß, was er tut. Halten wir an unserem Vertrauen fest, wird der Heilige Geist, der in jedem Gläubigen wohnt, alles zum Guten für uns wenden.

Das heißt nicht unbedingt, dass sich alles so entwickelt, wie es für uns bequem und angenehm ist. Schwierigkeiten, Schmerz und Anfechtungen werden uns sicherlich nicht erspart bleiben. Es entspricht auch nicht der biblischen Sichtweise zu behaupten, dass alles, was Gottes Kinder in dieser todgeweihten Welt erleiden müssen, gut ist. Krankheit ist nichts Gutes. Und der Tod ist auch nichts Gutes. Schmerz ist nicht gut, und Kummer, Traurigkeit und Leiden sind ebenso wenig gut. Doch wenn wir Gott vertrauen und an ihn als unseren Erlöser und souveränen Herrn glauben, der keinen Fehler macht, können wir getrost sein, dass er alle Dinge – auch die schlimmen Dinge, die uns widerfahren – zum Guten für uns wendet. Uns zum Besten und ihm zur Ehre. Unsere Zuversicht, dass Gott uns über unser Verstehen hinaus liebt und der Urheber aller Dinge ist, die uns zum Besten dienen müssen – selbst wenn es Tragödien sind –, bewirkt in uns eine dankbare, optimistische und entschlossene Grundhaltung angesichts des Lebens und auch des Todes.

Es ist der Glaube an einen souveränen Gott, der unsere menschliche Perspektive in eine Ewigkeitsperspektive verwandelt. Das lebende Beispiel einer solchen Ewigkeitsausrichtung war der Apostel Paulus. Aus seinem inspirierten Brief an die Gemeinde in Korinth spricht sein dankbares Herz. Lassen Sie uns seine Worte einmal genau betrachten und darauf achten, wie sein Glaube an den auferstandenen Christus ihn mit Mut und Optimismus selbst in Ansehung größter Schwierigkeiten ausrüstet.

Lesen Sie 2. Korinther 4,8-9.14-18. Welche Haltung nimmt Paulus gegenüber diesen Problemen ein?

Gibt es aktuelle Probleme in Ihrem Leben, die Sie auch aus einer neuen Perspektive betrachten sollten? Welche und wie?

Was für ein erstaunlicher Umgang mit den Schwierigkeiten des Lebens! Paulus lief vor Problemen nicht davon, um das Leid zu umgehen. Ebenso wenig versuchte er zu leugnen, dass die Schwierigkeiten des Lebens existieren. Er blickte dem Leid ins Auge und betrachtete die Anfechtungen des Lebens von der Ewigkeitsperspektive her. Ihm war bewusst, dass der Gott des Trostes seinen Schmerz erträglich machen würde (siehe 1Kor 2,3-4).

Er glaubte an einen souveränen Gott, der alles zu seinem Besten wenden würde. Paulus´ Glaube an einen Gott, dem alles untertan ist, bewirkte einen Blick auf die Schwierigkeiten des Lebens, der in ihnen *„ein über die Maßen überreiches, ewiges Gewicht von Herrlichkeit"* sehen konnte.

Gottes Reich bestimmt unser Ziel. Denn wir sind dazu berufen, Kampf, Leid und Tod durchzustehen, um die Verwandlung in Segen, Freude und ein Leben in Gottes Gegenwart bis in alle Ewigkeit zu erleben.

Lesen Sie Römer 8,18.23. Was setzt Paulus unseren irdischen Problemen gegenüber?

Durch die Auferstehung werden wir unserer Bestimmung nachkommen und ein atemberaubendes Leben in einem neuen Leib und in einer neuen Umgebung führen.

Unser „unvergängliches Erbteil" umfasst einen Zustand, in dem wir ein volles Anrecht darauf haben, in einem neuen Reich der Himmel zusammen mit Christus zu leben. Es ist ein Reich, das „unvergänglich, unbefleckt und unverwelklich" sein wird (siehe 1Petr 1,4). Dieses Reich, das die neue Erde komplett umfassen wird, ist unsere Berufung, unsere Bestimmung. Gottes Reich definiert unser Ziel. Denn wir sind dazu berufen, Kampf, Leid und Tod durchzustehen, um die Verwandlung in Segen, Freude und ein Leben in Gottes Gegenwart bis in alle Ewigkeit zu erleben. Wir werden Erben des neuen Himmels und der neuen Erde sein – unserer ewigen Heimat. Dazu sind wir bestimmt.

Unser Auftrag

Wir sind zwar für ein ewiges Leben in unserer ewigen Heimat bei Gott berufen, aber noch sind wir nicht dort. *„Darin jubelt ihr"*, schreibt der Apostel Petrus, *„die ihr jetzt eine kleine Zeit, wenn es nötig ist, in mancherlei Versuchungen betrübt worden seid"* (1Petr 1,6). Und Petrus stellt ganz klar heraus, warum uns Gott noch hier behält. Er hat einen Auftrag für uns, den wir noch zu erfüllen haben.

Lesen Sie 2. Petrus 3,13-15. Welche Ermahnung gibt Petrus uns für unsere „Wartezeit"?

Wir können diese neue Erde vielleicht kaum noch erwarten, doch noch ist es nicht so weit. Unsere Aufgabe bis dahin ist es, uns an Gottes großem Rettungswerk zu beteiligen, indem wir Menschen durch einen reinen und tadellosen Lebenswandel erreichen und zu Jesus ziehen.

Lesen Sie 2. Korinther 5,18-20. Welchen Auftrag hat Jesus uns für die letzte Zeit gegeben?

Er möchte uns in seinen Auftrag mit einbeziehen, indem wir Menschen durch unsere Einstellung, unsere Worte und unser Handeln zu ihm ziehen – insbesondere in schwierigen und leidvollen Zeiten.

Gott ist nicht der Verursacher des Leids und der Probleme, die Sie gerade durchleben müssen. Schmerz und Leid sind für sich genommen nichts Gutes. Doch Gott ist nicht verunsichert oder überrascht, dass Sie leiden. Er weiß, dass das Leid in einer gefallenen Welt unvermeidbar ist. Gleichwohl lenkt Ihr souveräner Herr alle Ihre Lebensumstände – sowohl die guten als auch die widrigen – und lässt sie Ihnen zum Besten dienen. Je mehr wir Christus nach und nach ein Zuhause in unserem Herzen einräumen, desto deutlicher ist das Bild des gnädigen, langmütigen Geistes Gottes in Ihrem Leiden zu erkennen. In widrigen Lebensumständen kann unsere Umgebung sehen, wie Christus in uns am Werk ist.

Oftmals scheint es so, als dass wir unserem Auftrag, andere für Christus zu erreichen, am effektivsten nachkommen, wenn wir Krisen- oder Verfolgungszeiten durchmachen. Fast jeder vermag Liebe, Frieden, Freude, Geduld und so weiter auszustrahlen, wenn er den Wind im Rücken hat und alles prächtig läuft. Doch wie viele Menschen zeigen noch Güte, Dankbarkeit, Entschlossenheit und Optimismus inmitten der Stürme des Lebens? Legen wir aber in schweren Zeiten solche Verhaltensweisen an den Tag, horchen die Leute auf und nehmen zur Kenntnis, dass Sie ja gerade von Leid heimgesucht wurden, Verletzungen erdulden und Misshandlung erfahren mussten.

Denken Sie einmal an die Probleme, Kämpfe und Anfechtungen, mit denen Sie sich zurzeit befassen müssen. Es ist nicht verwerflich, sich angesichts dieser Herausforderungen des Lebens entmutigt oder deprimiert zu fühlen. Doch haben Sie auch Augen für Gott, der mit seiner ganzen Liebe, seiner Fürsorge und seinem Trost bei Ihnen sein möchte? Es gefällt ihm, Sie in solchen Zeiten so reichlich mit seiner überfließenden Freude und seinen Segnungen zu füllen und zu beschenken, dass Sie inmitten der Schwierigkeiten Dankbarkeit empfinden können. Und wenn Ihre Umgebung sieht, wie optimistisch und ermutigt Sie trotz allem sind, wird sie auf Christus aufmerksam gemacht.

Denken Sie an aktuelle schwierige Umstände in Ihrem Leben. Welche Segnungen haben Sie gerade in dieser Zeit erfahren?

Unterstellen wir unser Leben ganz der Herrschaft Christi, gehen wir ermutigt und gestärkt durch Zeiten, in denen Probleme unseren Alltag auf den Kopf stellen. Besonders in diesen Lebenssituationen bekommen wir ein Gespür für unseren Auftrag – den Auftrag, einen christusähnlichen Geist zu versprühen und die Liebe Christi an unser Umfeld auszuteilen. Solche Lebensphasen sind Komplimente – und eben kein Anlass für Beschwerden und Selbstmitleid. Gott vertraut uns die ehrenvolle Aufgabe an, seine Herrlichkeit auch angesichts von Umständen auszustrahlen, die all diejenigen verzagen lassen würden, die Christus nicht kennen.

Unsere Berufung, unserem Umfeld Christus zu verkündigen, ist demnach weder Last noch Pflichtübung. Vielmehr ist es eine wunderbare Gelegenheit, durch unseren Lebenswandel andere mit Jesus bekannt zu machen. Natürlich erfordert es eine grundsätzliche Vorstellung von dem, was wir glauben und wie man Menschen das Evangelium erklärt (siehe Band 1, Kapitel 6.4). Doch wenn man das verinnerlicht hat, geht es vielmehr darum, einen Lebensstil an den Tag zu legen, der Sie zu einem wandelnden Brief Christi macht. Wenn die Menschen um Sie herum merken, dass Sie ein Mensch sind, der diese Welt aus der Ewigkeitsperspektive betrachtet, werden sie einen Blick auf Ihren König und sein Königreich erhaschen können – einen Blick auf den König, der uns *„ein nicht mit Händen gemachtes, ewiges Haus in den Himmeln“* bereitet hat (2Kor 5,1).[1]

Zusammenfassung der Wahrheiten 7-12

Wahrheit 7

- ***Wir glauben***, dass unsere Beziehung zu Gott uns zu einem neuen Menschen macht.

  Weil wir sehen, dass unser Leben fortwährend in das Bild des Sohnes Gottes verwandelt wird, können wir diese Wahrheit mit Gewissheit glauben.

  Wenn wir in das Bild Gottes verändert werden, entdecken wir den Sinn unseres Lebens, nämlich Gott zu ehren durch ein Leben, das Christus ähnlich ist. Wir wissen, warum wir hier sind.

  Der christliche Glaube zeigt, dass Gott in unsere Welt gekommen ist, um wieder enge Gemeinschaft mit uns zu haben. In seiner Barmherzigkeit erweckt er uns vom Tod zum Leben, aus Gnade durch den Glauben an Jesus. Und er verwandelt uns mehr und mehr in das Bild seines Sohnes; das ist der Sinn unseres Lebens.

Wahrheit 8

- ***Wir glauben*** an die Wahrheit, dass Jesus für unsere Sünden am Kreuz gestorben ist und wieder auferstand, um uns vom Tod ins Leben zu bringen und unsere ewige Erlösung auf sicheren Grund zu stellen.

  Weil es ausreichend viele Beweise für die historische Tatsache der Auferstehung Jesu gibt, können wir voller Überzeugung glauben, dass er die Macht besitzt, Sünden zu vergeben und uns mit Gott zu versöhnen.

  Die Auferstehung Christi macht uns gewiss, dass er unsere toten Leiber auferwecken wird, damit wir in Ewigkeit mit ihm leben können.

Wahrheit 9

- ***Wir glauben*** an die Wahrheit, dass es den einen Gott gibt, der in Ewigkeit als Vater, Sohn und Heiliger Geist in vollkommen harmonischer Einheit existiert.

  Der Heilige Geist ist die dynamische, aktive und allgegenwärtige Person der Dreieinheit, die in uns lebt und die Vertrautheit unserer Beziehung zu Gott bewirkt.

  Wenn wir dem Heiligen Geist in uns Raum geben, macht er uns eins mit Gott, bewirkt eine Christusähnlichkeit unseres Charakters, leitet uns in alle Wahrheit, rüstet uns aus für den Dienst und gibt unserem Leben einen Sinn.

Wahrheit10

- ***Wir glauben*** an die Wahrheit, dass die Botschaft vom Reich Gottes unsere biblische Weltanschauung prägt.

  Die vom Reich Gottes geprägte Weltanschauung ist immer schon ein Einfluss des Guten in dieser Welt gewesen. Durch die Jahrhunderte hindurch hat sie vieles bewegt und Menschen motiviert, Bedürftigen Hilfe und Trost zuteil werden zu lassen.

  Eine biblische Weltanschauung macht es möglich, dass Nachfolger Christi auf übernatürliche Weise in dieser Welt wirken können.

Wahrheit 11

- ***Wir glauben*** an die Wahrheit, dass die Gemeinde der sichtbare Stellvertreter Christi auf Erden ist, in der wiedergeborene Kinder Gottes an Gottes Erlösungshandeln teilhaben können – sowohl einzeln als auch gemeinschaftlich.

  Die authentische Gemeinde ist die Gemeinschaft, die Christi Liebe ausstrahlt, als „Salz und Licht" Menschen auf Christus aufmerksam macht und die Gesellschaft in positiver Weise beeinflusst.

  Jesu Doppelgebot der Liebe und der Missionsbefehl sind untrennbar miteinander verbunden, sodass die Gemeinde sich sowohl der menschlichen als auch der geistlichen Bedürfnisse der ihnen anvertrauten Menschen annimmt.

Wahrheit 12

- ***Wir glauben*** an die Wahrheit, dass Jesus wiederkommen wird, um seinen Nachfolgern einen ewigen Auferstehungsleib zu geben, die Sünde zu vernichten und einen neuen Himmel und eine neue Erde zu schaffen, wo seine Kinder mit ihm bis in alle Ewigkeit zusammen sein werden.

  Wir können ganz sicher wissen, dass Jesus wiederkommt, weil er dank seiner Auferstehung den Sieg über den Tod errungen hat.

  Bis zu Christi Wiederkunft sind wir als seine Nachfolger an seinem Auftrag für diese Welt beteiligt und sind dazu berufen, so vielen Menschen wie möglich den Weg zur Versöhnung mit Gott zu zeigen.

Anmerkungen

7. Wahrheit: Verändert leben

Kapitel 7.1 Den Sinn Ihres Lebens verstehen

1 Übernommen von Wikipedia, Artikel *Caterpillar*, www.wikipedia.org/wiki/caterpillar#behavior.

Kapitel 7.2 Kennzeichen eines veränderten Lebens

1 Jeffrey A. Bogue, *Living Naked* (Akron, OH: Living Naked Press 2009), S. 123-126.

2 Francis Collins, *The Language of God* (New York, NY: Free Press, 2006), S. 19-20.

3 Jeffrey A. Bogue, *Living Naked* (Akron, OH: Living Naked Press, 2009), S. 42-44, 45-48.

Kapitel 7.3 Sich selbst mit Gottes Augen sehen

1 Ein Teil dieser Auflistung stammt von Neil T. Anderson, *Victory Over the Darkness* (Ventura, CA: Regal Books, 1990), S. 45-47, 57-59. (Deutsche Ausgabe: *Neues Leben – neue Identität.* Lichtzeichen Verlag, 1996.)

2 Josh McDowell, *See Yourself as God Sees You* (Wheaton, IL: Tyndale House Publishers, 1999), S. 110-120.

8. Wahrheit: Die leibliche Auferstehung Jesu

Kapitel 8.1 Die historische Notwendigkeit der Auferstehung Jesu

1 Gerd Lüdemann, *What Really Happened to Jesus: A Historical Approach to the Resurrection*, (Louisville, KY: Westminster John Knox Press, 1995), 1. (Deutsche Originalausgabe: *Der große Betrug: Und was Jesus wirklich sagte und tat.* Dietrich zu Klampen, 1998)

Kapitel 8.2 Beweise der leiblichen Auferstehung Jesu von den Toten

1 Stephen T. Davis, *Risen Indeed* (Grand Rapids, MI: Eerdmans, 1993), S. 79-80.

2 Paul L. Maier, „The Empty Tomb as History", *Christianity Today*, 28. März, 1975, S. 5.

3 Paul L. Maier, *First Easter* (New York, NY: Harper and Row, 1973), S. 98.

4 George Hanson, *The Resurrection and the Life* (London, England: William Clowes & Son, 1911), S. 24.

5 John Dominic Crossan, *Jesus: A Revolutionary Biography* (San Francisco, CA: Harper Collins, 1991), S. 145.

6 David Friedrich Strauss, *The Life of Jesus for People*, 2. Aufl., Bd. 1 (London, England: William & Norgate, 1879), 412. (Deutsche Originalausgabe: *Das Leben Jesu: Für das Volk bearbeitet.*)

7 C.H. Dodd, "The Appearances of the Risen Christ: A Study in the Form Criticism of the Gospels", in *More New Testament Studies* (Manchester, UK: University of Manchester Press, 1968), S. 128.

8 William Lane Craig, *The Son Rises* (Eugene, OR: Wipf and Stock Publishers, 2000), S. 94-95.

9 Josh McDowell and Sean McDowell, *Evidence for the Resurrection* (Venture, CA Regal Publishing, 2009), S. 195-196.

10 Josh McDowell, Bob Hostetler, David H. Bellis, *Beyond Belief to Convictions* (Wheaton, IL: Tyndale House Publishers, 2002), S. 261-270.

11 Zitiert in Lee Strobel, *The Case for the Real Jesus* (Grand Rapids, MI: Zondervan, 1998), S. 146.

12 Josh McDowell, Sean McDowell, More Than a Carpenter (Wheaton, IL: Tyndale House Publishers, 2005), S. 134-135. (Deutsche Ausgabe: *Wer ist dieser Mensch?* CLV/Hänssler.)

13 Drawn from McDowell, Hostetler, Bellis, S. 271-273.

14 Dan Cohn-Sherbok, "The Resurrection of Jesus: A Jewish View", in *Resurrection Reconsidered*, Hrsg. Gavin D'Costa (Oxford, UK: Oneworld Publications, 1996), S. 200.

15 N.T. Wright, "Christian Origins and the Resurrection of Jesus: The Resurrection as a Historical Problem", in *Sewanee Theological Review*, Bd. 41:2 (Easter 1998), S. 111, Hervorhebung hinzugefügt.

16 N.T. Wright, "The Transforming Reality of the Bodily Resurrection", in *The Meaning of Jesus: Two Visions* von N.T. Wright and Marcus Borg (New York: NY, Harper Collins Publishers, 1999), S. 115.

17 Michael Licona, "Paul on the Nature of the Resurrection Body", in *Burried Hope or Risen Savior: The Search for the Jesus Tomb*, Hrsg. Charles L. Quarles (Nashville, TN: B&H Academic, 2008), S. 177-198.

18 Stephen T. Davis, *Risen Indeed* (Grand Rapids, MI: Eerdmans, 1993), S. 56.

19 Norman I. Geisler, *Baker Encyclopedia of Christian Apologetics* (Grand Rapids, MI: Baker Books, 1999), S. 662.

20McDowell and McDowell, *Evidence for the Resurrection*, S. 204-206.

21 Paul Rhodes Eddy and Gregory A. Boyd, *The Jesus Legend* (Grand Rapids, MI: Baker Books, 2007), S. 142.

22 T.N.D. Mettinger, The Riddle of Resurrection: "Dying and Rising Gods" in: *The Ancient Near East* (Stockholm: Almqvist and Wiksell, 2001), S. 221.

23 McDowell and McDowell, *Evidence for the Resurrection*, S. 232-233.

Kapitel 8.3 Den Schrecken des Todes überwinden

1 Josh McDowell, Sean McDowell, *Evidence for the Resurrection* (Ventura CA: Regal Publishing, 2009), S. 57-58.

2 Ebd., S. 64-66.

Kapitel 8.4 Füße auf der Erde und Herzen im Himmel

1 C.S. Lewis, *Mere Christianity* (New York, NY: Collier Books, 1960), S. 118. (Deutsche Ausgbabe: *Pardon, ich bin Christ.* Brunnen Verlag, 2002.)

2 Max Lucado, *When God Whispers Your Name* (Dallas, TX Word Publishing, 1994), S. 101. (Deutsche Ausgabe: *Wenn Gott dich sanft beim Namen ruft.* One-Way Verlag Wuppertal und Hänssler-Verlag, 1997, S. 87.)

3 Calvin Miller, *Into the Depths of God* (Minneapolis, MN: Bethany House Publishers, 2000), S. 15.

9. Wahrheit: Die Dreieinheit

Kapitel 9.2 Beweise für die Existenz des Heiligen Geistes.

1 Alan Hirsch, *The Forgotten Ways* (Grand Rapids, MI: Brazos Press, 2006), S. 18.

Kapitel 9.3 Das Ziel des Heiligen Geistes für unser Leben

1 Sean McDowell, *Ethix* (Nashville, TN: Broadman & Holman Publishers 2006), S. 15.

Kapitel 9.4 Ein Leben in der Kraft des Heiligen Geistes

1 Bill Bright, *Have You Made the Wonderful Discovery of the Spirit-Filled Life?* (Peachtree City, GA: New Life Resources of *Campus Crusade for Christ International*, 1966, 1995, 2000, 2008). *Have You Made the Wonderful Discovery of the Spirit-Filled Life?* von Bill Bright © 1966-2010 Bright Media Foundation (BMF) and Campus Crusade for Christ International (CCCI). All rights reserved. www.campuscrusade.com. Included with permission.

10. Wahrheit: Gottes Reich

Kapitel 10.1 Kriegszustand

1 *God Is Up to Something* (Hamilton, OH: Ihe Words Worth Group, 2008), S. 1-2.

2 C.S. Lewis, *Mere Christianity* (New York, NY: Macmillan, 1943), S. 36. (Deutsche Ausgbabe: *Pardon, ich bin Christ*. Brunnen Verlag, 2002.)

Kapitel 10.2 Beispiele für den positiven Einfluss des Reiches Gottes auf unsere Welt

1 Christopher Hitchens, *God Is Not Great: How Religion Poisons Everything* (New York NY: Twelve Books, 2007), S. 13.

2 F.W. Nietzsche, *The Antichrist*, tr. H.L. Mencken (Torrance, CA: The Noontide Press, 1980), S. 180. (Deutsche Originalausgabe: *Der Antichrist*.)

3 Sherwood Eliot Wirt, *The Social Conscience of the Evangelical* (New York, NY: Harper and Row, 1968), S. 31.

4 Basilius von Caesarea, auf http://en.wikipedia.org/wiki/St_Basil.

5 Charles W. Colson, *The Faith* (Grand Rapids, MI: Zondervan, 2008), S. 169.

6 Trevor Yaxley, Carolyn Vanderwal, William and Catherine: *The Legacy of the Booths, Founders of the Salvation Army* (Bloomington, MN: Bethany House Publishers, 2003), S. 221.

7 Wikipedia, Artikel: "The Salvation Army", http:// en.wikipedia.org/wiki/ The_Salvation_Army, 2009.

8 Answers.com at www.answers.com/topic/henry-dunant.

10 Jonathan Hill, *What Has Christianity Ever Done for Us?: How It Shaped the Modern World* (Downers Grove, IL: InterVarsity Press, 2005); Rodney Stark, *For the Glory of God: How Monotheism Led to Reformations, Science, Witch-Hunts, and the End of Slavery* (Princeton, NJ: Princeton University Press, 2003); Rodney Stark, *The Victory of Reason: How Christianity Led to Freedom, Capitalism, and Western Success* (New York: Random House, 2005); und Vincent Carroll and Dave Shiflett, *Christianity on Trial: Arguments against Anti-Religious Bigotry* (San Francisco: Encounter Books, 2002).

Kapitel 10.3 Jesu Weltanschauung in uns – Die Gesinnung des Reiches Gottes für uns selbst entwickeln

1 James W. Sire, *The Universe Next Door* (Downers Grove, IL: InterVarsity Press, 2009), S. 20.

11. Wahrheit: Die Gemeinde

Kapitel 11.2 Gottes wahre Gemeinde ist lebendig und gesund – eine Beweiswürdigung

1 Robert Webber, *Listening to the Beliefs of Emerging Churches* (Grand Rapids, MI: Zondervan, 2007), S. 9.

2 Bob Roberts Jr., *Transformation* (Grand Rapids, MI: Zondervan, 2006), S. 19-20.

3 *God Is Up to Something* (Hamilton, OH: The WordsWorth Group, 2008), S. 22-23.

4 Bob Roberts Jr., *The Multiplying Church* (Grand Rapids, MI: Zondervan, 2008), S. 25.

5 Robert Webber, *Journey to Jesus* (Nashville, TN: Abingdon Press, 2001), S. 102-103.

Kapitel 11.3 Die Priorität der Gemeinde

1 David Ferguson, *The Never Alone Church* (Wheaton, IL: Tyndale House Publishers, 1998), S. 77-78.

2 Robert Webber, *The Younger Evangelical* (Grand Rapids, MI: Baker Books, 2002), S. 29.

Kapitel 11.4 Wie die Gemeinde menschlichen und geistlichen Bedürfnissen begegnet

1 David Ferguson, *The Never Alone Church* (Wheaton, IL: Tyndale House Publishers, 1998), S. 51.

2 Ebd., S. 45-51.

12. Wahrheit: Die Wiederkunft Jesu Christi

Kapitel 12.1 Unser neu gemachtes Zuhause: Der Himmel auf Erden

1 Randy Alcorn, *Heaven* (Wheaton, IL: Tyndale House Publishers, 2004), S. 101. (Deutsche Ausgabe: Der Himmel. Hänssler, 2005.)

Kapitel 12.2 Hinweise für ein Leben nach dem Tod

1 Tom Wolfe, "Sorry, but Your Soul Just Died", originally published in *Forbes ASAP* (1996). Nachdruck mit Genehmigung auf http://orthodoxytoday.orgl articles/ Wolfe-Sorry-Bur-Your-Soul-Just-Died.php.

2 John Searle, *Freedom and Neurobiology* (New York: Columbia University Press, 2007).

3 Sean McDowell and Jonathan Morrow, *Is God Just a Human Invention?: And Seventeen Other Questions Raised by the New Atheists* (Grand Rapids, MI: Kregel, 2010), Kapitel 8. 4. Barbara Bradley Hagerty, "The God Choice", *USA Today*, June 22, 2009, 9a.

5 Dinesh D'Souza, *Life After Death: The Evidence* (Washington, DC: Regnery Publishing, 2009), S. 63.

6 Ebd., S. 78.

7 Ebd., S. 80.

8 Ebd., S. 89.

Kapitel 12.3 Ewige Freude

1 Randy Alcorn, *Heaven* (Wheaton, IL: Tyndale House Publishers, 2004), 215. (Deutsche Ausgabe: Der Himmel. Hänssler, 2005.)

2 Ebd., S. 226.

Kapitel 12.4 Leben Sie Ihre Berufung

1 Ebd., S. 279-280.

rigatio
Kurs- und Studienmaterial

Josh McDowell
Sean McDowell

lehre

MIT SICHERHEIT TEIL 1

Grundlagen unseres Glaubens

Broschiert, 240 Seiten
Format: 20 x 27 cm

ISBN 978-3-95790-014-2
Best.-Nr. 682 014

EUR 18,95

Josh McDowell ist als Redner in der ganzen Welt unterwegs und beschäftigt sich intensiv mit apologetischen Themen. Auch als Autor ist er international bekannt und geschätzt. Josh und seine Frau haben vier erwachsene Kinder und leben in Kalifornien.

Sean McDowell arbeitet als Lehrer, Konferenzredner und Autor. Wie seinem Vater Josh ist es ihm ein besonderes Anliegen, jungen Menschen eine christliche Weltsicht zu vermitteln. Sean lebt mit seiner Frau und seinen zwei Kindern in Kalifornien.

Was ist das Fundament Ihres Glaubens? Wie können Sie ihn anderen erklären? Was gibt Ihnen die Sicherheit, dass er wahr ist? Wenn Sie auf diese Fragen klare Antworten suchen, dann ist dieser Kurs ideal für Sie.

Der Kurs stellt zwölf elementare Wahrheiten unseres Glaubens anschaulich und eindrücklich vor. Beim Studieren werden Sie feststellen: Das Entdecken unseres Glaubens ist keine trockene und langweilige Sache, sondern interessant, lebendig und von praktischer Bedeutung für das alltägliche Leben.

Im ersten Band dieses zweiteiligen Kurses geht es um die sechs Themen:

- die Existenz Gottes
- Sünde
- Sühnung
- das Wort Gottes
- die Menschwerdung Jesu
- Rechtfertigung

Sie können den Kurs allein oder in einer Gruppe durcharbeiten. Dabei lernen Sie nicht nur selbst Ihren Glauben kennen, sondern bekommen auch hilfreiche Tipps und Anregungen, wie Sie in der Familie, mit Freunden oder Kollegen darüber reden können.

Auf www.rigatio.com finden Sie zusätzliches kostenloses Material für die Vorbereitung und Durchführung von Gruppentreffen.

Sich
und andere
im Glauben
fördern

rigatio
Kurs- und Studienmaterial

Eddie Rasnake

MEIN LEBEN ALS CHRIST

Ein 12-Wochen-Kurs für Einzelne und Gruppen

praxis

Broschiert, 192 Seiten
Format: 20 x 27 cm

ISBN 978-3-95790-009-8
Best.-Nr. 682 009

EUR 17,95

Eddie Rasnake ist seit über 20 Jahren als Pastor tätig, nachdem er zuvor sieben Jahre mit *Campus für Christus* unterwegs war. Der Schwerpunkt seiner Arbeit liegt im Bereich Jüngerschaftstraining und Schulung von Ältesten. Er ist außerdem Autor zahlreicher Bücher zu biblischen Themen. Eddie und seine Frau Michele leben mit ihren vier Kindern in Chattanooga, Tennessee.

Wie sieht eigentlich das ideale Leben als Christ aus? Gibt es eine Gebrauchsanweisung dafür? Kann man das lernen? Wer jung im Glauben ist, stellt solche Fragen – und auch als erfahrener Christ hat man noch nicht alle Antworten gefunden.

In diesem 12-Wochen-Kurs beschreibt der Autor lebendig und anschaulich seine erste Zeit als Christ. Er gibt das weiter, was er als unerlässliche Mittel für ein gesundes Wachstum im Glauben und für das tägliche Leben mit Jesus Christus kennengelernt hat.

Studieren Sie allein oder als Gruppe Fragen wie:

- Woran sehe ich, ob ich geistlich wachse?
- Was mache ich, wenn ich wieder sündige?
- Wie studiert man die Bibel?
- Was macht man in der Stillen Zeit?
- Wie bringe ich Frucht?
- u.v.m.

Dieser praktische Kurs ermutigt Sie immer wieder, das Gelernte auch persönlich anzuwenden. Sie entdecken: Hier geht es um die Grundlagen für unser Leben als Christ, aus denen wir niemals herauswachsen.

Auf www.rigatio.com finden Sie zusätzliches Material, das Sie kostenlos nutzen können.

Sich
und andere
im Glauben
fördern

rigatio
Kurs- und Studienmaterial

Trevor McIlwain

GEBORGEN IN CHRISTUS

Auf festen Grund gebaut 1

lehre

Broschiert, 160 Seiten
Format: 20 x 27 cm

ISBN 978-3-95790-005-0
Best.-Nr. 682 005

EUR 16,95

Trevor McIlwain war viele Jahre der internationale Koordinator für Gemeindegründung der *New Tribes Mission* (NTM). Er und seine Frau haben als Missionare auf den Philippinen gearbeitet und mehrere Jahre an der Missionsschule von NTM in Australien unterrichtet. Trevor und Fran McIlwain haben zwei erwachsene Kinder.

Nancy Everson, hat viele Jahre bei NTM-USA im missionseigenen Verlag mitgearbeitet. Sie hat maßgeblich dazu beigetragen, dass die chronologischen Bibellektionen, die Trevor McIlwain ursprünglich für die Palawano erarbeitet hatte, auch in anderen Sprachen erscheinen konnten.

Warum ist Jesus Christus für jeden Gläubigen so zentral? Was haben Christen mit dem Alten Testament zu tun? Wieso ist Jesus der rote Faden durch die ganze Bibel? Als Christen müssen wir auf diese Fragen antworten können, denn sie betreffen unser Glaubensfundament.

Die 13 Lektionen helfen – besonders neuen – Gläubigen, die biblische Grundlage für ihre Sicherheit in Christus zu verstehen. Bei einem Gang durch die Heilsgeschichte lesen Sie viele Begebenheiten des Alten Testaments mit dem Fokus auf Jesus Christus: Er ist das Opferlamm, ihm begegnen wir in der Stiftshütte, er ist das Licht, das Brot des Lebens, der große Befreier ... Lesen Sie das Alte Testament aus einer neuen Perspektive!

Der Kurs ist vielseitig einsetzbar:

- für das Einzel- oder Gruppenstudium
- als Lehrmaterial für den biblischen Unterricht
- als Grundlage für eine Predigtreihe
- als Leitfaden für die Bibelstunde.

Auf www.rigatio.com erhalten Sie zusätzliches kostenloses Material.

Weitere Titel dieser Reihe

Kurs 2: **Gemeinde in Christus**
(Apostelgeschichte)
ISBN 978-3-95790-006-7
Best.-Nr. 682 006
EUR 15,95

Kurs 3: **Gerecht in Christus**
(Römerbrief)
ISBN 978-3-95790-007-4
Best.-Nr. 682 007
EUR 15,95

Kurs 4: **Erlöst in Christus**
(Epheserbrief)
ISBN 978-3-95790-008-1
Best.-Nr. 682 008
EUR 15,95

Sich
und andere
im Glauben
fördern

rigatio Stiftung gGmbH
Carl-Benz-Straße 2 | 57299 Burbach | Deutschland

www.rigatio.com

rigatio
Kurs- und Studienmaterial

Ken Wilson

GOTT IN DER BIBEL BEGEGNEN

5 Lektionen für Einzelne und Gruppen

Broschiert, 80 Seiten
Format: 20 x 27 cm

ISBN 978-3-95790-011-1
Best.-Nr. 682 011

EUR 7,95

praxis

Ken Wilson hat am *Gordon-Conwell Theological Seminary* studiert und für die *Navigatoren, Jugend für Christus* und *Young Life* gearbeitet. Er ist Ältester einer Gemeinde und leitet Kleingruppen für Menschen, die Gott in der Bibel begegnen möchten. Ken und seine Frau leben mit ihren zwei Kindern in Pennsylvania.

Möchten Sie mehr über Gott erfahren und wissen nicht, wo Sie in der Bibel starten sollen? Suchen Sie einen Leitfaden dafür, wie man das Evangelium anderen verständlich erklärt? Dieser Kurs will Ihnen Schritt für Schritt dabei helfen.

In fünf Lektionen finden Sie in der Bibel Antworten auf die Fragen:

- Interessiert sich Gott für mich?
- Was trennt mich von Gott?
- Warum ist Jesus wichtig?
- Was erwartet Gott von mir?
- Wie lebe ich mit Gott?

Dieser Kurs enthält persönliche Lebensberichte, Zitate zum Nachdenken, kurze Bibelverse zum Auswendiglernen, Aufgaben zum Erarbeiten sowie ein Verzeichnis wichtiger biblischer Begriffe.

Sie können diesen Kurs allein, zu zweit oder in einer Gruppe bearbeiten. Er ist ideal für neue Gläubige und für alle, die noch auf der Suche nach Gott sind.

Auf www.rigatio.com finden Sie zusätzliches Material, das Sie kostenlos nutzen können.

Sich
und andere
im Glauben
fördern